THOMAS F.-A. SMITH

DOCTEUR EN PHILOSOPHIE

ANCIEN PROFESSEUR D'ANGLAIS A L'UNIVERSITÉ D'ERLANGEN

L'AME ALLEMANDE

JUGÉE PAR UN ANGLAIS

Ouvrage traduit de l'anglais avec l'autorisation de l'auteur

PAR

Mme JEAN PÉRIER

PRÉFACE

de

M. ÉMILE BOUTROUX

de l'Académie française.

PARIS

BELIN FRÈRES, LIBRAIRES-ÉDITEURS

8, RUE FÉROU, 8

à l'angle de la rue Vaugirard, 50

1917

L'AME ALLEMANDE

THOMAS F.-A. SMITH

DOCTEUR EN PHILOSOPHIE

ANCIEN PROFESSEUR D'ANGLAIS A L'UNIVERSITÉ D'ERLANGEN

L'AME ALLEMANDE

JUGÉE PAR UN ANGLAIS

Ouvrage traduit de l'anglais avec l'autorisation de l'auteur

PAR

Mme JEAN PÉRIER

PRÉFACE

de

M. ÉMILE BOUTROUX

de l'Académie française.

PARIS

BELIN FRÈRES, LIBRAIRES-ÉDITEURS

8, RUE FÉROU, 8

à l'angle de la rue Vaugirard, 50

1917

PRÉFACE

A LA TRADUCTION FRANÇAISE

La seule lecture du titre de cet ouvrage dit assez l'intérêt singulier qu'il présente. Et le public français peut être reconnaissant à Mme Jean Périer, la femme de notre distingué Attaché commercial à l'Ambassade de Londres, de lui en offrir la traduction. La politique, désormais, n'est plus aux mains de quelques individus. Elle est la chose des peuples. Elle doit se régler principalement sur ces dispositions profondes et permanentes qui constituent ce qu'on peut appeler l'âme de la nation. Pour savoir ce que signifie la présente guerre, jusqu'à quel point nous la devons mener, comment nous devrons nous comporter quand elle aura pris fin, la connaissance qu'il nous importe, avant tout, de posséder, c'est celle de l'âme allemande.

Connaissance difficile à acquérir, l'auteur de ce livre nous en avertit avec raison. Il ne suffit pas d'avoir été, avant la guerre, pendant quelques jours ou quelques semaines, l'objet des coquetteries teutonnes, pour se flatter de porter, sur les intentions et les visées de l'Allemagne, un jugement sain. Il est nécessaire d'avoir longtemps séjourné en Allemagne, parlant la langue du pays, vivant de la vie allemande, considérant les Allemands dans leur caractère vrai, et non dans l'apparence qu'ils se donnent pour capter la faveur et la docilité de l'étranger.

Or, c'est précisément ce qu'a pu faire, avec une compétence indiscutable, l'auteur du présent ouvrage. Lecteur à l'Université d'Erlangen, chargé, durant son séjour en Allemagne, de nombreuses missions, qui lui ont créé des relations étroites et suivies à Breslau comme à Brême, à Berlin, à Vienne ou à Prague, comme à Munich, ce professeur connaît à fond, pour l'avoir étudié pendant douze années, dans la théorie et dans la pratique, l'esprit de l'éducation allemande, le génie du peuple allemand.

On goûtera vivement l'exposition si documentée, si vivante, si sagace, qu'offre ce livre ; on aura constamment l'impression d'être en contact avec les réalités, et non avec des images élaborées par un esprit plus ou moins ingénieux.

Voici, sur deux points particulièrement importants, les vues où aboutit l'auteur.

Qu'est-ce que la culture allemande, cette forme soi-disant supérieure de la civilisation, au nom de laquelle l'Allemagne prétend asservir l'univers?

L'éducation allemande vise à remplacer, dans l'âme des individus, le jugement et la conscience par l'impulsion collective issue de l'État. Ce que les Allemands appellent la culture allemande, est, conformément à ce principe d'éducation, une certaine forme extérieure de pensée et d'action, qui laisse subsister, à l'intérieur de l'âme, la brutalité naturelle de la race. « La *culture*, c'est ce blanchiment extérieur, qui cache les horreurs du sépulcre. Nous ne demanderions pas mieux que d'ignorer ce qu'il recouvre. Mais l'Allemagne prétend blanchir l'univers entier au moyen de sa culture comme elle a blanchi sa propre corruption. Et ceci nous oblige à sonder cette corruption. Or, elle est énorme, et elle a grandi, ces années dernières, dans des proportions exorbitantes. »

Voyons, en second lieu, ce qu'il faut penser, selon notre auteur, de cette distinction entre le peuple allemand et le militarisme allemand, où se complaisaient, avant la guerre, nombre de doux optimistes, construisant dans leur cabinet la psychologie du germanisme.

M. Smith n'hésite pas à dire que cette distinction ne répond plus à aucune réalité. Il n'y a plus aujourd'hui la Prusse et l'Allemagne, l'armée et la nation : il n'y a qu'une masse, une et homogène, dont toutes les forces sont tendues vers la domination et l'exploitation de l'univers. Il ne faut pas dire que l'agression de 1914 fut le crime de l'empereur. « C'est la nation allemande tout entière, individuellement et collectivement, qui est coupable de la guerre, coupable des massacres et des abominations commis dans les villes et villages de Belgique, de Pologne, de la France septentrionale. » Ce n'est pas en vain que les Allemands ont pris pour devise : *Das Volk in Waffen* : « le peuple en armes ». C'est l'âme allemande elle-même qui, aujourd'hui, est, jusqu'au fond, militarisée. Et, après comme avant la guerre, la nation conservera l'âme que la nature et l'éducation lui ont faite. Ce serait se duper à plaisir que de s'imaginer que l'Allemagne va brusquement changer d'âme. Heine a défini l'Allemagne une pensée qui veut devenir action, un verbe qui veut être chair, une âme qui demande un corps. Le corps qu'elle s'est fait fût-il dissous, son âme demeurera, avec l'éternel désir (*Sehnsucht*) qui la travaille ; et, comme après 1648, comme après 1806, en se donnant, s'il le faut, à un autre maître, elle recommencera son œuvre néfaste de réalisation, d'unification, de domination, de germanisation universelle.

Que de telles vues soient les conclusions auxquelles une expérience intime de douze années a conduit notre auteur, c'est ce qui ne peut manquer de frapper un lecteur désireux de voir les choses, non d'après des idées préconçues, mais dans leur réalité. Ce livre est de ceux qui veulent être lus et médités, si l'on admet que la connaissance, non seulement des faits visibles, mais des forces profondes et durables, doit éclairer et guider l'action.

ÉMILE BOUTROUX.

Paris, le 14 *août* 1916.

PRÉFACE DE L'AUTEUR

Un grand nombre d'ouvrages intéressants a
paru durant ces dix dernières années, sur l'Allemagne moderne. J'ai étudié beaucoup de ces
ouvrages et j'ai l'impression qu'aucun d'eux
n'exprime ce que j'ai éprouvé et vu pendant les
douze années que j'ai vécu en Allemagne. Cette
remarque n'implique aucun dénigrement, car
je pourrais citer plusieurs travaux sur l'organisation allemande, qui méritent une lecture
sérieuse.

La plupart des écrivains se sont bornés à étudier quelques caractères spéciaux de la vie allemande, et le plus souvent, ils n'ont vu les choses
que d'une manière incomplète, c'est-à-dire que
ces Anglais ou ces Américains ne savaient pas
assez la langue allemande pour pouvoir juger et
comprendre le point de vue allemand ; ils étaient
incapables de sentir en Allemands. Le résultat est
que leurs écrits donnent, la plupart du temps,
des descriptions estimables sur l'extérieur de la
vie du pays, mais ils ne donnent pas les raisons
déterminantes de ces phénomènes ; ils ne décrivent
pas la vie intérieure.

Les Allemands aiment beaucoup demander
aux étrangers : *Nun, haben Sie sich gut einge-
lebt?* (« Êtes-vous habitué à la vie allemande? »

1.

ou « Êtes-vous entré dans l'esprit de votre entourage? ») En réalité cela signifie plutôt : « Avez-vous vécu parmi votre entourage, et en faites-vous partie? » Pour en arriver à ce degré, il faut remporter beaucoup de victoires sur soi-même ; bien des années doivent être consacrées à l'étude de la langue et des coutumes, et il faut une incessante vigilance pour regarder les choses au point de vue des autres. Celui qui se livre à ce travail doit éviter de voir ses compatriotes, il doit renoncer à sa propre langue; par-dessus tout, il doit être pourvu d'une patience illimitée et d'une sympathie inépuisable. S'il considère toute chose et tout le monde à son point de vue national et avec des idées préconçues, il fera peu de progrès.

Un grand nombre d'Anglais ont parcouru l'Allemagne d'hôtel en hôtel et ont obtenu des informations par les garçons de restaurant, les gérants d'hôtel et les consuls britanniques de nationalité allemande. Les conclusions de ces observateurs sont sans valeur ; malheureusement beaucoup de membres de la Chambre des Communes appartiennent à cette catégorie, et lorsqu'ils ont exprimé leur opinion, elle a eu du poids. Il y a très peu de membres du Parlement qui possèdent une connaissance approfondie de l'Empire allemand. Cependant l'Allemagne a occupé la scène entière de la politique anglaise pendant une demi-génération.

J'attache la plus grande importance à la connaissance de la langue. Un observateur qui n'en peut pas sentir les plus petites nuances, quel que soit le pays qu'il étudie, est voué à l'insuccès dans son travail. Les habitants d'un pays ne doivent pas se douter qu'un étranger les observe,

car cette pensée les empêcherait d'être véritablement naturels et eux-mêmes.

Après tout, la langue d'un pays est comme la
partie vitale de sa pensée et de ses mobiles nationaux, et c'est seulement en la connaissant assez
bien pour pouvoir s'identifier avec la nation,
qu'un observateur atteint le fond des choses.
La plupart des Anglais que j'ai rencontrés en
Allemagne (et parmi ceux-ci beaucoup, en Angleterre, ont prétendu être des autorités en ce qui
concerne l'Allemagne) n'ont fait que passer en
coup de vent en demandant : « Que ferai-je
maintenant? Comment découvrirai-je ceci ou cela?
Qu'attend-on de moi? » et ainsi de suite. Beaucoup parmi eux étaient des délégués envoyés aux
frais de l'État, en apparence dans le but d'étudier les méthodes allemandes, en réalité, pour se
procurer d'agréables vacances à bon marché. Ils
ont sans doute passé des moments charmants, et
ont fait des rapports sur ces Allemands si bons et
si doux ; pendant ce temps, ces derniers s'amu-
saient et s'étonnaient de l'incompétence anglaise.

Chacun des grands États européens peut
être comparé à un assemblage de pièces et de
morceaux. Il est formé d'une quantité de dessins; si l'on veut tirer des conclusions en se
basant sur un des morceaux et en voulant appliquer cette conclusion au tout, on ne peut qu'être
induit en erreur. Cela s'applique aux autorités
qui, ayant étudié une ville ou une province, se
risquent à écrire sur un peuple de soixante-dix
millions d'habitants.

Des hommes qui n'ont même pas connu infi-
mement une demi-douzaine de Teutons, ni causé

avec deux cents Allemands, ont gratifié l'Angleterre du récit de leurs expériences et de leurs
conclusions ; malheureusement, ils ont été considérés comme des prophètes.

Il n'y a pas un seul auteur qui soit capable
d'écrire d'une façon définitive sur un sujet aussi
complexe qu'est le mécanisme de l'Allemagne
moderne. Ce que chacun croit pouvoir prouver
ou soutenir par le poids des témoignages recueillis **est** digne de considération. Ceux qui assurent
qu'ils peuvent parler avec autorité de l'Allemagne,
doivent dire franchement quelles occasions ils
ont eues, et sur quelles expériences leurs théories
sont basées.

Je saisis l'occasion d'informer mes lecteurs, que
j'ai été si absorbé par la tâche que je m'étais
tracée d'étudier l'Allemagne et les Allemands,
que je ne suis retourné dans mon pays natal que
soixante jours pendant les douze années qu'a
duré mon exil volontaire. Je me suis mêlé à
toutes les classes allemandes, et n'ai jamais
manqué une occasion de causer avec les travail-
leurs des champs ou des usines, car ils avaient
tous quelque chose à m'apprendre. J'ai été surtout en relations intimes avec des intellectuels
et avec le monde officiel. Pendant huit ans je fus
fonctionnaire au service de l'État bavarois. J'ai
vécu pendant des semaines dans des maisons de
paysans et, en outre, j'ai été considéré comme
un hôte et bien accueilli dans le *home* des gens
riches.

Un récit plus détaillé de mon séjour en Allemagne peut être intéressant. Pendant quatre ans,
je fus professeur de langues à Nuremberg, à
l'école Berlitz pour adultes. En 1905, je me fis

inscrire à l'Université d'Erlangen et, après dix-huit mois, j'entrai au service de l'État bavarois en qualité de conférencier anglais de cette Université. En 1910, j'ai terminé mon doctorat et, l'année suivante, l'État m'accorda le droit à une pension qui me conférait le titre de citoyen honoraire bavarois. Je n'ai jamais usé de ce dernier privilège, et n'en ai jamais eu l'intention.

Mes relations avec les autorités allemandes furent toujours cordiales. Le 30 juillet 1914, ma femme étant fort inquiète de la crise, je quittai Erlangen le jour suivant pour ramener ma famille en Angleterre. La guerre avec l'Allemagne étant survenue, mon retour dans ce pays devint impossible. Après avoir servi l'État bavarois pendant si longtemps, je croyais que mon *home* et ce qui m'appartenait se trouvaient en sûreté, étant donné surtout que mon engagement, signé en 1906, prévoyait de part et d'autre un préavis de six mois. Mais le contrat fut considéré comme « un chiffon de papier ». Le 22 octobre 1914, le ministre de l'Instruction publique et des Cultes me révoqua, parce que j'avais quitté l'Allemagne, ce qui était bien naturel. Quand je demandai au gouvernement bavarois de me donner les appointements dus, en raison du congé qui m'avait été signifié, afin que mon mobilier ne fût pas vendu, je n'obtins qu'un refus cassant.

Mon ancien propriétaire opéra une saisie pour une valeur de 500 francs montant du loyer dû le 1er janvier 1915 ; l'État bavarois retint 16 fr. 25 représentant l'impôt exigible à la même date. Depuis, aucune information ne m'est parvenue quant à la vente qui eut lieu au début de janvier.

Au moment de faire imprimer ce livre, l'affaire eut une suite assez curieuse. Une longue lettre (sept pages de papier écolier) des autorités bavaroises me parvint, déclarant que je devais être jugé devant le tribunal disciplinaire des fonctionnaires de l'État, à Nuremberg. Le ministre de l'Instruction publique de Munich, dans une lettre du 8 mars 1915, avait ordonné de suivre cette procédure. Tous les fonctionnaires civils de l'Allemagne sont sujets à comparaître devant les diverses chambres disciplinaires, qui ont une grande ressemblance avec la « Chambre Étoilée ». Par ces moyens l'autocratie peut briser tout fonctionnaire qui ose penser, parler ou agir contrairement à ses désirs. La procédure est secrète, bien entendu, et la victime condamnée par le tribunal n'a pas la possibilité d'en appeler. Les conseils de guerre maintiennent l'ordre dans l'armée et la marine, les chambres de discipline sont une garantie que les professeurs dans les Universités, les pasteurs, les professeurs des écoles de l'État et tous les autres fonctionnaires seront dociles, même serviles, devant l'autorité de l'État. Le délit invoqué sur l'acte d'accusation est *Verletzung der Dienstpflicht* (faute contre les devoirs du service) et consiste à avoir exprimé des opinions anti-allemandes dans des lettres écrites à quatre Allemands en décembre 1914 et janvier 1915. Le comité a entendu ces quatre correspondants sous la foi du serment et confisqué les lettres. Trois de ces personnes appartiennent au sexe fort, et la quatrième est une dame infirme. Elle a été obligée de faire une déclaration et d'abandonner cinq lettres ; voilà un exemple pris sur le vif des méthodes de tyrannie allemande. Il est vrai que j'écrivis à plusieurs de mes amis allemands en faisant de sévères critiques de l'Allemagne, mais personne n'a le droit de m'empêcher d'exprimer mes opinions.

A première vue, il semble étonnant que Herr D^r von Knilling, ministre bavarois de l'Instruction publique et des Cultes, m'ait congédié, en octobre 1914, me libérant ainsi de toute espèce de devoir professionnel, puis ait décidé six mois plus tard de me juger pour des fautes commises après mon renvoi. A un esprit moyen anglais, ce procédé semble stupide, mais il n'en est pas ainsi cependant. Les autorités bavaroises se sont rappelées qu'un contrat existait, et la Chambre de discipline est une simple ruse pour échapper aux responsabilités financières. En Allemagne, les contrats et promesses ne sont tenus qu'aussi longtemps qu'une des parties a le pouvoir de forcer l'autre à les accomplir.

Le susdit comité reprendra ses investigations après le 25 mai ; à ce moment il **possédera** un exemplaire de cet ouvrage ; j'espère que **cela** lui permettra d'arriver à une sage décision. Je présente mes compliments au président, le Dr Allfeld, professeur de jurisprudence à l'Université d'Erlangen, et j'espère que le comité a un sens suffisant de l'humour pour reconnaître que sa tâche est digne du *genus asinorum*. Ils ont l'ordre de juger un homme qui est en dehors de leur juridiction, pour des délits supposés, dans l'exercice de ses devoirs professionnels, fautes commises après que l'État bavarois l'a volontairement libéré de ces dits devoirs. Si le comité veut bien ajourner ses séances, je promets d'être présent à ce « thé chez le chapelier fou » (1).

Je prétends pouvoir parler avec autorité de l'Allemagne, et, à l'appui de cette affirmation, on me permettra de citer deux certificats qui sont en ma possession.

Ministère de l'Instruction publique et des Cultes.

Munich, 11 mars 1911.

Je connais le Dr T. Smith depuis environ huit ans et je l'ai toujours considéré comme un homme de bonne foi et honorable, qu'on a du plaisir à fréquenter. A Nuremberg et à Erlangen, il a été reçu dans la meilleure société. Je me suis trouvé être en relations fréquentes avec lui à cause de sa situation à l'Université d'Erlangen et de ses occupations dans les écoles normales de professeurs secondaires (institutions qui sont rattachées au Gymnasium d'Erlangen et au Realgymnasium de Nuremberg). Pendant son long séjour en Allemagne, le Dr Smith a acquis une maîtrise parfaite de la langue allemande, écrite et parlée, maîtrise qui mérite un grand éloge. Il est en relation officielle intime avec nos écoles, ce qui lui a permis de bien connaître notre système d'écoles élémentaires et secondaires.

Professor Dr F. Bock,
Membre de la direction des écoles secondaires.

Realgymnasium Royal.

Nuremberg, 29 janvier 1911.

Le soussigné a eu l'occasion, depuis plusieurs années qu'il connaît le Dr Smith, de se former une

(1) Allusion à une scène d'un livre célèbre en Angleterre : *Les Aventures d'Alice au pays des merveilles* de Lewis Carroll. (N. d. l. t.)

idée de son caractère honorable et aussi d'observer la grande estime dans laquelle le tiennent les professeurs de l'Université d'Erlangen ainsi que les autorités qui dirigent les écoles de l'État.

Pendant un séjour de plus de huit ans en Allemagne, il a acquis non seulement une profonde connaissance des Allemands, mais aussi une excellente maîtrise de la langue, et de plus, un grand nombre d'informations concernant les systèmes scolaires allemands et les Universités.

Il a acquis une connaissance exacte du travail dans les écoles allemandes par des inspections personnelles, par ses relations avec les professeurs de nombreuses institutions, par des lectures et des études théoriques et en partie par ses rapports antérieurs avec une école privée de Nuremberg. En outre, il a une excellente connaissance des méthodes suivant lesquelles nos professeurs sont inspectés dans les écoles secondaires, car il a, à de nombreuses reprises, pris part à de telles inspections à Munich.

Enfin le Dr Smith n'a pas négligé d'étudier la vie nationale, sociale et privée en Allemagne ; il l'a prouvé par ses séries annuelles de conférences publiques à Nuremberg, conférences dans lesquelles il traitait des institutions anglaises et allemandes.

Il a poursuivi ses études à l'Université et obtenu la dignité académique de docteur en philosophie.

Dr RICHARD ACKERMANN,
Vice-principal.

Je ne connais pas seulement la Bavière, car j'ai employé les vacances universitaires, environ sept mois par an, à voyager d'un bout à l'autre de l'Allemagne et de l'Autriche. Je suis aussi à l'aise à Breslau qu'à Brême, à Munich qu'à Berlin, à Vienne qu'à Prague et dans des centaines d'autres villes, grandes ou petites, des deux Empires. Mes relations allemandes se comptent par milliers. Des centaines de mes anciens élèves combattent maintenant dans l'armée allemande. Des trente-cinq étudiants qui assistaient à mes cours pendant le trimestre d'été 1914, vingt ont été blessés et six tués lorsque j'eus des nouvelles de l'Université d'Erlangen, en décembre. Au lieu de 1 400 étudiants, il y en avait seulement 380 à Erlangen l'hiver dernier, et la plupart attendaient à tout instant d'être appelés sous les drapeaux.

Tous les grands bâtiments de l'Université ont été transformés en hôpitaux, car Erlangen a 2 000 blessés à soigner. J'ai été informé par mes amis de Nuremberg que la ville n'était plus qu'un vaste hôpital. Tous mes correspondants insistent sur le fait que les Allemands, fortifiés par leurs immenses sacrifices, sont prêts à en faire encore d'autres pour écraser l'Angleterre. Je suis convaincu que, même maintenant après huit mois de guerre, la nation anglaise ne réalise pas la tâche terrible qu'elle a sur les bras. On a placé trop de confiance dans « le rouleau compresseur » au lieu d'en mettre dans la propre force de l'Angleterre. Les hommes responsables dans notre pays n'ont pas dit à la nation combien la tâche était lourde, car ces hommes responsables ne le savaient pas eux-mêmes, quand les hostilités ont commencé. De dures expériences ont lentement ouvert leurs yeux, et, à mesure que leur intelligence s'est rendu compte du travail effrayant à exécuter, ils ont, avec une répugnance apparente, augmenté la sévérité des mesures prises par l'Angleterre contre le plus grand et le plus cruel ennemi qu'elle ait jamais eu.

J'ai une grosse dette de reconnaissance envers le révérend N. Miller B. A., Berkhamsted School, qui a lu le manuscrit de ce livre ; je saisis l'occasion de lui adresser mes sincères remerciements. En outre, j'exprime ma gratitude à mon ami W. Fiske Watford, qui m'a suggéré l'idée de cet ouvrage ; sans son aide obligeante, je n'aurais sans doute jamais entrepris ce travail.

Pour me résumer, je puis dire que le séjour en Allemagne fut pour moi une expérience agréable et instructive et je puis affirmer, en toute sincérité, que je n'ai aucune animosité personnelle contre les Allemands. Durant les onze années que j'ai passées chez eux, j'ai toujours été convaincu que les Allemands considéraient l'Angleterre comme leur ennemi invétéré, et la haïssaient. J'ai trouvé cette haine dans toutes les classes, mêlée à l'espoir que le grand jour viendrait où l'Angleterre serait brisée et humiliée.

L'AME ALLEMANDE

CHAPITRE PREMIER

Le « home » allemand.

Les lecteurs dont les plus chers souvenirs sont inséparables de l'image du « foyer des ancêtres », des *cottages* ou des libres et jolis *homes* (1) anglais, doivent forcément s'intéresser aux *homes* qui ont vu grandir les apôtres de la force brutale. Il est inutile d'ajouter que le petit poème de Mrs Hemans n'a de contre-partie ni dans la littérature ni dans la vie allemande. L'Angleterre n'a pas connu d'invasion depuis six siècles ; c'est ce qui nous explique pourquoi elle possède de délicieux villages, des fermes accueillantes, de beaux manoirs, des résidences imposantes et des châteaux majestueux qui font l'admiration du monde.

(1) J'ai conservé le mot anglais *home*, car il n'a pas son équivalent en français : pour l'Anglais, le mot *foyer* exprime avec moins de force l'idée du *home* qui est comme le sanctuaire où il enferme sa vie privée et sa liberté. A cette idée de *home* ne vient pas se joindre forcément celle de propriété : le *home* peut aussi bien être la vieille maison de famille qu'une maison louée ou même une chambre meublée. (Note de la traductrice.)

Charles Dickens prêcha l'Évangile du *home*, et bien qu'il ait trouvé des admirateurs et des imitateurs parmi les écrivains du monde entier, aucune nation n'a accepté l'idée du *home* comme le fondement de la vie nationale au même degré que l'Angleterre ; aucune autre nation n'estime autant que le peuple anglais l'influence du *home* ; dans aucun autre pays, il n'est aussi facile de trouver un *home*, et nulle part ailleurs la loi ne le protège autant qu'en Angleterre, ce pays qui mérite vraiment le titre de *Home* des *Homes*. Pardessus tout, nulle part ailleurs, les affections du *home* ne sont plus vraies ni plus pures.

La littérature d'un peuple révèle ses plus intimes pensées, ses plus profondes émotions, son idéal le plus élevé. Il n'est donc pas surprenant que la littérature anglaise célèbre en vers et en prose le poème épique du *home* ; les chansons les plus douces au cœur anglais ne sont pas celles qui parlent des « pensées les plus tristes », mais celles qui disent les joies et les tristesses du *home*. Et, de même que le *home* tient une place d'honneur dans notre littérature la plus classique, de même aussi l'évangile du *home* est une partie essentielle, et non la moins noble, de l'influence et de la mission de l'Angleterre en ce monde.

Si ce qui précède est exact, l'Angleterre doit être, par la nature même des choses, un ennemi acharné de la doctrine des *Sozialdemokraten* allemands qui ont déclaré la guerre aux institutions de la famille et du *home*. On a beaucoup écrit à la louange de la vie familiale allemande, j'approuve peu ce qu'on en a dit. Mes observations m'ont amené à cette conclusion que les maisons de paysans allemands sont de vraies masures, les *homes* des classes moyennes, des habitations sous la surveillance de la police, et les *homes* des riches, « des milieux impénétrables ».

Il est juste cependant de reconnaître qu'une grande partie de ce qui est dit ici des *homes* allemands peut s'appliquer également à la vie familiale des autres pays. Cependant, je crois que la différence entre les conceptions anglaise et allemande de l'honneur, de la moralité, de l'honnêteté commerciale, du respect dû aux femmes, de la sympathie pour ceux qui sont tombés, du sentiment chevaleresque pour les faibles, de la conception du bien et du mal et du sentiment religieux, tout cela est dû principalement à la conception différente du *home* dans la vie des deux peuples.

La question de l'honneur et des hommages dus à la femme est inséparable de celle du *home*. On prend, en Allemagne, autant de soin pour l'instruction des filles que pour celle des garçons. Les plus petites villes de province elles-mêmes possèdent des écoles primaires (1) pour filles, écoles bien aménagées et ayant un bon personnel enseignant ; dans la majorité des cas ces écoles sont contrôlées et subventionnées par l'autorité municipale.

(1) Diversement nommées : *hôhere Mädchenschule* ou *Töchterschule*, *Lyzeum* ou *Studienanstalt...*, etc.

Les programmes en vigueur dans plusieurs des États sont libéraux et assez larges en dépit du fait qu'ils sont l'œuvre du ministère de l'Instruction publique et qu'on doit les suivre rigoureusement dans la pratique. Bien entendu la commission gouvernementale qui s'occupe de ce programme d'études, qui choisit ou exclut les sujets les mieux adaptés à la formation de l'esprit de la femme, est composée d'hommes. Les directeurs d'école et la majorité des professeurs appartiennent au sexe fort. Ainsi, dès ses débuts dans la vie, la jeune fille allemande est assujettie à l'influence de l'homme par l'école et c'est probablement là qu'elle acquiert cette soumission à l'homme qui est si caractéristique chez la femme allemande (1).

Cependant quelque excellente que soit cette organisation pour améliorer l'esprit des jeunes filles, ce ne sont pas là les moyens qui peuvent produire les types les plus élevés de femmes. Mais le système allemand consiste à mettre la jeune fille dans un certain moule, de façon que le type de femme qui en sortira soit l'article le mieux adapté à l'économie politique allemande, c'est-à-dire... une épouse docile.

En quittant l'école, la jeune Allemande est bien élevée (intellectuellement) et sait beaucoup de choses qui ne lui seront utiles ni dans ce monde ni dans l'autre. Mais elle les sait et, au

---

(1) L'Allemagne possède aussi des écoles privées dans lesquelles, en général, l'influence féminine prévaut.

point de vue allemand, il n'est pas nécessaire que les connaissances aient une utilité quelconque.

En règle générale, l'Allemand ne cherche pas à obtenir le savoir pour s'en servir, ce qui est pour lui le but méprisé de l'utilitarisme anglais. Les Teutons cultivent l'*Idealismus*. L'éducation de la femme est presque purement intellectuelle ; l'école allemande pour chaque sexe n'est pas l'endroit où l'on forme le caractère ; la grâce et le charme de la femme ne jouent à peu près aucun rôle dans l'organisation de sa vie. En dépit de ses connaissances, elle est plus à sa place à la cuisine qu'au salon (1).

Il est bon qu'il en soit ainsi, car, si elle se marie, la cuisine est destinée à devenir son royaume, en dehors duquel il est rare qu'elle brille. Dans ce domaine, elle oublie les langues vivantes, les mathématiques et autres plaies de la vie d'école, pour remplir sa mission dans la vie, qui consiste à être mère et femme de charge (2). Sa devise est *sparen* (3) ; elle se dévoue et se sacrifie aux soins du ménage et au *bien-être matériel* de ses enfants. Ses vertus lui ont gagné l'admiration illimitée de ses compatriotes masculins qui ne se lassent jamais de louer la *Hansfrau* allemande, et cela est mérité. Mais il lui manque de comprendre sa mission la plus élevée, c'est-à-dire

---

(1) *Mehr küchen-als salonfähig*.

(2) Le mot *housekeeper*, que je traduis par femme de charge, désigne la personne qui dirige la maison au point de vue matériel et s'occupe de la surveillance des domestiques. (N.d.l.t.)

(3) *Sparen* : économiser, réduire les dépenses.

2

le droit et le pouvoir qu'elle a de former le caractère et les opinions de ses enfants.

Ses fils la considèrent comme une femme de charge et, par conséquent, n'apprennent jamais le respect dû à la femme, ce sentiment si chevaleresque et si noble. Elle ne sait à aucun degré leur inculquer le respect dû à son sexe ; ceux-ci traiteront plus tard une femme de chambre ou une demoiselle de magasin comme leur jouet, et la remplaceront ensuite par une épouse-femme de charge de leur rang social. « La main qui balance le berceau gouverne le monde », c'est un axiome qui n'est encore ni accepté ni compris par les mères allemandes, et cependant seules elles seraient capables de combattre efficacement le poison du *Herrenmoral* de Nietzsche et l'enseignement pernicieux de Herr Bebel.

Pour toutes les petites tâches domestiques, la femme allemande demeure la femme par excellence, mais, dans la vie nationale, elle n'est ni un frein pour arrêter le mal, ni une inspiratrice de motifs élevés ; c'est un véritable zéro. Elle accepte les conditions de la vie telles qu'elles sont ; elle est trop docile, trop asservie et s'estime à trop bas prix.

La femme en Allemagne n'a pas encore appris à être la reine du tournoi, réglant un code d'honneur, et elle se contente des compliments les plus vulgaires.

Le mariage est d'abord célébré au bureau de l'état civil ; il est suivi généralement, le lendemain, d'une cérémonie à l'église. C'est surtout sur

le marché du mariage que les femmes s'estiment
à bas prix. La jeune fille, même de la classe la
plus modeste, pratique une sévère économie afin de
se procurer *eine Ausstattung* (un trousseau) (1) et
un peu d'argent, sans quoi elle n'aurait guère
chance de trouver un *Hans* qui fît d'elle sa femme
de charge et son esclave. Quand elle a *acheté* un
mari, elle est délivrée de sa principale inquiétude.

Dans les classes paysannes en particulier, les
femmes sont considérées comme de véritables
bêtes de somme. Du matin au soir, en toute saison,
on peut les voir, jeunes et vieilles, remplissant les
tâches les plus pénibles du travail agricole. Est-ce
l'obligation d'une dure nécessité ou le simple
amour du gain qui les oblige à laisser leur maison
et leurs enfants livrés à eux-mêmes? Les jours
de marché, la femme porte le fardeau le plus
lourd, et pendant les étés secs on la voit quoti-
diennement, pliée en deux, porter un tonnelet
contenant environ six seaux d'eau, fixé sur ses
épaules au moyen de courroies ; elle s'en va ainsi,
parfois à des distances considérables, arroser les
champs desséchés. Et cependant son sort est très
envié par ses sœurs célibataires !

Sans exagération, on peut dire qu'en Allemagne, chaque homme est coté un certain prix,
et la détermination de *Fräulein* à faire un achat,
coûte que coûte, tend seulement à faire monter

(1) Dans toutes les classes de la société il est d'usage que la
femme apporte le mobilier et les autres objets nécessaires à
meubler une maison. *Die Ausstattung* comprend tout ce qui est
nécessaire pour l'aménagement du fo er.

les prix sur le marché du mariage. Les officiers
sont cotés au chiffre le plus élevé. Aussitôt après
viennent les universitaires et les hommes appartenant aux professions libérales, tandis que les
simples hommes d'affaires n'arrivent que mauvais troisièmes.

Là encore, l'étroitesse d'esprit de l'Allemand se
trahit d'une façon exquise. En adressant la parole
à une femme allemande, on ne lui donne pas seulement le nom de famille de son mari, par exemple, Madame Jones, mais toujours le titre de son
mari ou l'indication de la situation de celui-ci,
quelle qu'elle soit ; exemple : Madame docteur,
professeur, architecte ou même Madame ramoneur,
et, joie des joies pour la grande fillette émancipée
(*Backfisch*), Madame lieutenant. Être appelée
Frau-lieutenant, passer majestueusement au milieu
d'éblouissants uniformes, est un rêve vertigineux
pour lequel Gretchen doit payer de bon cœur
plusieurs dizaines de milliers de francs (1).

Il n'est que trop fréquent en Allemagne de voir
le sacrement du mariage réduit à une affaire ou
à un marché, consenti par l'homme sans aucun

______

(1) Aucun officier allemand ne peut se marier sans la permission de son colonel. Celui-ci s'informe soigneusement,
avant de donner son consentement, à l'aide du système d'espionnage qui est en usage en Allemagne, de la condition sociale de la future épouse. Si l'officier est encore lieutenant,
elle doit faire un dépôt d'argent de 75 000 francs pour l'infanterie et d'une somme bien plus élevée si l'officier appartient à
un régiment d'élite. Par le paragraphe 150 du code pénal militaire et naval, un officier peut être condamné à trois mois
d'emprisonnement ou obligé de quitter le service, s'il se marie
sans demander une permission officielle.

autre sentiment que le désir de voir payer ses dettes d'étudiant ou autres, et d'avoir une maison bien aménagée pour sa peu intéressante personne.

Les mères pourvues de filles à marier ne laissent échapper aucune occasion de leur trouver l'associé désirable pour la vie, mais la candidature de celui-ci n'est basée que sur sa position sociale et son titre. Seuls ceux qui ont chance de devenir un futur époux sont encouragés à visiter la famille, et alors aucune autre jeune fille n'est invitée afin que l'attention de la *victime* ne soit pas distraite. Les amis et les parents n'ayant pas de filles à marier entrent dans la conspiration, de façon à procurer à Gretchen autant de *Herrenanschluss* (amis masculins) que possible. Quand les choses vont trop lentement, on a même recours aux agences matrimoniales (dont le nombre est légion) et aux annonces anonymes dans les journaux.

Bref, toute mère allemande considère le mariage comme la fin et le but de l'existence de sa fille ; pour l'atteindre, elle est généralement obligée de s'effacer et, à l'occasion, d'intriguer et de comploter d'une manière tout à fait incompatible avec les intérêts les plus élevés de sa fille. Et les hommes acceptent le mariage dans ces conditions ! (1).

(1) Un ouvrage que je citerai plusieurs fois, *Moral und Gesellschaft des 20 Jahrhunderts* (La morale et la société au xxᵉ siècle), contient un chapitre qui jette un triste jour sur les femmes allemandes et le *Geld Heirat* (mariage d'argent). Le tableau qu'en fait Fritz Berolzheimer est beaucoup plus sombre que le mien.

Quand des hommes se rencontrent et que le
nom d'une jeune fille est mentionné, la première
question qu'ils se posent est presque toujours
celle-ci : *Was bekommt sie mit?* ou *Wie hoch
schätzen Sie ihr Mitgift?*, ce qui veut dire : quelle
somme d'argent sera payée comptant à son mariage? Selon le chiffre qui aura été mentionné,
la jeune fille devient un sujet de conversation
intéressant ou non. Si l'un de ces surhommes se
sent incliné à lui offrir la situation d'épouse et de
femme de charge, il fera des enquêtes minutieuses
parmi ses amis personnels et ceux de la jeune fille
afin de savoir si le montant de la *Mitgift* (dot) a été
indiqué exactement. S'il ne peut obtenir ainsi ce renseignement, il s'adressera à une *Auskunftei* (agence
d'informations) et essayera d'avoir des détails
sur sa future femme et sa famille par une agence
qui n'est autre chose qu'un bureau d'espionnage.

Il y a des succursales d'agences de cette sorte
dans toutes les villes et même dans les villages
et il n'y a pas de journal allemand qui ne con-
tienne des annonces ainsi conçues : « Avant de
vous fiancer ou de vous marier, prenez des informations au sujet de la dot et de la vie passée de
votre fiancée et de sa famille » (1). « Mariage. — Je
cherche un mari qui convienne à ma nièce (quel-

____

(1) Ces agences de renseignements jouent un rôle essentiel
dans les affaires allemandes et dans la vie sociale. Chaque
maison d'affaires a un contrat avec une ou plusieurs de ces
maisons. Le nom du nouveau client demandant du crédit est
rapidement téléphoné à l'agence. Une enquête ordinaire pour
une affaire coûte entre 1 fr. 25 et 3 fr. 75 ; un rapport complet sur
une personne (comme ceux obtenus avant le mariage) coûte

quefois on dit : ma sœur ou ma fille) âgée de vingt-quatre ans, blonde, belle personne, jolie taille, aura 50 000 francs de dot comptant, davantage plus tard. Écrire numéro... » « Fonctionnaire (quelquefois un officier) dans une belle position, cherche à faire la connaissance d'une jeune fille de bonne famille disposant d'au moins 250 000 francs. Correspondance par l'intermédiaire des parents ou autre membre de la famille serait acceptée. Secret, affaire d'honneur. Écrire à... etc. »

Avant la guerre on ne pouvait lire aucun numéro du *Berliner Tageblatt* ou du *Frankfurter Zeitung* sans trouver toutes sortes d'offres de mariage émanant du monde juif. Ces annonces commencent souvent par le mot *Schadchen*, ce qui signifie qu'une commission de 2 p. 100 sur la dot est demandée par celui qui fait paraître l'annonce. *Schadchen* est intraduisible, mais la formule ordinairement usitée est celle-ci : « *Schadchen* vivant dans les meilleurs milieux est prêt à faire connaître un monsieur à plusieurs jeunes filles riches... etc. »

Quoi de plus édifiant que de penser que votre ami allemand, si correct d'allure, emploie dans les *meilleurs cercles* son art de l'espionnage et exploite votre vie de famille pour gagner une commission en procurant un mari à votre fille ! (1).

25 francs. Les deux sexes ont recours volontiers à ces agences et il est impossible de se promener dans les principales rues d'une ville allemande un peu importante sans voir au moins une douzaine de bureaux de ce genre.

(1) Les marchands de vin, de tabac, prêteurs d'argent, etc... font souvent paraître des annonces « ponr des messieurs vivant

L'été dernier, un Anglais résidant à Nuremberg me montra un papier qu'un de ces agents matrimoniaux lui avait présenté en lui demandant de le signer. Le document expliquait que l'agent était préparé à faire connaître Monsieur A... à Fräulein X... Si les fiançailles s'ensuivaient, Monsieur A... devait payer 375 francs et après le mariage un surplus de 1 125 francs.

La dot est la cause principale du mariage et, selon les notions allemandes qui déterminent ce genre d'union, c'est à qui jouera au plus fin. Les parents font savoir discrètement le montant de la dot de leur fille, les jeunes gens usent de tous les moyens que l'espionnage met à leur disposition pour savoir si le chiffre cité est fictif ou réel.

Un Teuton n'était pas le moins du monde humilié de me dire qu'il avait été fiancé trois fois et que chaque fois son futur beau-père n'avait pas pu ou n'avait pas voulu réaliser les espoirs qu'il avait fait naître quant à la dot. Les comptes rendus de procès portés devant les tribunaux allemands montrent que le « marché du mariage » est un heureux terrain de chasse pour les aventuriers. Une connaissance plus intime de la vie allemande prouve que le génie des Allemands pour recueillir les informations, faire des enquêtes, garder le secret, espionner, n'a trouvé aucun terrain plus favorable que la conclusion des mariages.

parmi la meilleure société » qui, moyennant une commission pour l'affaire conclue, recommanderont ou introduiront leur marchandise dans les *besseren Kreisen*.

Il serait impossible de dire combien de *homes*
allemands sont dus à ces faiseurs d'unions, ou à
de sordides intrigues. Il importe seulement de
savoir que ce sont là des modèles et des méthodes
acceptés et, ce fait étant établi, le nombre des
divorces qui augmente chaque année (1) est un
phénomène qui n'a pas besoin d'être commenté
davantage.

Revenons maintenant aux *homes* des paysans
et des villageois dont le cynisme allemand décrit
ainsi la propreté et le confort : « Pourquoi l'air
de la campagne est-il si pur? Parce que les paysans n'ouvrent jamais leurs fenêtres ».

Les habitations paysannes allemandes contiennent un minimum de confort, et, excepté dans
certaines contrées montagneuses, sont rarement
pittoresques ; même là, les habitants ont de
fortes préventions contre la pénétration de l'air
pur chez eux ! Le mieux qu'on puisse dire des
paysans est qu'ils sont une race dure, brutale,
économe, considérant comme de peu de valeur
les raffinements de la vie et n'ayant aucune inclination à les acquérir.

Obstinés, vindicatifs, querelleurs, toujours prêts
à user du couteau, ils ne laissent passer aucune
fête villageoise sans se briser quelques bocks de
bière sur la tête, sans quelque incident sanglant, dont il est dûment fait mention dans la

(1) En 1913, il n'y eut pas moins de 1 880 mariages dissous en
Bavière, qui est la partie la plus catholique du pays, et l'on
sait, cependant, que l'Église catholique est absolument opposée
au divorce. — Voir les statistiques du divorce, chapitre XII.

presse locale. Pour les paysans, le *home* est seulement l'endroit où l'on dort, mais ils ont un avantage sur des milliers d'habitants des villes : ils peuvent coucher dans leur propre maison, tandis que la plus grande partie de la population de l'Allemagne est condamnée à habiter des appartements.

L'intimité et la solitude si grandement estimées par les Anglais sont inconnues en Allemagne. Généralement le propriétaire habite un des appartements, presque toujours le rez-de-chaussée. En entrant dans la maison, la première chose qui frappe le regard est un écriteau contenant environ vingt paragraphes, qui sont les *Hausordnung* (règlements de la maison) ; ils vous expliquent ce que vous devez et ce que vous ne devez pas faire. Le locataire est informé par ces règles des heures pendant lesquelles il lui est permis de jouer du piano, d'arroser les fleurs de sa fenêtre, etc... Le propriétaire est le gendarme de la maison ; les Allemands vivant dans des habitations même luxueuses ne sont pas exempts de la discipline de la caserne. Vos allées et venues sont dûment observées, de même que celles des visiteurs.

Les Allemands sont naturellement querelleurs, et dans la pièce du sous-sol qui sert de buanderie commune à tous les locataires, ou dans la salle commune pour faire sécher le linge sous le toit, il y a assez de points de contact ou de causes de conflit pour amener des relations très tendues entre les locataires pendant la plus grande partie de l'année. Sous le toit, autour de la pièce où l'on fait sécher le linge, se trouvent plusieurs petites chambres (véritables chenils). Ce sont les chambres des domestiques en service dans les différents appartements, excellente institution pour satisfaire l'insatiable curiosité allemande ; en outre, cela donne aux domestiques la possibilité (à laquelle ils manquent rarement) de recevoir des visites nocturnes ou d'aller danser pendant la saison du carnaval.

Beaucoup d'appartements sont élégants, spacieux, chers, mais ils ne contribuent pas à créer cette atmosphère de *home* et de sécurité qui a donné naissance à la locution populaire : « La maison de l'Anglais est son château ». En d'autres temps, il a pu en être autrement, mais les *homes* de l'Allemagne moderne semblent exercer peu d'attraction sur leurs propriétaires. Leur atmosphère est un mélange de contrainte et de raideur, spécial à la propriété et à l'ordre allemands. On ne s'y sent jamais libre ni à l'aise, et même entre les familles unies par des liens intimes d'amitié, les échanges de visites sont toujours caractérisés par une certaine étiquette. Dans l'amitié allemande, il n'y a rien du « entrez pour un instant », ou « revenez donc me voir » en usage en Angleterre. Il n'y a pas d'idiotisme dans la langue allemande par lequel ces phrases puissent être rendues. L'aimable cordialité cachée sous ces expressions est un sentiment étranger au caractère allemand ; entrer dans un *home* allemand a quelque chose d'extraordinaire ; c'est un événement solennel et la conduite des deux côtés doit être également digne.

Si le Teuton tient vraiment à son *home,* son idée doit être d'y vivre entièrement séparé du monde, dans un petit coin bien à lui; c'est tout à fait le même genre d'esprit que celui que dépeint Tennyson dans son poème: *Le palais de l'art.* Les meilleurs *homes* allemands expliquent avec justesse l'égoïsme national.

Quand les Allemands parlent de l'Angleterre, ils expriment leur étonnement de la facilité avec laquelle leurs fils et leurs filles sont reçus dans les meilleures familles anglaises (1). La conception du *home* agissant comme une sorte de phare dont la lumière s'étend au loin, n'a jamais lui dans une imagination teutonne. La plus haute idée qu'un Allemand puisse se faire du *home* est de le considérer comme un endroit qui lui est uniquement consacré.

Toutefois le centre de gravité de la vie allemande est rarement auprès du foyer. Les innombrables cafés, les restaurants, et les « jardins de bière » pendant l'été, sont une preuve que l'Allemand n'aime point son *home* : il préfère se trouver et être vu au milieu des lumières éclatantes des

____

(1) Un jeune Allemand obligé de vivre loin des siens ne peut jamais être reçu dans une bonne famille. Il prend une chambre et la pension dans un restaurant. Quand il met une annonce à ce sujet, il dit généralement que la chambre doit être *ungeniert* ou *sturmfrei,* ce qui veut dire que la propriétaire ne doit pas se plaindre si des personnes de l'autre sexe le visitent. Par ce moyen le système des liaisons (*Verhältnissystem*) se développe et s'étend. C'est tout à l'honneur des jeunes Anglais qu'ils soient reçus plus aisément dans de bonnes familles que les jeunes Allemands.

lieux publics. Les dimanches de midi à minuit,
il est difficile, dans ces endroits-là, de découvrir une
chaise vacante. Si des familles désirent se rencontrer, le rendez-vous invariable est le café
ou le restaurant. Un avantage, peut-être, est qu'on
évite le supplément d'ouvrage qui en résulterait
chez soi, et c'est une façon facile et bon marché
de faire étalage du charme des filles à marier.
Cela prouve à quel point l'Allemand moyen
a renversé l'ordre des choses usuel ; il fait du
restaurant son *home* et de son appartement son
hôtel. Ainsi l'inévitable *Kaffaekränchen*, réunion
d'amis pour prendre le café, si cher aux femmes
allemandes, a lieu non pas chez elles, mais dans un
café public.

Les liens de la vie de famille en Allemagne sont
des plus lâches et le *home* exerce peu ou point
d'influence sur les filles et les fils des Allemands.
Il se peut que l'énorme prospérité commerciale
des quarante dernières années ait hâté cette
œuvre de désorganisation ; il se peut aussi que
cette phase du « progrès » allemand soit bonne et
notre vieux système mauvais, mais le fait essentiel reste : à savoir que ces institutions conviennent admirablement à l'amour de l'Allemand
pour l'ostentation. Cependant cet avantage est
chèrement payé : l'influence du *home* comme facteur de la vie nationale a disparu et le jardin dans
lequel de nobles caractères s'étaient développés
a été vendu comme terrain de construction pour
restaurants et cafés.

CHAPITRE II

Les écoles allemandes, casernes intel-
lectuelles.

On a dit, avec beaucoup de raison, que l'Allemagne est le maître d'école du monde et, comme
maintes gens de cette profession, l'Allemagne
est tombée dans l'erreur de croire que la férule,
en ce cas le poing fermé, est une fin en soi.
Cependant nous avons une dette vis-à-vis de nos
cousins teutons pour leur longue liste de grands
pédagogues, aussi bien que pour leur système d'é-
coles qui ont servi de modèle au reste du monde.

Comme ce chapitre n'est pas écrit seulement
pour les directeurs d'écoles, j'esquisserai la partie
technique à grands traits, mais, en même temps, je
m'efforcerai de définir les buts poursuivis, avoués
ou inconscients, et les résultats obtenus par
les écoles allemandes.

En 1870, l'Angleterre commença sérieusement
l'instruction des masses. En cela, elle copia beaucoup les institutions du pays situé de l'autre
côté de la mer du Nord. Selon les statistiques, il y

a moins d'illettrés en Allemagne que dans aucun autre pays du monde ; ce fait cependant ne m'empêche pas de déclarer, très positivement, qu'en quarante-quatre ans mon pays a égalé, et en certains points surpassé, son premier modèle. Les fillettes et les jeunes garçons anglais ont, en moyenne, à la sortie de l'école primaire, un bagage intellectuel au moins égal à celui de leurs « cousins allemands »; mais, en ce qui concerne les qualités qui permettent à l'individu de s'adapter à la vie, et d'acquérir les plus hautes vertus, telles que les « devoirs vis-à-vis du prochain », ils possèdent des avantages décisifs.

Le professeur allemand imprime dans l'esprit de ses élèves cette idée du devoir de l'individu envers cette énorme masse qui pèse sur chaque phase de la vie nationale : l'État ; mais il néglige les règles les plus élémentaires de l'esprit chevaleresque (1). En résumé les principes fondamentaux de l'« humanitarisme » ne sont pas le but essentiel de l'école primaire allemande, elle vise plutôt à la formation de citoyens disciplinés et loyaux, prêts à obéir à l'État sans murmurer.

Les quatre millions et quart de votes obtenus

---

(1) Le Dr Karl Peters, dans son livre sur l'Angleterre, insiste sur l'enseignement donné dans toutes nos écoles pour inculquer les principes de la lutte loyale *(fair play)* : deux garçons ne se jettent pas sur un seul; un plus âgé n'attaquera pas un plus jeune; si, dans une lutte, l'un d'eux est renversé, l'autre attendra qu'il se relève; les jeunes gens anglais apprennent à respecter le sexe faible, etc... Peters, parmi d'autres auteurs allemands, déplore l'absence de ces qualités dans la jeunesse allemande.

par les *Sozialdemokraten* aux dernières élections
du Reichstag prouvent que, même dans leur principal objet, les écoles allemandes n'ont pas réussi.
Cependant la manière dont les soldats allemands combattent pour leur pays montre que
ces mêmes écoles ont du moins enseigné le patriotisme. Pour ce qui est de la politesse superficielle,
comme d'enlever son chapeau pour saluer les uns
ou les autres, frapper à la porte avant d'entrer
dans une pièce, rester debout tête nue en parlant
à un supérieur, le jeune garçon allemand rendrait
des points à un écolier anglais ; mais en ce qui
concerne les sentiments de véritable bienséance,
la bienveillante considération pour les personnes
plus âgées et les hommes en général, je maintiens
que la jeunesse anglaise est très en avance sur la
jeunesse allemande.

Les marques extérieures ne révèlent pas toujours les sentiments intérieurs, et dans de nombreuses occasions j'ai observé que le salut de la
jeune fille allemande, l'obséquiosité de l'écolier
abaissant sa casquette presque jusqu'à terre, le
salut du soldat figé dans une rigidité de bois, font
place à une grimace l'instant après et même
qu'une expression de profond respect devient
un ricanement sarcastique, quand son auteur est
sûr de n'être pas découvert. Il est facile de
voir par ces petits faits de quel côté souffle le
vent : le signe de respect accordé au professeur n'est que le résultat de l'inévitable « il
faut », « vous devez » et non pas un hommage
accordé à sa personne ; de même le *Ehrenzeichen*

(salut) du soldat est donné à l'uniforme de l'officier, et non à l'homme qui le porte. *Ehrenzeichen*
est un mot écrit en gros caractères en Allemagne.
A l'école, on apprend à le rendre presque jusqu'à
la servilité et, plus tard, le service militaire incul-
que encore plus d'obséquiosité, tout en laissant
intérieurement le penchant contraire.

C'est le fondement de la minutie extérieure qui
caractérise la vie allemande, sans égards pour les
sentiments intérieurs ou la sincérité. L'extérieur
doit toujours être absolument correct, mais le
Teuton ordinaire ne cherche pas à savoir ce qui
est caché en dessous ; en fait, il l'accepte comme
une nécessité de la vie, comme de la poudre aux
yeux, et, dans cette politesse superficielle aux
motifs diplomatiques, avec simulation de respect
et de sincérité, l'Allemand est passé maître. Le
mot servilité serait le terme qu'un Anglo-Saxon
emploierait pour nommer cette « qualité » ; elle est
caractéristique de la vie allemande et sert ordinairement à cacher le manque de sincérité et
même la méchanceté dissimulée.

Le maître d'école est satisfait qu'on lui témoigne les marques de respect qui lui sont dues ; en
fait, il insiste là-dessus impitoyablement ; mais
il est en vérité bien rare qu'il essaie de les inspirer par lui-même. Le jeune Allemand n'acquiert
pas à l'école les qualités qui sont la base d'un
véritable caractère, c'est-à-dire le vrai respect
de soi-même, la vénération de Dieu, la bonté
à l'égard des hommes. Son esprit a reçu un
germe empoisonné, car il a appris à considérer la

politesse extérieure comme une chose vitale.

Dans les rues de n'importe quelle localité allemande, on peut observer presque à chaque minute le fait suivant : deux hommes se rencontrant dans la rue et entrant en conversation enlèvent leur chapeau, se saluent profondément et à plusieurs reprises et recommencent cette cérémonie au moment où ils se quittent. Cela ne signifie rien en soi-même, ils peuvent être des rivaux détestés, même se haïr l'un l'autre, cependant tous deux observeront ces formes serviles de politesse et chacun d'eux serait profondément offensé par toute omission à cet égard de la part de l'autre.

Durant les premières semaines de mon séjour à Nuremberg, je fus étonné de la crainte respectueuse qu'une personne d'aussi peu d'importance que moi inspirait à ses relations. Je ne considérai nullement cela comme un tribut payé à ma personne, mais, par erreur, je fus induis à croire que c'était une marque sincère de respect pour mon pays et ma nationalité. Un an cependant suffit à faire disparaître même cette illusion ! C'est seulement la conception allemande du « bien joué ». L'Allemand se sert de cette arme pour jeter de la poudre aux yeux de son ennemi, pour capter la faveur de ses supérieurs, exprimer son respect pour les femmes de réputation vertueuse aussi bien que légère, tromper ses amis et en même temps se tromper lui-même.

Un autre résultat de l'enseignement donné par l'école allemande est d'inculquer, avec non moins de perfection, le sentiment qui est exprimé par le mot anglais *must* : « il faut, vous devez ». L'enfant doit aller à l'école, il doit apprendre, il doit être sage et ordonné ; en résumé, il doit obéir. L'enfant ne manque pas l'école, excepté dans les cas de maladie ; les parents doivent envoyer leurs enfants à l'école comme eux-mêmes autrefois y ont été et y ont appris la signification du verbe « devoir ».

L'État allemand est un père sévère ; en effet, il dit : « Vous devez aller à l'école afin de devenir un bon citoyen pour mon bonheur et pour le vôtre. Vous devez servir dans l'armée, afin de pouvoir me défendre. Vous devez mourir pour moi si je le veux ». Il y a beaucoup de « vous devez » dans la vie et la mort d'un Teuton, mais ces trois-là sont peut-être imprimés en plus gros caractères.

La vie à l'école n'est ni adoucie ni vivifiée par les sports, quoiqu'il y ait un certain nombre de leçons données en plein air ; mais, dans ces occasions, le professeur accompagne sa classe comme s'il était un général condamné à marcher avec une escouade de soldats. Il serait au-dessous de sa dignité de se dépouiller de sa raideur et de devenir le camarade ou l'ami de ses élèves. En résumé, on peut dire que son influence, basée sur de stricts principes pédagogiques, est dirigée vers la tête de l'enfant, jamais vers son cœur ; quoi qu'il en soit, le but de l'école allemande est atteint : il aide à faire des machines d'êtres humains et obtient ce résultat que ces derniers ne gardent aucune affection pour leurs écoles lorsqu'ils en sont sortis.

Malheureusement ces écoles, aussi bien que les écoles secondaires de l'État, sont devenues la principale arène d'une âpre lutte entre protestants et catholiques, lutte qui se poursuit en Allemagne depuis la Réforme.

Autant que les circonstances le permettent, les enfants des deux grandes branches du christianisme sont instruits séparément et seulement par des hommes professant leur foi. Ils apprennent à se considérer les uns les autres avec une suspicion souvent mêlée de mépris et à dédaigner de tout leur cœur les enfants nés de parents israélites (1). L'instruction religieuse est obligatoire à quelque Credo que l'on appartienne ; ne serait-il pas préférable de la négliger plutôt que de la réduire au même niveau que les autres exercices de gymnastique intellectuelle?

Chaque enfant a son catéchisme et une histoire de la Bible, tous deux dûment approuvés par les gens au pouvoir ; chaque partie du catéchisme est accompagnée d'une interprétation de Luther imprimée en petits caractères ; le texte et l'explication doivent être sus par cœur. Les récits et les sentences de la Bible ainsi que des hymnes sont entassés dans la mémoire de l'enfant. Le

(1) Les distinctions entre religions existent même sur le terrain des jeux. Un riche juif de Nuremberg, pour lequel j'ai un profond respect, m'a dit que les enfants des familles juives étaient, en fait, écartés des jeux et ainsi forcés de jouer entre eux.

professeur n'a nullement besoin de donner une interprétation, l'élève encore moins ; l'Église et l'État allemands prennent en vérité grand soin de ne laisser aucune tentation d'erreur ou d'hérésie se glisser parmi leur troupeau !

C'est une religion systématisée dans laquelle le rôle du professeur est clairement défini ; les merveilleux récits héroïques, la foi simple, les superbes poèmes, les splendides leçons du bien et du mal que l'on rencontre dans l'Ancien Testament, perdent leur pouvoir et attristent au lieu d'enflammer l'imagination de la jeunesse ; dans ce système, l'éclatante personnalité de Jésus-Christ, le Sermon sur la montagne, aussi bien que les Actes des Apôtres, sont scientifiquement réduits aux limites d'un catéchisme « aussi sec que de la poussière ». Les limites en sont si étroites qu'on n'a trouvé aucune place pour parler des devoirs envers Dieu ou des devoirs envers le prochain.

Il n'est donc pas surprenant que les enfants du peuple, en quittant l'école à l'âge de quatorze ans, aient une fausse conception de la réelle valeur des choses, une prédisposition à juger sur les apparences, ainsi que le sentiment qu'ils sont Allemands, mais de peu d'importance dans le grand organisme qu'est l'État ; ils n'ont aucune idée de la vérité si bien exprimée dans le poème de Burns : « Un homme est un homme pour tout », et enfin ils manquent du lest nécessaire au caractère. Qu'y a-t-il donc d'étonnant à ce qu'ils deviennent les victimes de l'envie, de la haine des classes,

3.

de l'athéisme si assidûment enseigné par les *Sozialdemokraten* ? Quoi d'étonnant aussi à ce que la religion paraisse à leur imagination bien dressée une chose d'infiniment moins de valeur que l'arithmétique ?

Sir Joshua Fitch, dans ses conférences sur l'éducation, compare un système parfait d'éducation nationale à une pyramide ; à la base, les écoles primaires sur lesquelles sont construites les écoles secondaires, et enfin, au sommet, les Universités. Aucun pays ne s'est approché davantage de cet idéal que l'Allemagne. Après trois ou quatre ans dans une école du peuple (école communale) (ou dans des écoles préparatoires qui existent dans nombre de villes), le jeune garçon (1) entre à l'âge de dix ans dans une école secondaire de l'État.

Il y a trois types distincts d'école : le *Gymnasium* (école classique dont la fondation date de la Renaissance), le *Realgymnasium* dans lequel l'anglais est obligatoire à la place du grec, le *Oberrealschule* sans études classiques. Dans chaque type d'école la durée normale des études est de neuf ans ; mais, après six ans, on peut passer un examen grâce auquel le candidat reçu ne restera qu'un an dans l'armée ; en outre, ce certificat permet à celui qui l'a obtenu d'avoir une situation modeste dans l'administration des postes, dans les chemins de fer, télégraphes ou téléphones.

Naturellement, les enfants de la petite bour-

____

(1) Les enfants du peuple restent dans les écoles primaires jusqu'à l'âge de quatorze ans et sont soumis ensuite à un enseignement post-scolaire jusqu'à l'âge de dix-sept ans.

geoisie quittent en majorité l'école après avoir obtenu le certificat « d'un an ». Cependant ceux qui terminent le cours de leurs études reçoivent un diplôme qui les fait admettre dans les Universités allemandes, autrichiennes ou suisses, ou dans les écoles préparatoires à l'armée ou à la marine ; ils peuvent, en outre, être nommés dans les plus hauts postes de l'administration civile, aussi bien que dans d'autres institutions ou administrations.

Matthew Arnold écrivait que les connaissances acquises durant ces neuf années passées dans une de ces écoles classiques étaient égales à celles qui sont nécessaires pour passer les examens d'Oxford ou de Cambridge ; de nos jours, cette comparaison ne serait sans doute plus exacte. Le cours de ces études impose aux élèves une terrible surcharge de travail, mais ceux qui aspirent aux professions libérales et aux carrières les plus élevées doivent passer par un de ces trois genres d'école. En langage vulgaire, le *Gymnasium* est qualifié de *Penal* et un écolier de *Penäler*. Quoique l'étymologie de ces mots soit assez douteuse pour que l'on puisse assurer qu'elle est la même que notre mot « pénal », c'est cependant dans ce sens qu'ils sont employés (1).

Bien que les punitions corporelles soient absolument bannies de ces institutions, il n'en est pas moins vrai qu'il y règne une discipline de fer. On tutoie l'écolier jusqu'à l'âge de quinze ans ;

____

(1) Quelques auteurs ayant autorité donnent le latin *penna* comme un dérivatif possible.

à partir de ce moment il peut demander la forme
plus respectueuse du vouvoiement ; pendant
toute sa carrière d'écolier, il ne reçoit jamais un
coup ni d'un instituteur, ni d'un professeur, ni
d'un principal de collège. Il apprend à considérer un coup comme une humiliation mentale,
morale et physique qui ne peut même pas être
infligée à un forçat ; cependant la subordination
qu'il doit avoir vis-à-vis de ses mentors sous la
forme du *das Ehrenrzeichen* (signe de respect) est
plus dégradante qu'un châtiment corporel. En
tout cas, je suis convaincu que le caractère sacré
qui met la personne de l'écolier au-dessus des
châtiments corporels remplit la tête du jeune
Allemand d'une idée fort exagérée de son importance, le conduit à un état de susceptibilité morbide et sert de fondement au système connu sous
le nom de « code d'honneur » qui serait plus correc-
tement appelé « égoïsme maladif ».

Il n'est pas douteux, cependant, que l'usage
d'expressions telles que : « Oh! vous êtes un âne,
Brown », employées en parlant d'un garçon d'un
certain âge, créerait au maître qui s'en servirait
les plus sérieuses difficultés. En fait, s'il refusait
de se rétracter et de faire des excuses, son élève
pourrait lui intenter un procès pour insulte !
Ces mêmes garçons, lorsqu'ils rencontrent un
membre du corps professoral, doivent s'incliner
devant lui d'une façon qui rappelle à l'esprit le
tableau de Sir Walter Raleigh s'inclinant devant
son impérieuse maîtresse. Tout cela produit une
atmosphère de mesquinerie et amène un état de

guerre entre les élèves et leurs professeurs, état connu sous le nom de « piqûres d'épingle ».

Lorsque mon fils entra à l'école, il reçut un imprimé contenant le règlement édicté par le « ministre de l'Instruction publique et des Cultes ». Une clause excita spécialement mon indignation ; elle est ainsi conçue : *Jede Selbsthilfe ist verboten* (toute initiative individuelle est défendue). Dans chaque querelle entre élèves, celui qui est molesté doit aller en rendre compte à un professeur ou au principal. S'il essayait de se faire justice lui-même, il deviendrait l'agresseur à son tour et recevrait une punition qui serait proportionnée à la faute. Les punitions prennent la forme de réprimandes, détentions, avertissements, entrevue avec le recteur, *Dimittiern* (l'élève peut entrer dans une autre école bavaroise), et *Excludieren*, auquel cas aucune école bavaroise d'État ne l'accepterait.

Tout Anglais comprendra que de telles manières de faire sont un champ de culture tout préparé pour les « rapporteurs ». En allemand, cela s'appelle *Denunziation*; c'est un mal qui n'est pas restreint aux écoliers ou à leurs maîtres, c'est un véritable cancer dont les racines atteignent la nation tout entière.

L'écolier va trouver le directeur et lui raconte diverses histoires au sujet de son maître ; le directeur doit être, lui aussi, très correct, sans quoi un professeur espion rapporterait ses allées et venues au ministre de l'Instruction publique. Les Allemands désignent le « rapporteur » sous le

nom honoré de *Pflichtgefühl* (sentiment du devoir)
et il est facile d'imaginer une *Denunziation* com-
mençant ainsi : « Moi, Michel Deutsch, je me sens
forcé par mon sentiment du devoir envers ma
patrie et mes supérieurs de faire très humblement
un rapport au sujet de... etc. », *ad nauseam.*

Si cela était nécessaire, je pourrais remplir un
volume entier avec des exemples que je connais
pour les avoir observés personnellement, mais de
tels sujets sont nauséabonds même à répéter.
Cependant, la conclusion que l'on peut en tirer
c'est que l'Allemagne dans ses affaires intérieures, dans ses écoles, ses Universités, son
Église, son armée, ses bureaux, ses tribunaux,
a partout un système d'espionnage et de médi-
sance qui forme une partie aussi essentielle de son
grand système intérieur que de ses relations
avec les autres pays.

Il n'y a pas plus de sports dans les écoles
secondaires de l'État que dans les écoles primaires.
En Bavière, le foot-ball est défendu dans les
écoles d'État depuis trois ans ; la raison donnée
officiellement était que ce jeu engendre la brutalité et les manières vulgaires ; mais le vrai
motif est sans doute la susceptibilité morbide
déjà mentionnée.

Il y a entre professeurs et élèves beaucoup
trop de jalousie mesquine et d'hostilité pour permettre à la saine et vigoureuse rivalité suscitée
par le sport de fleurir. Trop de « moi » morbides
se trouveraient insultés et blessés par ces rudes
jeux. Cependant chaque école possède un excel-

lent gymnase bien installé et généralement deux heures par semaine sont consacrées aux exercices physiques. Ce côté de l'éducation allemande est confié à un professeur de gymnastique qui est, presque sans exception, un sous-officier en retraite.

Il y a environ cinq ans, le prince régent de Bavière (décédé depuis) institua des concours annuels de jeux en plein air entre les différentes écoles de chaque ville. Mais ces « affaires » amicales furent cause d'une telle envie et de tels mauvais sentiments entre les différentes écoles que cette organisation dut se réduire à quelques jeux sans classification.

En juillet 1914, j'assistais à l'un d'eux. La chaleur était intense et, malgré un excellent orchestre militaire, il n'y avait pas plus d'une vingtaine de parents présents (la plupart appartenant au beau sexe). Le professeur de gymnastique en redingote et chapeau de soie, debout sur une plate-forme, gesticulait, criant ses commandements, tandis que ses augustes « collègues » et les proviseurs paradaient à une dédaigneuse distance, faisant preuve ainsi d'un fiel et d'une amertume bien teutons. Les enfants ne montraient aucun intérêt et chacun fut heureux en son for intérieur lorsque les remarques finales mirent un terme à la réunion.

Le directeur d'école allemand est trop savant, trop rempli de son importance, en ayant trop conscience pour s'abaisser au niveau de ses élèves. C'est un excellent pédagogue, mais sa dignité l'empêche de jamais combler l'abîme qui le sépare de ceux dont il a charge (1). Aucun lien humain ne peut les unir, parce qu'il est contre ses principes d'exercer aucune influence sur ses élèves.

Herr Kirschensteier, le fondateur des écoles de commerce, raconte dans un de ses livres qu'à un congrès des professeurs des écoles secondaires, tenu à Munich, on avait décidé que les maîtres n'avaient pas à s'occuper de la formation du caractère. Leur devoir était simplement d'instruire et de faire travailler les facultés mentales ; tout ce qui a trait au caractère est chose réservée à la *nursery* (salle de jeux) ainsi qu'au *home*. Là, comme dans les autres sphères de la vie allemande, l'individu doit se soumettre à l'autorité et se laisser absorber par la masse. Combien différents sont l'idéal et les méthodes de l'Angleterre!

Le gouvernement allemand ne désire pas que les écoles enseignent la confiance en soi, l'indépendance de pensée ou d'action ; ce n'est pas le devoir de l'école de cultiver dans l'individu une conscience qui deviendrait son maître. Les préceptes qui règlent les actions d'un homme, les

(1) Au mois de mai, les différentes écoles passent un jour à la campagne. C'est le maître qui fait le plan de la promenade, qui a toujours lieu à pied. Une classe de jeunes garçons avait réuni un jour les quelques sous qu'ils possédaient pour se procurer une bouteille de vin de table léger, afin de donner plus de saveur au déjeuner de leur professeur. Celui-ci rejeta le cadeau avec une indignation non déguisée, accompagna les écoliers chez l'aubergiste et fit rendre le vin. Cet homme m'a raconté cet incident, et considère qu'il a accompli une action vertueuse.

motifs qui inspirent ses hauts faits, ne doivent pas venir de lui-même, mais de l'État qui les lui fournira. De cette manière, on crée des automates instruits dont les impulsions ne viennent pas de l'intérieur, mais d'une intelligence centrale placée en dehors d'eux.

Récemment la presse parlait d'un bateau automobile qui pouvait fonctionner par la télégraphie sans fil ; le mécanicien, assis dans une station de télégraphie sans fil, n'avait qu'à faire manœuvrer le bateau au moyen de l'électricité. Voilà l'idéal que recouvre la théorie de l'État ; les citoyens sont des équipes d'ouvriers sous la surveillance de la grande station de télégraphie sans fil : l'État. En matière militaire, l'Allemagne a réalisé ce rêve, mais elle ne l'a pas atteint complètement dans les autres branches de l'activité nationale, quoique son système d'école approche de fort près cet idéal.

Depuis plus de dix ans, la haine contre l'Angleterre, jointe aux enseignements sur la mission mondiale de l'Allemagne, s'est propagée comme par une sorte de télégraphie sans fil, à travers les écoles allemandes. Il serait excessivement difficile, en fait impossible, de découvrir la source d'où ces messages émanent. Cependant il est certain qu'on a continué à employer cette méthode par des instructions en classe, des conférences, la lecture des livres, les tableaux sur les murs et autres moyens d'enseignement à l'école (1).

(1) Dans beaucoup de livres de lecture servant à l'enseignement de l'anglais, les enfants allemands trouvent tout un choix de termes injurieux, que les Anglais, assure-t-on, emploient en parlant des Allemands, par exemple : sale Allemand ! etc...

Pendant les douze années de mon séjour en Allemagne, j'ai été en contact avec plusieurs milliers de maîtres, professeurs, recteurs (ces derniers, bien entendu, ne sont pas membres du clergé) ; quelques centaines de mes anciens élèves sont maintenant dans les écoles de l'État, à moins qu'ils n'aient été appelés à l'armée. Je suis obligé de reconnaître avec regret que je n'ai trouvé dans cette classe qu'amère antipathie, ou tout au moins suspicion contre l'Angleterre. Il n'est pas douteux que les Allemands n'ont négligé aucun des moyens que leur situation leur permettait d'employer, pour arriver à ce but ; autrement, l'hostilité contre l'Angleterre que j'ai rencontrée aussi bien chez les écolières et les écoliers que chez les étudiants allemands de l'Université, serait inexplicable.

Au mois de juillet dernier, mon fils me fit le récit d'une leçon donnée en classe à des enfants de onze ans environ ; on leur avait enseigné que l'armée française n'était bonne à rien, que les Russes étaient un peuple corrompu et que l'Angleterre n'avait pas une armée digne de ce nom. Si une telle leçon a pu être donnée par un professeur sachant parfaitement qu'un élève anglais était assis sur un des bancs, on se demande ce qu'elle aurait pu être dans des conditions moins embarrassantes. Deux leçons ont été spécialement martelées dans le jeune cerveau de l'enfant : l'Angleterre est un voleur inhumain qui, pour de purs motifs d'envie et de convoitise du pouvoir, a, tour à tour, écrasé la Hollande, l'Espagne et la

France. Le tour de l'Allemagne viendra ensuite, parce qu'elle est la rivale commerciale et navale de l'Angleterre. Le bombardement de Copenhague par Nelson, sans aucune déclaration de guerre préalable, est un exemple que tout Allemand a entendu donner comme preuve de la traîtrise de l'Angleterre. Le pays a été amené à croire que l'Angleterre méditait une attaque soudaine et déloyale contre cette bonne et inoffensive Allemagne. Suspendu à la portée de tous, on trouve dans les classes un graphique indiquant les statistiques des flottes anglaises et allemandes.

Il y a quelques années, le Kaiser écrivit une lettre privée à lord Tweedmouth, alors premier lord de l'Amirauté, protestant contre l'agitation anglaise au sujet de la menace allemande, et se plaignant que ces agitateurs se servaient spécialement de la flotte allemande comme terme de comparaison. Dans cette lettre qui a été publiée par le *Times* depuis la déclaration de guerre, l'empereur passe sous silence le fait que, dans sa patrie elle-même, on n'a cherché aucun autre point de comparaison ; c'est certainement cette idée qui, dans les écoles de l'État, a été le fondement de l'éducation navale de la jeunesse allemande (1).

L'autre conception de l'Angleterre qu'un grand

(1) Mon opinion sur les écoles allemandes est basée sur des visites personnelles dans des écoles trop nombreuses à citer. Entre le 10 septembre 1913 et le 20 mars 1914 seulement, j'ai fait des conférences dans cent écoles allemandes et vingt-cinq écoles secondaires autrichiennes, puis visité les villes sui-

nombre d'Allemands acceptent comme un fait historique, est que l'Angleterre joue toujours le rôle de *tertius gaudens* (le troisième larron). Elle provoque un conflit entre deux puissances et se tient elle-même en dehors de la lutte de façon à profiter des bénéfices.

Tout ce qui a été écrit au sujet de l'instruction religieuse dans les écoles primaires s'applique aux écoles supérieures, avec la seule différence que les résultats sont plus déplorables encore. Les jeunes gens qui vont dans ces écoles sont souvent de francs athées ou de cyniques indifférents.

Ils disent qu'il sont *satt* (saturés) d'enseignement religieux et trop heureux d'échapper à ce « bourrage » obligatoire dans les écoles. Une autre opinion librement exprimée par eux est que *die Religion ist ja keine Wissenschaft* (la religion n'est pas une science), et une branche du savoir qui n'est pas une science exacte inspire peu de respect aux Allemands instruits. On ne rencontre pas non plus chez les Allemands d'« associations d'anciens élèves ». Vous les chercherez en vain, car les Allemands se rappellent leur vie d'écolier, leurs écoles et leurs maîtres avec un sentiment tout autre que celui de l'affection. Il n'y a presque aucune sympathie reconnaissante pour la vieille école. Le directeur et les professeurs ne cherchent aucunement à garder le contact avec leurs

vantes : Hanovre, Dresde, Cologne, Magdebourg, Düsseldorf, Berlin, Munich, Franckfort, Breslau, Carlsruhe, Nuremberg, Stuttgart, Prague, Vienne et Gratz. C'était pendant l'hiver et je passai mes vacances de la même façon depuis 1909.

anciens élèves. Ces derniers semblent heureux d'en avoir fini avec leurs maîtres, ceux-ci de nouveau ne pensent plus qu'à obliger d'autres « moi » humains à entrer dans le moule approuvé par l'État pour en faire des hommes instruits.

Dans toutes les Universités allemandes il y a des clubs d'étudiants appelés *Corps*. Une grande quantité d'écoliers nourrissent un ardent désir de devenir un jour membres de ces associations. L'existence de pareilles sociétés est formellement défendue dans les écoles ; les maîtres sont toujours à l'affût pour découvrir leur existence, qui est un motif certain d'expulsion. Cependant ces sociétés existent dans toutes les grandes écoles et la basse astuce qu'elles nécessitent est certainement un excellent dressage pour les futurs diplomates et stratégistes allemands. Leurs membres sont des écoliers ayant de seize à dix-neuf ans ; ils se réunissent généralement dans une chambre d'auberge retirée. Là, ils font de l'escrime ou imitent l'étudiant si envié en buvant de la bière et parfois en ayant quelques duels.

Le sous-directeur d'une école, tout en se plaignant devant moi de l'absence de sincérité et du manque de franchise des écoliers, me parla ouvertement de la question de ces clubs secrets. Il me dit que la parole d'honneur donnée par les écoliers ne servait à rien dans les recherches de l'existence de ces clubs. Les enfants ont joué sur le mot de parole d'honneur, relativement au premier article du règlement ; sa teneur est celle-ci : « A partir du moment où le club est

découvert par l'autorité, il cesse d'exister ».
Par cet artifice un membre qui est questionné
au sujet de l'existence de ce club peut, avec
une apparence de vérité, jurer qu'il n'existe pas.
Il y a au moins un pays d'Europe où l'on a
bien appris cette leçon : « Être aussi innocent
que la colombe et aussi rusé que le serpent ».

Bien que sincère admirateur de la superbe organisation des écoles allemandes, je déplore, non
moins franchement, beaucoup de leurs aspirations, de même que le ton qui y règne. En
faisant des conférences devant des professeurs
allemands, j'exprimai mes critiques sous cette
forme : « Vous donnez trop d'importance au verbe
können (pouvoir, savoir) et vous négligez le
verbe *sein* (être, c'est-à-dire le caractère). » C'est
certainement la source de tout le mal.

Il y a un siècle, les Allemands sortaient du servage et, avec ces matériaux humains si peu mûrs,
l'Allemagne a érigé un vaste système d'institutions
pour inculquer la science, sans tenir compte de
la capacité de l'individu à la recevoir et à l'assimiler.

Il serait bien peu sage de donner l'éducation
d'Eton ou d'Oxford à de pauvres enfants égarés
dans les rues ou à des paysans. C'est exactement
ce que l'Allemagne depuis presque un siècle fait
pour le peuple. La superstructure est trop belle
et trop lourde pour les fondations ; le résultat
en est que les Allemands individuellement et
collectivement souffrent d'un excès de savoir, et
n'ont pas un caractère suffisant pour lui servir de

contrepoids. En d'autres termes, on peut dire
que l'Allemagne souffre d'un abcès d'orgueil.

Avant de laisser ce sujet, il est nécessaire d'ajouter que tout jeune homme nommé professeur
dans une école de l'État doit jurer fidélité à
son roi et à l'État; en outre, il doit promettre
de ne pas divulguer les événements de la vie
de l'école. Ce serment a été prêté devant moi par
de jeunes candidats. Les événements de la vie
de l'école sont appelés *Amtsgeheimnisse* (secrets
de bureau) et le directeur d'une école, quand il
fait prêter serment à de jeunes professeurs, leur
enjoint toujours d'avoir la sagesse de ne pas donner de renseignements à la presse. En vérité,
l'Allemand aime le secret comme la taupe, qui vit
sous terre, aime l'obscurité.

CHAPITRE III

LES UNIVERSITÉS ALLEMANDES : ÉCOLES SUPÉRIEURES DE *Kultur* ET DE BRUTALITÉ.

Il n'y a pas de fanfaronnade qui tombe plus souvent de la bouche des Allemands que celle qui consiste à dire que l'Allemagne est la nation la plus instruite de la terre. Ils sont à juste titre fiers de leur système d'écoles et aiment à en parler, mais si l'on vient à mentionner leurs vingt-deux Universités, l'Allemand de la classe moyenne se rengorge avant de discuter le *Hochschulen,* afin d'accorder à ce sujet sacré tout le respect qui lui est dû.

Je me rappelle que mes amis de Nuremberg me regardaient avec une crainte respectueuse après ma nomination dans une Université allemande, fait qui avait été relevé dans la presse. Ils semblaient considérer cela comme un des deux plus grands honneurs pouvant échoir à un homme, la dignité par excellence étant l'uniforme d'officier.

La Bavière, dont la population n'excède pas

7 millions d'habitants, subventionne trois Universités ; deux d'entre elles ont une faculté de théologie catholique ; l'autre (Erlangen) une faculté de théologie protestante. En temps de paix, ces trois Universités comprennent environ 10 000 étudiants, tandis que les autres États allemands ont des Universités contenant à peu près 50 000 étudiants. Sans crainte d'être contredit, on peut affirmer que l'Allemagne bat le record du nombre « des hommes d'Université ». Les différents États n'épargnent aucune dépense pour rendre ces institutions les plus belles du monde (1). Le résultat en est qu'en médecine, en science expérimentale, ces Universités sont des modèles pour les autres pays. Si le jeune Allemand ne peut devenir officier, il n'a pas de plus ardent désir dans le cœur que celui d'entrer dans une Université. Il a beaucoup de facilité pour cela, car, en étant économe, l'étudiant, s'il ne se consacre pas au droit ou à la médecine, peut se tirer d'affaire avec 1 200 ou 1 500 francs par an. Un assez grand nombre d'étudiants augmentent leur budget en donnant des leçons particulières, tandis que d'autres encore assez nombreux se font entretenir par des servantes d'hôtel ou de restaurant qu'ils épousent après ou laissent dans l'abandon, pour épouser une jeune fille possédant une belle dot.

(1) J'ai devant moi une lettre d'un professeur allemand, en date du 13 décembre 1914. Il dit que le gouvernement bavarois venait de donner les fonds pour la création d'un nouvel institut de technologie chimique à Erlangen. Même en temps de guerre, le gouvernement ne veut pas que ses Universités soient à court.

Des annonces ainsi formulées sont fréquentes dans les journaux : « Un étudiant (en médecine) beau garçon, bien élevé, désire faire la connaissance d'une femme ayant de la fortune, qui lui permettra de compléter ses études. Une dame ayant eu dans son passé un incident regrettable ne serait pas exclue. Mariage plus tard ; considéré comme engagement d'honneur, écrire 99. »

Malgré de tels exemples, on rencontre un grand nombre de jeunes gens qui ont une vie difficile et studieuse, mais dont le courage et l'abnégation, quoique obligatoires, méritent une admiration sans réserve. D'un autre côté, pas mal d'étudiants deviennent des buveurs de bière invétérés, des fainéants endurcis, de petits criminels volant les livres et le platine des différentes institutions et se perdant complètement dans les sentiers fleuris de la galanterie.

Beaucoup de familles donnent leur adresse au vice-chancelier et lui expriment leur désir d'offrir aux étudiants pauvres un repas gratuit pendant un ou plusieurs jours de la semaine. Un nombre considérable de bourses sont à la disposition du Sénat pour aider les étudiants pauvres, de sorte que c'est en grande partie par sa faute si le *cheval handicapé* ne franchit pas l'obstacle. Sur les 1 400 étudiants d'Erlangen, il n'y en avait pas moins de 30 p. 100 qui recevaient une aide charitable sous une forme ou sous une autre.

L'étudiant allemand n'habite pas un collège somptueux, où il serait accablé par les difficultés financières que lui causerait la nécessité de vivre de

la même façon que ses camarades plus fortunés.
Il peut louer une chambre où bon lui semble,
prendre pension selon sa bourse. Malgré cela, des
milliers d'hommes quittent l'Université avec leur
budget grevé de dettes pour de nombreuses années,
ce qui sans doute les incite à rechercher une femme
ayant de la fortune.

Ces hommes forment véritablement une foule
bigarrée, contenant un fort pourcentage d'étudiants appartenant à des familles tout à fait
pauvres, fils de petits employés des postes, des
chemins de fer, de petits commerçants, d'insti-
tuteurs, de gardiens d'immeubles, etc.

Les fils des fonctionnaires de l'État peuvent
toujours bénéficier d'une réduction des frais d'Université, les fils des pasteurs paient rarement plus
du cinquième, tandis que les enfants des professeurs d'Universités sont reçus à titre gratuit.
Les prix demandés par les collèges sont, selon
nos idées anglaises, ridiculement peu élevés. Un
homme qui étudierait la philosophie, l'histoire,
les langues ou les sciences physiques ne payera
que 5 ou 6 francs par heure pour tout le semestre.
S'il se fait inscrire pour une série de conférences
durant vingt-cinq heures par semaine, il payera
seulement 125 ou 150 francs par semestre pour
la totalité de ces conférences. Il n'y a que deux
semestres dans l'année scolaire des étudiants (1).

(1) Le semestre d'hiver dure du 15 octobre au 15 mars, et la
période scolaire d'été du 15 avril au 15 août. Mais, en fait, les
études ne commencent que quatorze jours plus tard et finissent
quatorze jours plus tôt. (N. d. l. t.)

Le résultat de la modicité des frais d'études est que beaucoup trop d'hommes se sont précipités vers les carrières libérales et que celles-ci sont terriblement encombrées. Le gouvernement bavarois, en ces dernières années, a fait paraître, à plusieurs reprises, des avis recommandant aux jeunes gens de ne pas entrer dans les Universités.

L'année dernière, le gouvernement a publié une note annonçant aux professeurs employés dans les écoles secondaires de l'État, qu'on avait assez de candidats attendant un poste pour répondre aux demandes pendant au moins dix ans. Par exemple, un jeune homme ayant terminé en 1914 ses études ne pouvait obtenir une situation dans les administrations de l'État avant 1924.

Dans les milieux universitaires, on considérait qu'une guerre était nécessaire pour éclaircir les rangs. L'Allemagne souffre non seulement d'une surproduction intellectuelle, mais encore de ce qui est qualifié *ein akademisches Proletariat*. On veut dire par là que des milliers de jeunes gens qui n'ont reçu aucune véritable éducation, qui n'ont jamais subi l'influence d'un bon *home*, vont remplir les Universités ; là, ils sont bourrés de savoir, mais ils n'acquièrent jamais le bon ton d'un *gentleman*. L'Université ne s'occupe pas de détails aussi « méprisables » que de donner des manières policées, un bon ton ou un certain raffinement de caractère. Sa haute mission est purement intellectuelle en dépit de la devise inscrite sur son portail : *Veritate, humanitate et virtute.*

Une longue et intime connaissance de la vie universitaire m'a amené à penser que la conception allemande des qualités indiquées précédemment est foncièrement différente de celle qui a cours en Angleterre. Peut-être ont-ils raison et avons-nous tort ! Qui sait? Leur seul et unique objet est de créer de grands cerveaux puissants et de les remplir.

Il y a un an seulement, un membre d'une des plus nobles familles d'Allemagne déplorait **cette** absence de raffinement, de manières distinguées et d'idéal qui caractérisait la vie familiale des professeurs. Il avait raison, car ces choses sont devenues de trop peu d'importance pour les hommes de savoir. Bien qu'on puisse trouver assez souvent des lumières de science dans un monde ignorant, il est rare, très rare en vérité, de trouver des hommes au caractère élevé dont l'influence autour d'eux ait l'effet de cette force morale subtile que nous appelons bonté. L'admiration des étudiants pour leur professeur est proportionnée à ses qualités intellectuelles, non à sa valeur morale. Beaucoup d'hommes, qui, à mon sens, sont des hommes estimables n'ont pas d'auditeurs, tandis que d'autres dont les ouvrages ont une réputation mondiale sont des héros pour les étudiants, ce qui n'empêche que beaucoup d'Anglais hésiteraient à les inviter (1)

(1) Il y a quelques années, un professeur distingué d'histoire ancienne me suggérait, en plaisantant, l'idée que j'écrivisse un livre intitulé : *Dans une petite ville universitaire* comme une sorte de corollaire à l'ouvrage du lieutenant Bilse : *Dans une petite ville de garnison.* Ce dernier livre contient une sombre

chez eux. Ces lignes suffiront pour montrer
que l'influence des professeurs ne se fait sentir
que dans une direction, celle de l'intellectualisme et du matérialisme. Dans leur ensemble,
ils méprisent ouvertement à la fois les rites et
l'esprit de la religion à laquelle ils sont hostiles ;
même dans le cas des fêtes données en l'honneur des anniversaires royaux, quand tout le
corps professoral est invité à assister au service
divin, il n'y a pas 5 p. 100 des professeurs qui
se donnent la peine d'y aller, et encore est-ce
parce qu'ils ont des charges officielles.

Les professeurs de théologie sont isolés intellectuellement et, jusqu'à un certain point, socialement. Un ardent disciple de Treitschke me
disait que « tous ces odieux théologiens devraient
être renvoyés des Universités, que la théologie
n'était pas une science, mais un ragoût irlandais
de superstition et d'ignorance ». Un brillant professeur de morale en même temps que biographe
de Carlyle m'exprimait l'opinion que, s'il était
obligé de choisir une religion, son choix tombe-
rait sur le Bouddhisme comme étant la seule qui
ne fût pas une insulte à la raison humaine. La
religion est faite pour (*das Volk*) le peuple,
selon la phrase dont les Allemands instruits se
servent invariablement afin d'exprimer leur

peinture de la vie dans l'armée allemande, en particulier de la
mesquinerie et de l'immoralité qui règnent parmi les officiers.
Si ce professeur connu par ses fouilles à Numance veut dire
par là que de telles choses ont lieu dans de petites ou de
grandes villes universitaires, je suis de son avis, mais je décline l'honneur de les faire connaître.

orgueilleux mépris pour leurs concitoyens les moins favorisés.

Dans le *Times* du 22 décembre 1914, le professeur Sayce demande quelle est la dette intellectuelle du monde vis-à-vis des professeurs allemands, et il en réduit fort l'importance. Je suis incliné à croire qu'une telle opinion est trop sévère pour être défendable. En tout cas, ceci est en dehors des limites de cet ouvrage ; nous avons seulement à expliquer la position et la situation des professeurs allemands dans leur patrie ; or leur prestige, on vient de le voir, est sans limite.

Leur influence, comme on l'a indiqué plus haut, est purement intellectuelle ; elle n'est pas seulement réduite au milieu universitaire, elle se répand à travers la nation tout entière. Au point de vue sentiment, ils se montrent cruellement Anglophobes, inspirés qu'ils sont par le faux principe que vous devez décrier les marchandises de votre rival pour faire mieux valoir les vôtres.

L'opinion dominante est bien exprimée par ces paroles d'un professeur bavarois : « J'aime les habitudes et le mode de vie des Anglais, mais je hais l'Angleterre politique. La place que le Destin vous a donnée dans le monde empêche notre juste développement. Ajoutez à cela que vos hommes d'État font preuve de la plus infernale ingéniosité pour contrarier nos progrès pacifiques ».

L'activité des professeurs n'est aucunement confinée aux conférences dans les Universités ;

chaque Université a un ou plusieurs représentants
au Reichstag ou à la diète d'État. Le professeur
Geiger, d'Erlangen, a été pendant bien des années
chef du parti libéral allemand. Je lui ai entendu
dire à plusieurs reprises que la flotte allemande
était une menace pour l'Angleterre et qu'il comprenait parfaitement l'alarme des **Anglais** à ce
sujet.

Ce n'est pas seulement au Parlement, mais
aussi parmi le public, que les professeurs ont fait
de leur mieux pour cultiver le patriotisme, ce qui
est d'ailleurs leur droit et leur devoir. On ne doit
pas oublier non plus que le monde universitaire
allemand est saturé des enseignements de Treitschke. Presque tous les professeurs d'histoire sont
ses disciples ; beaucoup d'entre eux se rappellent
le temps où ils devaient arriver une heure à
l'avance pour avoir une place dans la salle de
conférence où parlait Treitschke, à Berlin. Leurs
auditeurs sont surtout des hommes qui, plus tard,
seront nommés professeurs d'histoire dans des écoles
secondaires d'État ; ils inculquent à leurs jeunes
élèves ce dont ils ont été saturés eux-mêmes quant
à l'idée nationale et à son avenir. Nous pouvons
ainsi voir en un clin d'œil comment le poison
distillé par Heinrich von Treitschke, il y a quarante ans, s'est répandu, et a eu son influence sur
presque tous les hommes cultivés du pays.

En outre, les professeurs des Universités ont
eu recours à la presse, le plus souvent d'une façon
anonyme, pour répandre leurs rêves nationaux
parmi la grande masse du peuple. La littérature

que la Ligue navale allemande a répandue au loin,
et partout sur l'étendue du territoire, est en
partie l'œuvre des professeurs, mais le grand
public n'en savait rien. Les lecteurs des organes
pangermanistes ne se doutaient pas que beaucoup des articles du *Weltpolitik* provenaient de
la même source ; mais pour prouver cette affirmation, nous devons citer un exemple précis.

L'émotion causée en Europe par la crise d'Aga-
dir excita une joie spéciale parmi les professeurs
d'Erlangen. Un article écrit par l'un d'eux eut un
grand retentissement dans le pays et même au
delà. Son titre était *Endlich ein Schlag* (Un coup
enfin) ; il parut dans l'organe de Krupp *Rheinisch
Westfälische Zeitung*. Inutile d'ajouter que sa
teneur était guerrière et enflammée, et pas du
tout ce que le vulgaire aurait attendu du
Dr Schulten, professeur d'histoire ancienne, titulaire de plusieurs décorations prussiennes ou
étrangères.

On suppose généralement que les professeurs
allemands jouissent d'une liberté absolue dans
leurs investigations scientifiques et dans leur
enseignement. On attend d'eux la proclamation
de la vérité. Jusqu'à un certain point cela est
vrai et à un degré que l'on retrouve rarement
ailleurs. Le théologien peut annoncer au monde
que la Bible est une réunion de fables, que Jésus-
Christ est un homme ordinaire et ainsi diminuer
l'enseignement chrétien au niveau des fables
d'Ésope. Un philosophe comme Nietzsche a
pu enseigner la moralité de la « cour de ferme »

et le droit divin de la force brutale, et cela du
haut de la chaire professorale. Cependant, il y a
des limites à cette apparente liberté, et les restrictions sont si vitales qu'elles rendent ses privilèges sans valeur dans le domaine où ils seraient
le plus nécessaire.

Les Universités sont des institutions d'État et
tout homme qui en fait partie est un fonctionnaire. Aussitôt qu'un homme entre dans cette
carrière, il reçoit une invitation du secrétaire de
l'Académie, le priant de passer à son bureau pour
prêter serment. En présence du vice-chancelier
et d'un témoin, le secrétaire lit le serment, que
le nouveau venu doit signer. Aux termes de ce
serment, il lui est interdit de faire, d'écrire ou de
dire rien qui soit subversif et contraire aux
intérêts du roi ou de l'État. De cette façon, son
activité politique et son influence ne peuvent
s'exercer que dans une seule direction. S'il a des
opinions opposées et contraires à l'état de choses
existant, il se trouve ainsi bâillonné et empêché
de critiquer ce grand Moloch qu'est l'État. S'il
avait la témérité de rompre son serment, il serait
déshonoré, et sans aucun doute rapidement ren-
voyé ; après quoi aucun autre État de l'Empire ne
voudrait de ses services. Les plus grandes lumières, telles que Harnack, Haeckel, Eucken et
Brentano ont tous signé de tels « chiffons de papier ».
Leur prétendue activité avant la guerre, alors qu'ils
omettaient de dénoncer les injustices flagrantes
qui s'étalaient en plein jour en Allemagne, et
leur activité depuis le début de la guerre, en

louant la *Kultur* allemande et en dénonçant
la perfide barbarie de l'Angleterre, montrent
ce qu'ils sont réellement, c'est-à-dire des ser-
viteurs de l'État, rétribués et obéissants. On
peut tirer une autre leçon de ces faits : Les
professeurs d'histoire ne peuvent **exposer**
l'histoire de leur pays et ses visées que sous un
angle favorable ; ils sont réduits à faire de la propagande et, à l'occasion, ils dénaturent honteusement l'histoire et l'idéal anglais.

Il y a deux ans, l'auteur dramatique Gerhart
Hauptmann écrivit une pièce historique dont
la scène se passait en 1813. La pièce, qui devait
être une attraction de l'exposition de Breslau
en 1913, représentait Frédéric, l'ancêtre du
Kaiser, comme une simple marionnette entre les
mains de Napoléon et montrait que les véritables
libérateurs de l'Allemagne avaient été Stein
Blücher, Gneisenau, etc... Cela est historiquement
vrai, mais l'empereur actuel refusa d'ouvrir l'exposition si la pièce n'était pas abandonnée. Elle le
fut, ce qui occasionna une perte de plusieurs milliers
de francs pour la ville, perte dont le Kaiser
paya une partie sur ses ressources personnelles.

Si un personnage comparativement libre comme
le dramaturge Hauptmann ne peut pas écrire la
vérité historique, combien cela sera-t-il encore plus
vrai d'un professeur qui reçoit de l'État son pain
quotidien ! Chaque Université possède une Faculté de droit, dans laquelle tout homme de loi
a dû travailler ; comment les professeurs de
droit pourront-ils étudier le domaine de la jus-

tice abstraite et que feront-ils si le résultat de leurs investigations condamne les lois existantes sur lesquelles l'État allemand est basé? Il y a quelques années, le Dr Julius Binder, alors vice-chancelier de l'Université d'Erlangen, déclara dans une réunion de professeurs que l'État est parfaitement libre de ne reconnaître aucun droit, et qu'il a celui de faire triompher sa propre volonté. Non, ces hommes ne jouissent pas de la liberté de pensée ou de paroles ; leur rôle principal consiste à soutenir l'état social dont ils vivent.

A côté de la magie intellectuelle qui entoure les anciennes Universités de l'Allemagne, il y a encore un autre aspect de leur vie qui a peut-être été souvent décrit, mais dont la profonde influence n'a jamais été estimée à sa valeur. Dans chacun de ces établissements scientifiques, les étudiants se réunissent pour former des corporations. Ils sont appelés *Inkorporierten*, tandis que ceux qui ne font pas partie de ces sociétés sont qualifiés de *Obscuranten*. Ces corporations ont une part influente, non seulement dans la vie de l'Université, mais aussi dans la sphère plus étendue de la vie nationale. Elles peuvent être divisées en sociétés pour ou contre le duel (ou chrétiennes). L'influence des premières peut être considérée comme absolument funeste. Il existe plusieurs variétés de ces clubs. Tous ceux du même type sont affiliés à un comité central, possédant un certain pouvoir d'organisation, y compris le droit d'exclure tout membre ou tout club qui enfreint les règlements.

Les premières de ces corporations sont les *Corps*. Elles sont riches et bien vues socialement, et possèdent le plus souvent de splendides clubs. Aussitôt après viennent les *Burschenschaften*, sociétés qui jouent, en outre, un rôle politique. Leurs membres doivent jurer d'observer la chasteté pendant les deux ans qu'ils font partie de ce club ; c'est certainement un rayon de lumière au milieu de ce sombre et égoïste paganisme qu'est la vie universitaire allemande.

Enfin en dernier lieu viennent les moins importants de ces trois sortes de clubs, les *Landsmannschaften*, dont les membres doivent donner leur parole qu'ils demanderont ou donneront « satisfaction » pour défendre leur honneur. C'est aux deux premières variétés de ces clubs que sont consacrées la plupart des considérations qui vont suivre.

Pendant qu'ils sont encore à l'école, les garçons les plus âgés commencent à prendre parti dans la question du duel ; avant d'entrer dans une Université, ils savent généralement s'ils feront partie d'un club et quel genre de club les attirera. Il y a toujours une haine et une opposition plus ou moins actives entre chaque genre de corporations. L'étudiant décline généralement une invitation lorsqu'il sait que des membres d'autres clubs doivent l'accepter.

Il y a quelques années, à Erlangen, les étudiants donnèrent une soirée humoristique dans un but charitable. Après la représentation on dansa quelques heures et plusieurs jeunes filles, que nous avions amenées pour la circonstance, dansèrent avec des étudiants appartenant à un *Burschenschaft*. Elles avaient des amis parmi les étudiants du *Corps*, mais ceux-ci ignorèrent leur présence à cette soirée.

Les jeunes personnes qui acceptent les invitations aux distractions ou aux bals offerts par les étudiants qui ne sont pas membres de ces corporations ne peuvent être invitées à aucune fête donnée dans ces clubs. Voilà bien des exemples de ce ridicule esprit de caste qui s'impose avec tant de succès dans l'Allemagne moderne. Le mépris pour les membres des autres clubs est suprême. Si une querelle éclate dans une brasserie, ce qui arrive fréquemment, les étudiants donneront satisfaction à leurs adversaires avec l'épée, mais ils ne porteront pas les couleurs de leur corporation durant le duel.

A Erlangen, il y a quatre *Corps* (y compris le plus ancien d'Allemagne) et quatre *Burschenschaften*. Leurs membres actifs sont au nombre d'environ trois cents, mais leur puissance est tout à fait hors de proportion avec leur importance numérique. Un membre du Sénat ou le Sénat lui-même réfléchirait à deux fois avant d'entrer en conflit ouvert avec certains d'entre eux. En réalité on fait beaucoup trop de concessions aux Corps quand il s'élève des griefs.

Durant les deux années pendant lesquelles l'étudiant est membre actif du club, il doit obéir aux règlements. Ceux-ci comprennent : une soumission absolue aux dignitaires, le respect du secret si cher aux Allemands, huit heures de présence par semaine à la salle d'escrime ; l'étudiant doit se battre en duel (*Mensur*) lorsque cela lui est demandé ; il doit participer à un certain nombre de séances de « beuveries » de bière (*Kneipe*) par semaine ; il doit se montrer dans les rues principales entre 5 et 6 heures du soir, le dimanche matin entre 11 heures et 1 heure et il doit porter les couleurs du club. Bref, il pèse sur lui un grand nombre d'obligations dont la combinaison fait d'un brave homme un fanfaron brutal, sans aucun respect pour le droit des autres.

Je me trouve dans la fâcheuse obligation de contredire nettement l'empereur Guillaume II qui était membre du *Bonner Borussen* (les Prussiens). Sa Majesté va parfois visiter ce club (notoire par ses exploits contre les inoffensifs citoyens de Bonn). Le 7 mai 1891, le Kaiser s'adressant à ses « frères » leur dit : « J'ai la ferme conviction que tout jeune homme qui fait partie d'un *Corps* s'imprégne de l'esprit qui y règne et que cet esprit inspire les motifs qui dirigeront toute sa vie. C'est la meilleure éducation qu'un jeune homme puisse recevoir pour l'avenir. Les hommes qui font des *Corps* allemands une cible pour leur mépris n'en connaissent pas les réelles tendances ». L'empereur avait sans nul doute un auditoire favorable ; car le *Bonner Borussen* est composé de tous les fils de la noblesse, les *Junkers* prussiens. Les membres de ce *Corps* sont assurés d'être reçus favorablement à la Cour et également certains d'obtenir les

meilleures situations dans l'État et dans l'armée.
On dit ouvertement dans l'Empire que le chancelier Bethmann-Hollweg a obtenu son poste
non par son mérite, mais parce que le hasard a
fait que lui et le Kaiser étaient « frères de *Corps* »,
ce qui veut dire que tous deux ont appris dans
la même école l'art de se faire respecter par la
force.

Les beuveries de bière sont un des moindres
maux de la vie d'étudiant, cependant dans certaines occasions elles dégénèrent en orgies si
dégoûtantes que l'on doit se servir d'une chambre
voisine comme de *Totenkammer* (chambre pour les
morts) et y entraîner les buveurs paralysés, aveugles
et sans paroles, pour que le sommeil les guérisse
de leurs libations à Gambrinus.

Durant les premières années de mon séjour
dans une Université allemande, je fis effort pour
contenir mon dégoût et assister aux séances de
ces associations, aussi en ai-je une complète
connaissance. J'ai conservé le souvenir d'honnêtes jeunes gens dont j'ai observé les progrès
à l'école de la brutalité jusqu'à ce qu'ils fussent
devenus de vulgaires butors.

Tous les membres d'une corporation vivent
entre eux dans des termes de fraternité et
s'adressent l'un à l'autre en se servant du fami-
lier *du* (tu). A la fin de la première période scolaire les jeunes membres de l'association doivent
subir l'épreuve connue sous le nom de « renards
brûlés ». A cette occasion, les dames peuvent
être admises dans les tribunes. Dans la vie uni-

versitaire, lorsque les femmes ont la permission
de prendre part à une distraction, elles sont généralement reléguées à cette place.

Vers la fin de la soirée, qui a été occupée à boire
de la bière, porter des toasts et autres formalités,
les renards se retirent dans la pièce à côté ; toute
la société se met en ligne, laissant seulement un
passage pour les renards. Chacun est pourvu d'une
torche et, à un signal donné, le premier renard
arrive rapidement, à califourchon sur une chaise,
et poursuit sa route entre les deux rangées d'assis-
tants. Durant sa galopade de quelque trente mètres,
il a la tête et les épaules travaillées de coups de
torche. Sa charge folle se termine entre les bras
de deux garçons de café qui l'enveloppent rapidement avec des serviettes mouillées. Quelquefois les torches sont remplacées par des
cannes, mais le résultat est le même, le renard est
transformé en un *Bruder* ou un *Bursche*.

J'ai déjà mentionné les duels appelés com-
munément *Bestimmungsmensur*, et comme ils sont
un des moyens fondamentaux de transformer des
hommes en brutes, ils méritent un récit plus
détaillé. Ils ont lieu pendant la période scolaire, le
mercredi et le samedi, et on s'y livre dans des
auberges à la campagne, ou dans des maisons de
bière en ville, ou même dans les clairières de la
forêt. Il n'est pas nécessaire qu'une offense sérieuse
ou une grave insulte ait été commise pour
que la machine soit mise en mouvement.

Une association en invite tranquillement une
autre, toujours du même type, et lui demande de

choisir dix hommes à un jour fixé. L'invitation est promptement acceptée, et un rendez-vous est choisi. Ces jours-là, on rencontre des breaks pleins d'étudiants qui, tout à loisir, quittent la ville. La police les voit, ainsi que tout le monde, mais bien que toute la procédure soit en contravention avec les lois du pays, personne n'oserait intervenir. En fait, souvent bien des gens suivent pour aller voir ce « sport ». Le lendemain ou même dans la soirée, on peut voir les héros paradant dans la rue, en calotte noire et avec des bandages, mis avec ostentation autour des joues et de la tête ; le premier défilé est un des jours les plus beaux, les plus heureux dans la vie d'un étudiant.

Regardons pendant un moment un *Mensur*. C'est une petite salle avec un espace resserré au centre. Les murs, le plafond et le parquet sont tachés de sang en témoignage des combats passés. Deux personnages raides se tiennent debout, dans une attitude absurde. Ils se font face en tenant, élevées au-dessus de leur tête, de longues épées qu'ils choquent au commandement *Los !* Dans l'atmosphère fumeuse, aux relents de bière, on voit les têtes se tourner vers les deux combattants qui se mettent à se déchiqueter l'un l'autre la tête et la figure, selon les règles.

Il n'y a aucune excitation, mais seulement un désir invétéré de verser le sang et d'en faire étalage ; après chaque assaut, les armes sont désinfectées et, quand un homme a perdu assez de sang ou est suffisamment blessé pour être en état d'infériorité, ses amis le forcent à se retirer. Deux autres combattants recommencent et après eux d'autres encore ; il en est ainsi depuis le matin de bonne heure jusqu'au soir. Les duellistes sont souvent des amis personnels, mais cela ne change en rien l'étiquette qui veut qu'il y ait une politesse cérémonieuse de part et d'autre. Les sentiments n'entrent pour rien dans l'affaire, le combattant idéal dans ces conditions est un bloc de bois animé.

Pendant les deux années durant lesquelles il est membre actif du *Corps* l'étudiant doit assister à ces duels, qu'il soit ou non parmi les combattants. Il n'y a rien de romanesque, ni aucune animosité de part et d'autre dans ces duels, c'est seulement une orgie sanglante avec peu de dangers pour ceux qui y prennent part, mais de nombreux bénéfices pour plus tard.

Les accidents sont rares, et quand la mort s'ensuit, elle est généralement causée par un accident aussi prosaïque qu'un empoisonnement du sang. Néanmoins, ces coutumes sont parmi les plus chères et les plus révérées en Allemagne. Le jeune homme qui a obtenu son diplôme sanglant est un enfant chéri de la société, et même si son examen universitaire n'est que de troisième classe et ses facultés générales au-dessous du médiocre, ses compagnons de club arrivés à de hautes situations s'occuperont de lui.

Nous ne devons pas oublier que les gradués de cette école sanglante occupent de hautes situations dans la diplomatie, l'armée, la marine, en un mot dans toutes les branches de la vie publique. En fait, ce sont des hommes provenant de ces écoles de brutalité qui ont dirigé les destinées de l'Allemagne depuis plus d'un demi-siècle. Leur code d'honneur est de sourire et de saluer tout en taillant en pièce un ami ; c'est le *nec plus ultra* de l'art de jouer ce jeu d'après les règles teutonnes.

Tous les ans chaque corporation publie un rapport relatant ces événements ; ces publications sont absolument secrètes, elles sont seulement mises en circulation parmi les membres actifs et anciens des clubs. J'ai eu la bonne fortune d'en lire quelques-unes publiées par le plus fameux *Burschenschaft* : *Die Germania* d'Erlangen. Outre le récit de certaines fêtes, elles contiennent un compte rendu des *Mensur* qui ont eu lieu pendant l'année. En plus de ces affaires solennelles, on fait une liste des duels soutenus pour la défense de l'honneur, ainsi que des querelles qui leur ont donné naissance. Il y a des descriptions officielles de la façon dont Herr X. Y. s'est senti provoqué par Herr A. B. à l'occasion d'une foire de village ou de quelque autre chose. Ne recevant pas d'explication satisfaisante de la conduite de A. B. (regards fixes ou quelque autre prétexte ridicule), X. Y. le souffleta, il y eut échange de cartes, soumission de l'affaire à une cour d'honneur, enfin X. Y. reçut satisfaction (nous espérons que X. Y. fut réellement satisfait). Plusieurs pages d'imprimé étaient nécessaires pour relater les actes héroïques de *Germania* exécutés pendant un an ; ces hauts faits étaient des exploits tels que : cracher, recevoir des crachats, avoir les oreilles tirées, recevoir des claques ; aménités teutonnes entre Allemands bien élevés !

Les dames allemandes jouent des pieds et des mains pour obtenir que le nom de leurs filles soient sur les listes d'invitation de ces corporations, qui exercent une mesquine tyrannie. Les Allemands, du haut en bas de l'échelle sociale, sont soumis à plus ou moins de tyrannie ; ils se soutiennent par l'espoir de devenir à leur tour tyrans. Ils considèrent comme un tel honneur d'assister à ces sortes de réunions que les invités doivent payer tous les rafraîchissements qu'ils consomment, autrement dit, leurs hôtes tirent un profit considérable de l'appétit de leurs invités ; c'est là un côté étonnant du rôle social de ces corporations d'étudiants.

Il est évident que le beau sexe déploie un trop grand empressement à entrer dans la société de ces « surhommes » pour que la femme puisse s'attendre à être l'objet de ce respect chevaleresque qu'elle devrait inspirer. Je pourrais citer nombre d'épisodes pour montrer les mauvaises et même les odieuses manières qui prévalent parmi les étudiants membres d'associations ; mais un exemple suffira.

Le lendemain du jour où les renards sont brûlés, tous les membres du club vont à travers la ville faire visite aux anciens membres du club (*Philister*) habitant cet endroit. Une généreuse hospitalité est offerte aux étudiants, et, à la fin

du jour, il en est peu parmi eux qui ne soient sous
l'influence de l'alcool. Ces occasions sont la cause
des jeux de mains ordinaires auxquels les jeunes
gens partis en bamboche ont la permission de
prendre part ; c'est quelquefois amusant, parfois
extrêmement grossier. La tournée comprend une
visite à l'école secondaire de l'État où l'on brise
les fenêtres avec des projectiles inoffensifs, tels
que des oranges.

Il y a quelques années, tandis que le corps
professoral du *Gymnasium* d'Erlangen était
réuni en séance solennelle, une orange lancée
par un des membres de la plus vieille association
allemande (*Onoldia*) alla briser les lunettes d'un
des professeurs. Le vice-principal de l'école prit
sur lui de protester en des termes adéquats à la
situation. L'association fut grandement indignée
qu'un vice-principal, et encore plus un catholique, osât les réprimander de leur mauvaise
conduite ; ils le menacèrent d'une sinistre vengeance. Fort heureusement, le Dr W... fut averti
amicalement que les membres de l'*Onoldia*
avaient l'intention de l'attirer dans un guet-
apens, pendant une nuit sombre, et de laver
l'insulte qui leur avait été faite en lui admi-
nistrant une raclée. Ce beau projet fut heureusement déjoué, grâce aux précautions que le professeur put prendre.

N'ayant pu se venger sur un homme, l'association procéda d'une façon bien allemande et
donna cours à sa mauvaise humeur en attaquant
une femme. La fille du Dr W..., âgée de dix-sept

ans, était obligée de passer devant le club *Onoldia*,
lorsqu'elle sortait faire ses achats. Les étudiants saisirent cette occasion pour la blesser dans
ses sentiments religieux ; comme la jeune fille
passait, les héros se mirent en rang et chantèrent
l'*Ave Maria*. Son père m'a dit qu'il ne se plain-
drait pas au Sénat, parce qu'il savait de quel
côté étaient les sympathies ; car beaucoup de
professeurs ont appartenu eux-mêmes à cette
association. Il traita donc cette conduite avec
tout le mépris qu'elle méritait. Malheureusement
les actes de ce genre, et l'esprit mesquin et ran-
cunier qui ne voit pas de déshonneur à tourmenter
une femme, ne sont que trop communs parmi
les étudiants de cette école de butors.

En résumant ce côté si important de la vie
allemande, il faut constater à quel point l'idéal
allemand diffère de celui des Universités anglaises. Libéré de la discipline de fer de l'école,
le jeune Allemand se plonge dans *die akademische Freiheit* (la liberté universitaire) qui
lui permet de faire ce qu'il veut à la condition
qu'il ne manquera pas au onzième commandement (1). La contrainte et l'influence du *home*
ayant été écartées (et l'influence d'un bon *home*
est rare dans l'Allemagne moderne), l'étudiant se
trouve dans une atmosphère de matérialisme
intellectuel dont toute force morale et religieuse
a été bannie. Là, il découvre que, pour être un
héros, il doit appartenir à la classe des batail-

____

(1) *Lass dich nicht erwischen* (ne vous faites pas prendre).

leurs, des fanfarons, des buveurs, des Don Juan.
Il sort de l'école sans y avoir acquis aucun goût
pour le sport, et il n'en acquiert pas davantage
à l'Université (1).

L'homme est replié entièrement sur lui-même ;
on ne s'occupe pas de fournir un aliment à son
instinct de sociabilité, excepté dans les clubs,
les cabarets et les brasseries en plein air. Les
professeurs invitent rarement les étudiants chez
eux et, même dans ce cas, les relations manquent
de tout lien de sympathie. Il semble que le but
principal des professeurs allemands est d'avoir
un grand nombre d'étudiants, afin que leurs honoraires augmentent en proportion ; mais le bien-
être moral, spirituel ou social de leurs élèves est
chose tout à fait au-dessous de leur dignité.
J'ai déjà montré que les professeurs allemands
dépendent de l'État tel qu'il existe aujourd'hui ;
il serait absurde de penser qu'ils rivaliseront avec
Samson pour renverser les piliers de l'édifice.

(1) En juillet dernier (1914), vingt étudiants environ prirent
part aux fêtes sportives universitaires qui eurent lieu à Erlangen. Comme il y avait presque quatorze cents étudiants
inscrits dans ce trimestre, ce nombre donne une idée exacte
de la popularité qu'ont les jeux de plein air parmi la jeunesse
allemande.

CHAPITRE IV

Dans une nation, comme chez un individu, il
y a des forces qui travaillent pour le bien et d'autres pour le mal ; si les premières ne prédominent
pas, ou du moins ne sont pas suffisamment puissantes pour neutraliser la tendance au mal, nous
pouvons nous attendre à un déchaînement de
crimes. Avant qu'un homme s'abaisse au niveau
du criminel, un changement psychologique s'opère
en lui, jusqu'à ce qu'il atteigne l'état d'esprit
qui l'incitera à devenir un voleur par effraction
ou un meurtrier ; en supposant, bien entendu, que
des instincts plus élevés aient existé chez lui,
on peut dire que l'équilibre de ses forces pour le
bien et pour le mal a été rompu. De même que le
« lest » du bien dans un pays peut être dé-
placé ou même jeté par-dessus bord, de même
aussi l'individu peut perdre la faculté de distinguer le bien du mal, et son état mental peut
devenir tel qu'il préfère le mal. Il en est de même
pour les nations. La conscience nationale peut

contracter des maladies aussi bien que l'individu. Pour expliquer le crime national de l'Allemagne, qui précipita la guerre mondiale actuelle, on doit supposer que, dans la nation, les forces pour le bien ont succombé devant celles qui produisent le mal ; la conscience nationale a été en quelque sorte pervertie d'une manière plus ou moins facile à distinguer, la prédisposition à la criminalité existait sans doute déjà, ou, en d'autres termes, l'Allemagne était arrivée à un état mental semblable à celui qu'on rencontre chez un criminel qui commet des vols à main armée.

La religion demeure certainement la force principale parmi toutes celles qui tendent à augmenter le bien et à combattre les inclinations vers le mal. Je vais chercher dans ce chapitre à montrer que ce facteur pour le bien est devenu sans efficacité dans la vie nationale allemande, et que l'influence divine y a été éteinte.

Dans son essai sur Martin Luther (*Les Héros et leur culte*), Thomas Carlyle soutient que « la religion d'un homme est la chose la plus importante de sa vie »; qui oserait dire que cette parole ne s'applique pas avec une égale vérité à une communauté d'hommes? Cependant, le terme de religion doit être interprété dans un sens plus large que celui d'un simple Credo, c'est plutôt comme le pouvoir de distinguer le bien du mal et la volonté de faire le bien. La religion d'un pays comprend son idéal d'action et d'existence, de même que sa conscience nationale qui, après tout, n'est que le total des myriades de consciences indi-

viduelles. Une moyenne de tout le bien et de **tout**
le mal faits par les individus composant la nation
montrerait exactement ce qu'est la conscience
nationale, et ce serait le rayon de lumière qui
servirait à guider les actes de la vie nationale.

Depuis que saint Boniface a introduit en Allemagne le christianisme, cette doctrine a eu
une remarquable histoire. Quiconque a observé la
vie religieuse de l'Allemagne moderne aura remarqué que les cinq derniers siècles ont seulement servi à supprimer l'esprit du Christ de ses
enseignements, en en laissant seulement l'enve-
loppe extérieure, les os desséchés du dogme et
des pratiques ; ces os sont encore des causes de
luttes et de contestations sans fin, quoique tout
vestige de la nourriture de la grâce ait depuis
longtemps disparu d'Allemagne.

Le génie allemand est le génie de l'ordre et de
l'organisation. Chaque service de la grande ruche
nationale est organisé, y compris la religion, et, là,
le génie de l'organisation a couru comme un fou !
Or la partie essentielle de l'élément spirituel,
moral ou divin, est une chose intangible qui
défie l'organisation humaine.

L'Allemagne n'a pas réussi à apprivoiser et
à organiser « l'esprit qui souffle où il veut et
dont aucun homme ne sait d'où il vient ni où il
va ». Elle est cependant parvenue à élever une
Église d'État merveilleusement bien gouvernée.
Chaque État allemand s'occupe de ses affaires
intérieures ; c'est pourquoi dans chaque capitale,
à Berlin, Munich, Dresde, etc., il y a un service

d'État qui s'occupe des affaires concernant l'Église
et les écoles de l'État en question. Son titre officiel
est *das Ministerium fur Kirchen und Schulange-
legenheiten*; il est quelquefois appelé *das Kultus-
ministerium.* Le directeur de ce service est, dans
la plupart des cas, un homme de loi et un membre
du cabinet. Le ministre des Cultes représente
l'Église ou plutôt les Églises, parce que les religions protestante et catholique sont l'objet de
sa sollicitude paternelle au Parlement.

Les religions luthérienne, catholique et anglicane
sont admises dans toute l'Allemagne, mais les deux
premières seules sont *établies* et subventionnées
par les deniers publics. Les personnes qui désirent
entrer au ciel par une autre voie que celle qui est
tracée par les religions luthérienne ou catholique
doivent obtenir la permission du ministre de
l'Instruction publique et des Cultes. Ce personnage a le pouvoir d'exclure toute foi nouvelle de
son domaine. Diverses sectes se sont déjà établies
en Prusse, mais, en Bavière, le méthodisme seul
a pu arriver à se tracer un étroit sentier.

Il y a quelques années, l'Armée du Salut demanda la permission d'exercer son culte en Bavière. Ce fut une consternation dans les « cercles
de théologiens » des Universités, et le professeur
Dr Théodor von Kolde (1), une des lumières de
l'Église luthérienne, professeur d'histoire reli-

____

(1) J'ai connu personnellement pendant sept ans ce professeur, et je pourrais en toute conscience lui délivrer un certificat de première classe de bigoterie fanatique, quoiqu'il se
vantât de son amitié pour l'évêque Creighton.

gieuse à l'Université d'Erlangen, pesant **théolo**gien sans esprit, humour, ni piété, écrivit un ouvrage indigeste sur l'Armée du Salut qui eut pour résultat que le ministre des Cultes de Munich refusa de donner pleine liberté à une armée d'hérétiques si dangereux pour les fidèles bavarois. Cela peut servir, sans exagération, d'exemple typique de la manière dont un ministre des Cultes se sert de ses sous-ordres, les professeurs de théologie, pour empêcher les loups de pénétrer parmi son troupeau de luthériens et de catholiques ; en outre, cet exemple montre très exactement ce qu'est la liberté de conscience et comment elle est comprise en Allemagne.

En pratique, dans le sein des Églises, l'autorité du ministre est illimitée ; il en est exactement de même dans les Universités et les écoles secondaires de l'État. Celui-ci tient les cordons de la bourse et aucune nomination n'est valable sans son consentement ; c'est qu'en vérité la plupart des traitements ecclésiastiques dépendent de lui. Ceux qui, après lui, ont le plus d'autorité et d'influence sont les professeurs de théologie et le consistoire, ou concile de l'église. Les membres de ce concile reçoivent des traitements bien plus élevés que les pasteurs et une grande partie de leur temps est consacrée à l'administration religieuse ; ce sont les plus hautes dignités dans l'Église luthérienne et, jusqu'à un certain point, elles correspondent aux évêchés de l'Église catholique. Mais tous, jusqu'au plus humble vicaire, reçoivent leur nomination, leur traitement, du

Kultursministerium dont les pouvoirs disciplinaires vont aussi loin dans son domaine que ceux du ministre de la Guerre pour l'armée allemande.

Ainsi l'Église allemande est guidée par une sorte de trinité : Dieu qui en est le chef virtuel, le Kaiser qui est son chef nominal ; il est secondé par le ministre des Cultes et de l'Instruction publique, qui en réalité est le chef suprême.

Les ministres de ces différentes Églises sont des hommes qui certainement commandent le respect. Un *Pfarrer* allemand est un bon père de famille, un agréable compagnon dans les brasseries ; il est spécialement instruit dans les matières qu'il doit connaître, s'intéresse moyennement aux problèmes sociaux, politiques et scientifiques, est extrêmement prudent dans ses paroles, profondément respectueux des gens au pouvoir, avec un penchant à la vénération pour l'État, spécialement pour cette caste connue sous le nom de *Offizierkorps*. En somme, c'est un membre de la société tranquille et amoureux de l'ordre, il n'est pas nuisible, n'a pas grande influence pour le bien, bref, c'est un neutre sans couleur, mais, par-dessus tout, c'est un fonctionnaire allemand bien discipliné. Il n'est pas coulé dans le moule qui produit les entraîneurs de pensée ou d'action, le manteau de Martin Luther n'est pas tombé sur lui. Il serait injuste de mettre en doute sa bonté, mais il appartient au genre doux et obéissant, toléré par l'État allemand. Quant aux droits et aux libertés du clergé allemand, nous ne pourrions invoquer une auto-

rité plus haute que celle du Kaiser qui est le chef
de l'Église luthérienne. Le 28 février 1896,
Guillaume II télégraphia en ces termes à Herr
Hintzpeter, au sujet de la chute du Pfarrer
Stöcker. « Stöcker est fini, comme je l'avais pro-
phétisé il y a des années. Les curés politiciens sont
une absurdité. L'homme qui est un chrétien est
en même temps un socialiste. Le socialisme chrétien est un non-sens qui conduit à l'intolérance
et à la présomption, lesquelles sont diamétralement opposées au christianisme. Les prêtres
doivent s'occuper des âmes de leur troupeau,
cultiver l'amour du prochain. Mais ils ne doivent
pas s'occuper de politique, cela ne les concerne
en rien. »

Il est regrettable que les députations du clergé
allemand qui sont venues en Angleterre défendre
les intérêts de la paix n'aient pas proclamé l'opinion de leur maître en ce qui concerne leur activité
politique et il est encore plus regrettable que les
Anglais aient attaché quelque importance à ces
messieurs. Ils n'avaient aucune autorité pour
parler de paix à l'Angleterre ; ils n'avaient aucune
influence sur le cours des événements en Allemagne, et la seule mission qu'ils purent remplir
fut de nous jeter de la poudre aux yeux. Depuis
le début de la guerre, ils se sont encore mêlés de
politique, en répandant de nombreux manifestes,
sans doute dans l'espoir que l'Angleterre et
l'Amérique contenaient encore des dupes crédules. On peut espérer que leurs premières
dupes ont compris la leçon et qu'ils savent main-

tenant que le Kaiser ne permettrait pas que l'on dénonçât aucun des milliers de maux qui ornent l'Allemagne en temps de paix, pas plus que les atrocités qui l'ont couverte de déshonneur en temps de guerre.

Quand un pasteur entre dans l'Église, son premier devoir, dont tous ses autres devoirs comme pasteur et citoyen dépendent, est de faire le serment de fidélité (y compris l'obéissance) à son roi et à l'État. Si ce serment est observé, et il faut qu'il le soit, c'est une entrave effective à toute tentative de réforme ou à toute tendance révolutionnaire. Désormais, il est rare qu'il soit « une voix criant dans le désert » et encore plus qu'il devienne autre chose que ce que ses maîtres désirent qu'il soit, c'est-à-dire un membre obéissant du grand système, un favori de l'État allemand. De celui-ci, il reçoit son pain quotidien aussi bien que sa nomination à un céleste ministère. L'État peut supprimer le premier et empêcher la continuation du second, et l'État sait qu'à très peu d'exceptions près le *Pfarrer* ne peut pas se passer du pain qu'il lui distribue parcimonieusement. Un grand nombre d'étudiants en théologie des Universités allemandes ont contracté des obligations considérables vis-à-vis de l'État ; beaucoup ont été aidés par lui pendant les neuf années qu'ils ont passées dans une école secondaire ; beaucoup reçoivent des autorités une aide financière pendant leur séjour à l'Université. Malheureusement ces étudiants n'obtiennent pas de leurs camarades les égards qu'ils méritent,

car la théologie est une branche des connaissances humaines (1) pour laquelle ils ont peu
d'estime.

La grande majorité des étudiants en théologie
appartient à d'humbles familles. La théologie
est considérée comme *Brodstudium* (un gagne-
pain), et ses disciples n'obtiennent qu'un minimum de respect dans l'échelle sociale. La plupart d'entre eux boivent la quantité prescrite de
bière, quelques-uns se battent en duel, et tous
sont obligés par les circonstances, aussi bien que
par l'entraînement préalable, de travailler beaucoup. Ils ont leurs sociétés (*Verbindungen*),
donnent des sauteries et autres amusements,
mais les jeunes filles qui se considèrent comme
appartenant à un niveau supérieur n'acceptent
pas ces invitations, car alors leurs noms seraient
rayés des listes d'invitations des cercles d'élite
de la vie universitaire : les *Corps* de duellistes.
Dans son ensemble, la situation d'un étudiant
en théologie l'incline à l'humilité de *Uriah Heep*,
et quoiqu'il semble assez heureux, car il est jeune,
son sort n'est pas très enviable ; en effet, il est
gêné dans ses moyens d'existence, péniblement
engagé dans la poursuite du savoir, toléré seulement dans les *besseren Kreisen*, servile à l'égard du
pouvoir, assez souvent victime d'une des suprêmes

____

(1) Il y a soixante-dix ans, Strauss déclarait que la théologie
était une production de l'imagination et non une branche du
savoir humain. Beaucoup de professeurs allemands seraient
heureux de voir les Facultés de théologie disparaître des Universités. Bien des gens ont une opinion semblable.

passions du caractère allemand : le plaisir d'humilier son prochain. Les Allemands sont obséquieux
en présence de leurs supérieurs, mais tous possèdent
le désir de tyranniser, *die Freude jemand zu ernie-
drigen.* Tout le monde sait que les membres des
Corps de duellistes font des incursions dans les
« repaires » de cette paisible section de la communauté académique, afin de les insulter ou même
en leur donnant des coups. Ce sport est mépri-
sable et sans danger, car la plupart des étudiants
en théologie sont anti-duellistes. Si les archives
du comité disciplinaire des Universités allemandes
étaient connues du public, elles montreraient
qu'il y a annuellement des centaines de cas
de brutalité. Les étudiants faisant partie d'une
corporation adhérant au duel ont un suprême
mépris pour leurs camarades pauvres et, par conséquent, plus faibles.

Un exemple suffira à montrer comment les autorités elles-mêmes fléchissent devant ces surhommes. Autrefois, lors de l'anniversaire de la
naissance du Kaiser, les fêtes universitaires
étaient célébrées dans une assemblée commune
à laquelle professeurs et étudiants étaient invités.
Mais maintenant le *Corps* des duellistes refuse d'y
paraître officiellement lorsque les sociétés chrétiennes sont présentes. Autrefois la fête annuelle
de la bière (*akademische Kneipe*) avait lieu à
Erlangen, sur la place du Marché, mais elle dut
être supprimée à cause de ces mêmes querelles.
Dans ces occasions, le Sénat est obligé d'exercer
toute sa diplomatie pour apaiser le *Corps* et apla-

nir les différends qui séparent les deux camps.

Après cinq ou six ans d'études, le futur pasteur passe un examen et quitte l'Université pour entrer dans l'Église. Inutile de dire qu'il n'est aucunement en contact avec l'humanité et ne comprend ni les problèmes, ni les questions brûlantes qui constituent la vie. Il sert l'État d'abord et en second lieu son Dieu (1). Le résultat est facile à voir : l'Allemagne est pleine d'églises vides, le peuple peut désirer ou non le pain de vie, il est certain de ne recevoir qu'une pierre spirituelle. Toléré à l'Université, le pasteur est rarement supporté dans la vie. Il est quantité négligeable, en général, en ce qui concerne « les pensées qui agitent l'humanité », aussi bien que pour la formation de l'opinion publique et pour toutes les choses pratiques ; c'est uniquement un fonctionnaire.

Si le *Kultusminister* tire les ficelles, le personnage remue, et écrit des manifestes contre la barbarie anglaise. En revanche, je n'ai jamais vu la chaire allemande servir à dénoncer les criantes injustices causées en Allemagne par le militarisme, ni mentionner aucun des nombreux maux qui pourraient servir de thème à l'éloquence ecclésiastique. J'ai souvent entendu dire, bien que je ne puisse en garantir l'authenticité, qu'une des remarques de Bismarck était celle-ci : « La religion n'a de signification que pour les femmes

(1) Le missionnaire qui essaya de faire sauter un navire anglais sur la côte ouest de l'Afrique avait dit : « Je suis Allemand d'abord, chrétien ensuite. »

et les enfants ». En tout cas, ce mot décrit exactement la conception religieuse allemande, et la
composition des réunions de fidèles, excepté dans
les régions catholiques, confirme cette opinion.

La piété est un sentiment trop peu élevé pour
l'intellect allemand ; c'est un état mental qui
ne fait naître que la pitié ou le mépris ; l'Anglais
qui se rend à l'église avec sa Bible ou son livre de
prières est considéré par des millions de Teutons
comme atteignant la limite de la stupidité ou de
l'hypocrisie. Cependant, si vous demandez à un
Allemand à quelle religion il appartient, il vous
dira, dans la plupart des cas, qu'il est *Evangelisch*
ou *Catholisch*. En vérité, tous les Allemands jeunes
et vieux ont une religion, c'est-à-dire qu'ils sont
inscrits à la mairie comme étant protestants, catholiques ou juifs et qu'ils paient un impôt annuel
pour l'une de ces confessions religieuses. En
retour, l'État s'occupe de leur religion en cette
vie et vraisemblablement dans la vie à venir !
En outre, personne n'est capable de choisir par
soi-même une religion avant l'âge de vingt et un
ans ; quelle que soit celle des parents, les enfants
doivent la garder jusqu'à leur majorité. Si un
adulte veut se convertir et appartenir à une autre
Église, par exemple, un protestant entrer dans
l'Église catholique, il doit obtenir une permission de son ancien pasteur, sans quoi l'autre Église
ne pourrait l'admettre. Le changement est dûment notifié à la mairie.

Après la Réforme, protestants et catholiques
allemands passèrent leur temps, pendant un

siècle, à s'injurier, à récriminer les uns contre les
autres et cette lutte dégénéra, entre 1618 et 1648,
en une guerre sanglante. L'ardent antagonisme
de la guerre de Trente ans ne s'est jamais éteint;
même aujourd'hui, le travail de l'Église du Christ
est effectivement paralysé par des querelles
à la fois théologiques et politiques. Ainsi les
patrons demandent par annonces des employés
de leur foi, les acheteurs n'achèteront pas dans
tel ou tel magasin parce que le propriétaire est
juif ou catholique, et ainsi de suite, *ad nauseam*!

Mais l'accusation la plus grave, peut-être, que
l'on puisse porter contre la religion nationale
de l'Allemagne est que ses églises et cathédrales
anciennes sont réparées, ses nouvelles construites, avec de l'argent gagné aux loteries de
l'État. Les devantures de magasins de loterie
officiellement reconnus contiennent toujours des
billets pour la construction ou la réparation des
églises. En peu de mots, voici la méthode employée : si un nouveau district a besoin d'une
église, le conseil local de l'église fait une demande
au *Kultusminister* pour obtenir la permission
d'organiser une loterie. S'il n'y a pas trop de
loteries en cours, la permission est accordée ou
peut être différée pour un temps jusqu'à ce qu'il
y ait moins de concurrence entre les œuvres cha-
ritables, ce qui permet une nouvelle tentative.
On fait alors imprimer 200 000 billets environ,
en expliquant l'objet en vue, et surtout en donnant une reproduction de l'église qui doit bénéficier de la loterie. Les billets sont alors mis en

6

circulation parmi les vendeurs de billets de
loterie qui les offrent au public au prix imprimé
sur le billet, généralement 4 francs. On garde
30 centimes par billet comme impôt au profit de
l'État.

Il n'y a ordinairement qu'un billet sur vingt-
cinq gagnant un lot. Les lots payés comptant
varient entre 87 000 francs et 3 francs, mais,
dans la plupart des loteries, il n'y a pas plus de
dix lots d'une valeur supérieure à 2 500 francs.
En moyenne, il n'y a guère plus de 4 p. 100 des
billets qui gagnent un lot ; la grande majorité n'a
qu'une valeur de 6 fr. 25 à 12 fr. 50 ; le gros lot
sert d'appât. Les loteries sont des paris organisés ;
il y a environ 100 chances contre 4 qu'un pari
de 4 francs gagnera 6 fr. 25 ou 12 fr. 50, ce qui
représente un gain net de 2 fr. 25 à 8 fr. 50, tandis qu'on peut parier 200 000 contre un que le
parieur ne gagnera pas le gros lot de 87 000 francs.
Il semblera aux Anglais que les églises allemandes sont devenues sur une grande échelle
des *bookmakers*. Chacun tirera de lui-même la
morale d'un pareil système. J'ai seulement voulu
montrer que cet appel aux plus bas instincts humains n'a pas rehaussé l'Église dans le cœur ou l'imagination du peuple allemand. Parmi les pauvres, les
paris sur les billets de loterie sont devenus d'un
usage courant, mais, selon toute probabilité, il n'en
résulte aucun grand mal social. Ce qu'il faut surtout mettre en évidence, c'est que les églises allemandes sont construites et réparées avec les paris
de *l'homme de la rue*, et ceci montre à quel point

le matérialisme a émoussé l'idéal national ; la religion, dont le plus grand bien est de stimuler l'imagination, se pavane dans le vêtement à grands carreaux d'un *bookmaker.* D'ailleurs *l'homme de la rue* ne prend que rarement la peine de visiter la maison de Dieu, que son petit pari a aidé à construire.

La religion occupe une place qui n'est pas sans importance dans la vie de l'école. Il y a des membres du clergé attachés à chaque inspection des écoles élémentaires, et cet état de choses est le plus souvent condamné par les professeurs. Dans les écoles supérieures, l'enseignement religieux est donné par des pasteurs (*Pfarrer*) spécialement nommés pour accomplir ce devoir. Une certaine latitude a été accordée aux parents pour décider si leurs enfants recevraient ou non une instruction religieuse. Cette liberté cependant est fort diminuée par certaines conditions. Dans l'examen final pour l'admission d'un jeune homme dans une Université, la théologie est un sujet obligatoire ; aucun candidat à une situation quelconque dans l'administration civile ne peut espérer être admis s'il n'est membre de quelque Église reconnue, la religion judaïque étant la moins bien venue. L'année dernière le gouvernement bavarois fit un pas de plus et déclara qu'aucun enfant, garçon ou fille, ne serait admis dans une école de l'État s'il ne recevait une instruction religieuse reconnue par le ministre de l'Instruction publique et des Cultes. Les autorités ecclésiastiques sont obligées de se rendre à l'évi-

dence et d'admettre que l'Église a perdu son
influence sur la nation en général ; aussi redou-
blent-elles leurs efforts pour influencer la jeunesse
pendant sa vie scolaire (1). Mais on peut douter
que ces essais bureaucratiques réussissent à
ramener la nation à la fidélité envers Dieu. Les
deux camps religieux, catholique et luthérien,
sont encore engagés dans d'âpres luttes entre
eux et contre les autres sectes ; l'école n'est
qu'un champ de bataille de plus pour eux (2).

Une force nationale sur laquelle on doit aussi
compter en matière religieuse est le parti *Sozialdemokrat*. Numériquement, c'est le plus fort
parti du Parlement impérial. Durant les dix dernières années, certains Anglais, y compris Messrs
Keir Hardie et Ramsay Macdonald, ont essayé
de fortifier les espoirs de l'Angleterre en lui annonçant ce que ce parti pouvait et voulait faire
pour empêcher la guerre. Ces messieurs étaient
certainement de bonne foi dans leurs convictions,
mais les événements ont montré que celles-ci
étaient basées sur l'ignorance de ce que sont l'Allemagne et le peuple allemand. La connaissance la
plus élémentaire de la situation de l'Allemagne et
du caractère de ce peuple aurait suffi à convaincre

(1) Fritz Berolzheimer écrit dans sa *Moral und Gesellschaft* :
« Dans toutes les classes la population adulte est tout à fait
indifférente à la religion. »

(2) Au commencement de chaque année scolaire, les autorités universitaires publient dans chaque district des statistiques concernant la religion des enfants qui viennent d'entrer
à l'école. Il y a un zèle considérable parmi le clergé de chaque
Église pour augmenter le nombre des adhérents à leur foi.

tout homme d'une intelligence moyenne que les *Sozialdemokraten* n'avaient aucun pouvoir en Allemagne, en dépit de leurs 4 250 000 votes ; en outre, la haine et la suspicion contre l'Angleterre sont tout aussi répandues parmi les *Sozialdemokraten* allemands que parmi les autres partis de la nation. Leur combat contre l'autocratie, de même que leurs tentatives pour améliorer le sort des classes ouvrières sont des buts pour lesquels nous pouvons avoir la plus sincère sympathie ; mais leur hostilité avouée contre la religion et les lois morales qui servent de soutien à la société excite notre plus vive opposition. C'est une erreur de s'imaginer que l'idéal poursuivi par les socialistes chrétiens est identique à celui des *Sozialdemokraten* ; en ce qui concerne la religion et la morale, il est diamétralement opposé. Les organes officiels de ces derniers contiennent assez fréquemment des articles confinant au blasphème. Des commentaires critiques sur le christianisme sont permis même en Allemagne. Par contre, les journaux des *Sozialdemokraten* ne daignent que rarement critiquer la religion, ils se contentent d'être ouvertement injurieux à son égard.

De même que les autorités ecclésiastiques cherchent à prendre de l'influence sur la jeunesse allemande dans les écoles, de même le parti *Sozialdemokrat* cherche à rendre nuls les effets de cet enseignement religieux en donnant une instruction antireligieuse dans des cours spécialement organisés dans ce but ; pour atteindre à cet

6.

objectif, on a écrit et on a fait circuler activement parmi les enfants des classes ouvrières toute une littérature à l'usage de la jeunesse, y compris un catéchisme. On tend à exciter ainsi un sentiment de révolte contre les conditions de la vie et contre le grand maître du monde qui a permis ces conditions. Le ton de ces écrits est tel que les jeunes esprits n'ont aucune difficulté à en tirer la conclusion qu'il n'y a pas de Dieu, car, s'il y en avait un, les choses ne se passeraient pas ainsi.

La façon d'agir de l'Église catholique prouve que ses membres connaissent pleinement les tendances athées du parti *Sozialdemokrat*. Non seulement au Parlement, dans la presse et par la parole, mais aussi dans les questions économiques, l'Église catholique a déclaré une guerre acharnée à ce mouvement. Pour empêcher ses fidèles d'avoir aucune espèce de contact avec les membres de ce parti, elle a organisé des syndicats pour les catholiques. Ces *Katholiche Arbeiterverbände* ont, dans certains pays, particulièrement en Westphalie, un nombre toujours plus considérable de membres. En luttant pour une plus grande liberté politique, et de meilleures conditions de vie pour la classe ouvrière, ces deux partis ne font qu'un ; mais en ce qui concerne leurs opinions sur l'importance de la religion et de la morale, ils sont âprement hostiles.

Jusqu'à une époque récente, les nationaux libéraux étaient considérés comme l'espoir de l'Allemagne ; ils sont maintenant connus sous le nom d' « Invertébrés ». L'alliance qu'ils ont conclue,

dans un but politique, avec les *Sozialdemokraten*
a été une des raisons qui les ont conduits à leur
perte aux dernières élections. Les gens sains d'esprit, et ayant encore quelques principes religieux,
abandonnèrent un parti qui pouvait s'allier d'une
façon ou d'une autre avec les avocats de l'athéisme.
Parmi ceux qui refusèrent de trahir leurs convictions religieuses pour une alliance politique, il
faut citer le professeur Geiger, chef des
nationaux libéraux bavarois. Ce dernier m'assura qu'il ne pouvait en conscience se joindre
en aucune façon à un parti dont la tendance
avouée était la rupture religieuse et sociale, et
que, par conséquent, il donnait sa démission de
chef du parti.

Néanmoins les *Sozialdemokraten* ne représentent que trop exactement ce qu'est la religion
de l'Allemagne, à savoir le matérialisme. Parmi
les classes les plus élevées, c'est un matérialisme philosophique ; dans les couches moins
favorisées de la nation, son interprétation pratique est qu'il n'y a que les biens de ce monde qui
comptent.

Les classes allemandes instruites méprisent la
religion, mais les classes ouvrières apprennent à
la haïr, peut-être pour la seule raison que c'est
une religion d'État et, par conséquent, qu'elle fait
partie de la grande tyrannie qui condamne ces
classes à une servitude civilisée.

Pour donner plus de poids aux déclarations qui
précèdent et qui concernent le parti *Sozialdemokrat*, je me propose de citer quelques autorités

allemandes. Une brochure (1), parue en Allemagne il y a vingt-cinq ans, se proposait de réfuter le programme du parti, tel qu'il avait été tracé au Congrès de Halle. Son auteur, Hundhausen, attire spécialement l'attention sur les déclarations du parti concernant la famille et le mariage.

Les *Sozialdemokraten* s'opposent au mariage pour plusieurs raisons : premièrement, ce n'est qu'une institution historique qui ne peut, dans la vie moderne, se maintenir que par le développement de la prostitution. Deuxièmement, c'est une intervention malséante de la part de l'État dans les affaires les plus intimes de l'individu. Troisièmement, le mariage est un obstacle à la réalisation de leur État utopique, dans lequel les conditions seront telles que le mariage sera entièrement superflu. Hundhausen cite deux écrivains dont l'un, Herr Bebel, l'ancien chef des *Sozialdemokraten*, écrivait : « La satisfaction du désir sensuel est une chose purement personnelle, aussi bien que la satisfaction de tout autre désir naturel ». Le second écrivain cité soutenait que « la conscience moderne et la vie moderne font de l'amour libre une nécessité absolue ».

Herr Marx, le plus grand penseur que le parti ait produit, basait sa doctrine sur de tels enseignements, et, en fait, aucun membre de ce parti ne s'est jamais exprimé autrement; nous devons donc accepter cette doctrine immorale

(1) *Warum wir nicht Sozialdemokraten sind* (Pourquoi nous ne sommes pas des Sozialdemokraten), par Theodor Hundhausen.

contre le mariage comme une partie de leur programme officiel.

Au Congrès de Halle, un autre chef du parti déclarait : « La *Sozialdemokratie* combat toute religion et toute foi ». Ce sont les mots de Herr Liebknecht, membre du Reichstag pour une des circonscriptions de Berlin. Bebel s'exprimait sous une forme encore plus nette : « La *Sozialdemokratie* n'est pas seulement une ennemie (*Gegnerin*) de la foi dogmatique, mais nous luttons par principe pour détruire le besoin de religion dans l'humanité ». Bebel résume toute la question dans cette phrase, car il avait, au préalable, accordé toute licence pour la satisfaction des appétits naturels et animaux ; il propose de déraciner tout désir spirituel, bien que cette aspiration soit aussi normale que celle qu'il permet.

Le professeur Diehl (1) parle assez longuement de l'attitude de la *Sozialdemokratie* vis-à-vis de la religion. Dans un sommaire qui est une compilation soigneusement faite de la doctrine du parti, il conclut ainsi : « Pour Marx et ses disciples, la religion est le pouvoir hostile qu'ils doivent combattre. De nouvelles conditions surgiront dans le monde et la religion disparaîtra d'elle-même ; cependant les chefs du parti reconnaissent le développement du sentiment religieux parmi les

---

(1) Un excellent ouvrage sur la *Sozialdemokratie* est celui du professeur Diehl dont les conférences faites à l'Université de Fribourg ont été publiées sous le titre : *Socialismus, Kommunismus and Anarchismus*. Voyez au chapitre VIII l'enseignement de Marx sur le mariage.

masses. C'est pourquoi l'athéisme n'est pas une condition nécessaire pour devenir membre du parti. L'article 6 du programme de la *Sozialdemokratie* oblige le nouvel adhérent à déclarer que la religion est une chose personnelle et privée. » Diehl considère ceci comme une simple tactique permettant aux tièdes de se joindre aux *Genossen* (frères ou camarades).

Une question fréquemment discutée en Allemagne pendant ces dernières années était celle-ci : « Un chrétien peut-il être un *Sozialdemokrat* ? » Le professeur Diehl la discute à son point de vue comme professeur de philosophie et prouve d'une façon concluante qu'un homme qui accepte les idées fondamentales de la *Sozialdemokratie* ne peut pas en même temps être chrétien, conclusion que je partage sans réserve.

Quelques chiffres de plus aideront à définir la force de ce mouvement. En 1871, les *Sozialdemokraten* recueillaient 124 700 voix ; aux élections de 1912 au Reichstag, le nombre de ces voix s'élevait à plus de 4 millions et demi. Les autres partis importants comptaient : Libéraux Nationaux : 1 662 000 ; Catholiques romains (Centre) : 1 996 000 ; Conservateurs (*Junker*) : 1 126 000 ; Progressistes populaires (y compris plusieurs autres partis) : 1 497 000 votes. Par là, on peut voir que les *Sozialdemokraten* ont plus de deux fois le nombre de votes du parti catholique. Il n'y a pas de doute que si on adoptait une nouvelle distribution des sièges le nombre des membres représentant la *Sozialdemokratie* au Reichstag augmenterait considérablement. Un auteur américain écrit : « Je ne connais rien de semblable au socialisme allemand dans la politique des autres pays. L'organisation en est tout à fait extraordinaire ».

Les parents d'aujourd'hui n'espèrent pas réaliser leur idéal, mais ils ne négligent rien pour qu'il soit possible à leurs enfants de l'atteindre. Le parti ne possède pas moins de deux cents bibliothèques circulantes, ayant soixante-dix-sept succursales. Par ce moyen, sept millions de *homes* sont pourvus d'une littérature écrite spécialement pour contre-balancer l'enseignement religieux et inculquer les dogmes de la *Sozialdemokratie*. La doctrine du Kaiser sur le *droit divin* n'a pas été négligée ; quelques ouvrages très intelligemment écrits, prudemment rédigés, afin d'éviter les poursuites pour crime de lèse-majesté, sont en circulation parmi les lecteurs jeunes et vieux. En *plus des livres*, il y a soixante-seize journaux quotidiens, plusieurs périodiques illustrés, aidant au travail, et environ cinquante maisons d'édition appartenant aux membres du parti.

Les élections de 1912 ont montré que 836 741 hommes et 130 371 femmes étaient inscrits sur les registres du parti, comme membres actifs dans un but politique. Le journal féministe de la *Sozialdemokratie* : « *die Gleichheit* » (Égalité), a 107 000 abonnés inscrits sur ses registres.

En vérité, ce n'est pas un pouvoir médiocre ! Et cette armée a été dirigée contre les forces de la religion et de la morale, elle a obtenu de grands résultats, car l'ouvrier allemand de nos jours n'a de respect ni pour l'autorité divine, ni pour l'autorité humaine. Il obéit cependant de mauvaise grâce à celle-ci, car elle ne porte pas l'épée en vain. La *Sozialdemokratie* a aussi déclaré la guerre à l'autorité et au militarisme allemand, mais elle n'a rien obtenu. Quand l'autocratie a augmenté ses demandes pour les armements, Singer, Liebknecht, Südekum et Cie ont, à chaque occasion, fait beaucoup de bruit au Reichstag. Ils ont écrit des colonnes de reproches inutiles (payées bon prix sur les fonds du parti) ; ils ont organisé des réunions publiques de *Genossen* dans toutes les contrées de l'Allemagne (augmentant ainsi leurs propres revenus par les honoraires des conférences), et enfin, quand le vote eut lieu, ils abandonnèrent honteusement leur idéal de paix internationale, en se joignant à ceux qui votaient en faveur de ces mesures, ou en s'abstenant de voter. Dans les deux cas, l'explication est la même : « raison tactique ».

Prenons un exemple seulement. En 1913, quand on proposa de voter une contribution spéciale de un millard deux cent cinquante millions pour augmenter l'armée, j'ai été témoin du même spectacle d'agitation générale en Allemagne ; ce mouvement a été la cause d'une augmentation considérable des fonds du parti, fonds qui ont été empochés par les agitateurs payés du parti *Sozialdemokrat*. Puis ce fut la débâcle à Berlin, quand le parti décida de soutenir cette proposition, à la condition que les classes les

plus riches donneraient les millions nécessaires.

Voilà qui n'est sûrement pas une guerre de
principe contre les armements, mais un beau spé-
cimen des méthodes de ce parti, auquel Messrs
Keir Hardie et Ramsay Macdonald demandent
encore au public anglais d'avoir recours, et cela
même depuis le début de la guerre !

Ces messieurs sont libres de s'appuyer sur « un
roseau brisé » si cela leur fait plaisir, mais l'Angleterre sera bien avisée de compter sur sa propre
force plutôt que d'attendre l'aide des *Sozialdemokraten*, qui n'ont réussi à produire aucun
bien même dans leur pays.

Avant d'abandonner ce sujet, il est nécessaire
d'ajouter que, parmi les Allemands instruits,
fussent-ils libéraux ou radicaux, la *Sozialdemokratie* est très mal considérée. On a déjà cité
beaucoup de raisons qui expliquent ce fait; il en
est une autre, c'est que tous les chefs ou écrivains
du parti sont juifs, à quelques exceptions près.
Dans certains milieux, ils sont désignés sous le
nom de « juifs parasites » et on dit que leur but
principal n'est pas la révolution, mais les pro-
fits personnels. Leurs noms : Marx, Luxembourg, etc., prouvent certainement leur origine
israélite, leurs mobiles doivent être laissés au
jugement de leurs collègues.

« Ceux qui désirent se rendre réellement compte
du danger que la *Sozialdemokratie* représente pour
l'Empire doivent bien noter que l'empoisonnement en gros des votants allemands eût été

absolument impossible sans l'aide des juifs. Ils sont les chefs réels de ce mouvement, et ceux sur lesquels on compte pour la destruction sociale appartiennent à ce peuple (1). »

L'expansion de l'enseignement de la *Sozial-demokratie*, en Allemagne, a seulement tendu à augmenter la haine de classe, l'envie, l'irréligion, et jusqu'à présent les *Genossen* n'ont montré, vis-à-vis de l'homme mieux vêtu qu'eux, aucune trace des sentiments fraternels qu'ils prêchent.

Nuremberg et Fürth sont de grands centres industriels, employant des milliers d'ouvriers ; beaucoup d'entre eux vivent dans les villages environnants, parfois aussi éloignés qu'Erlangen qui est à 20 kilomètres de Nuremberg. Quiconque a voyagé en temps de paix, de Nuremberg à Erlangen, par le train de 6 h. 17 du soir, a eu une superbe occasion d'observer plusieurs centaines de *Sozis* (surnom allemand donné aux socialistes) (2). Le train est toujours comble et il est impossible de demander la ventilation des compartiments sans s'attirer des injures. Langage, conversation et manières expliquent d'une façon non équivoque le niveau général brutal des basses classes en Allemagne. Ce train est fort commode pour les dames qui reviennent après avoir fait leurs achats à Nuremberg. Malheur à la dame à laquelle il arrive d'être isolée parmi quelque cinquante

(1) Livre de Daniel Freymann, *Wenn ich der Kaiser wäre* {Si j'étais le Kaiser), page 42.

(2) C'est une offense punie par la loi que d'appeler un homme *Sozi*, même si c'est un *Sozialdemokrat.*

« frères » : les obscénités viles, les chansons ordurières sont échangées jusqu'à ce qu'elle sorte du compartiment.

J'ai voyagé par ce train dans des centaines d'occasions et j'ai souvent été le témoin de scènes semblables, que ma femme, elle aussi, a eues à subir. On ne parle à un « monsieur » que sur un ton menaçant, surtout si on le soupçonne d'appartenir à l'Université d'Erlangen.

Herr Südekum, le membre de la *Sozialdemokratie* élu au Parlement pour Nuremberg, n'a jamais donné à ses électeurs une leçon de bienséance ; les journaux du parti encouragent plus ou moins cette sorte de molestation fraternelle (*genossen schaftlichen*). En somme, les belles théories propagées par la *Sozialdemokratie* semblent être tombées sur le bord du chemin, où elles n'ont pas germé.

Cependant, l'Allemagne mérite la pitié de tous ceux qui croient encore que le christianisme est la plus grande force civilisatrice dont le monde puisse se glorifier ; l'Église chrétienne allemande est simplement un ministère de fonctionnaires, elle ne commande aucunement le respect. Les classes élevées sont composées de matérialistes intellectuels, les basses classes de victimes de la nouvelle religion de l'Allemagne : la *Sozialdemokratie*.

CHAPITRE V

LE CARACTÈRE NATIONAL ET L'IDÉAL ALLEMAND.

La plus désagréable surprise peut-être que l'année 1914, de triste mémoire, préparait au monde, fut de mettre à nu le caractère allemand. L'Allemagne jeta le masque et montra au monde un cœur tout à fait différent de celui qu'on lui avait prêté. De même que Iago, le dictateur militaire de l'Europe, ne racontait pas ses affaires à tout le monde.

Dans les écoles et les Universités allemandes, nous avons découvert des buts et un idéal autres que ceux des *homes* de culture anglaise ; également différent est l'idéal du caractère qui est la base de l'existence nationale allemande.

Il y a seulement un peu plus d'un siècle que le servage fut aboli parmi les Teutons, mais la dégradante *lex primae noctis* survécut jusqu'en 1848. Tout le monde reconnaît que l'esclavage est une condition défavorable au développement du caractère, et le peuple allemand est encore trop jeune pour avoir pu rejeter sa gênante influence.

Ajoutez à cela un gouvernement autocratique, puissant, qui a soumis les droits de l'individu à ses desseins ou plutôt qui a empêché les droits individuels de se faire jour.

Les forces dominant la conduite de l'individu, et les modes de vie agissant entièrement en dehors de lui, l'obligent à entrer dans un moule fait d'avance par une volonté plus haute : la volonté de l'État. Par contre, dans certaines circonstances de la vie, on lui a donné une latitude extraordinaire, probablement pour le consoler de la perte de sa liberté dans d'autres cas ; mais le fait incontestable qui en résulte, c'est qu'il ne lui est jamais permis de devenir autre chose que ce qui sert les besoins de l'État.

Le développement historique de l'Allemagne explique la facilité avec laquelle l'Allemand s'adapte à la plus sévère discipline militaire des temps modernes, et abandonne sans plainte sa liberté personnelle.

Les Allemands parlent avec délices de leur *Weltanschauung*, ou conception mondiale de la vie, c'est-à-dire des rapports de l'individu avec l'univers, plus particulièrement, bien entendu, avec le pays auquel il appartient. Cette conception dirige son être extérieur vers les phénomènes désignés sous le nom de monde des sensations et règle son sentiment des responsabilités. La responsabilité teutonne est presque entièrement restreinte aux devoirs concrets que l'État demande à *ses sujets*, tout en leur laissant une liberté excessive en ce qui regarde la responsabilité morale vis-à-vis de leurs compatriotes et de l'humanité entière.

Par ce système, des forces éducatrices d'une incalculable valeur n'ont pu exercer leur pouvoir, ni sur l'individu, ni sur le caractère national. En un mot, cela signifie une obéissance aveugle aux ordres de l'État, mais une licence absolue quant aux obligations morales vis-à-vis de Dieu et de l'homme. Le résultat a été une soumission incontestée pour « rendre à César ce qui est dû à César », soumission qui est devenue le trait le plus caractéristique de l'esprit teuton. L'intelligence des masses est tout à fait incapable de s'élever au-dessus de cet idéal. Pour elles, l'accomplissement de ces devoirs leur assure le salut dans ce monde et dans l'autre.

Aucune grande nation n'est exempte de faiblesses morales ; dans tout peuple, il y a des unités qui font partie des *classes criminelles* ; ce serait une erreur de juger l'ensemble d'après cela. Un étranger qui aurait été mis en contact avec les pires éléments de l'Est et de l'Ouest londoniens se tromperait s'il basait son opinion du caractère anglais sur ces données.

Le caractère national est une moyenne approximative de tous les caractères individuels qui forment la nation, et, pour trouver cette moyenne, on doit observer les actes journaliers des citoyens dans leurs comptoirs, dans la rue, et à leurs foyers. L'attention doit se porter sur les actes qui reçoivent le blâme ou la louange du plus grand nombre des citoyens. Peu à peu une image se forme dans l'esprit de l'observateur, elle représente l'étalon du bien et du mal qui règle les faits et gestes de ces hommes. Elle est l'opinion de l'observateur sur leur caractère national, et elle peut être entièrement fausse.

Toutefois, dans un but pratique, il est nécessaire d'accepter le résultat de ces méthodes, et il est alors judicieux de faire la moyenne des moyennes, car les divergences sont telles qu'elles forment des contrastes. Il y a quelques années, l'évêque anglican de l'Europe septentrionale, dans une lettre au *Daily Mail*, exprima l'opinion que « l'Allemand est le plus parfait *gentleman* (1) qui soit au monde ». Ce théologien avait pris probablement le *gentleman* de la variété anglaise comme son modèle, et il avait trouvé par ses investigations que le Teuton est un « parfait gentleman ».

J'ai fait le même essai, bien que ma conception de cet idéal puisse être imparfaite et que l'idée absolue du *gentleman* puisse être éthiquement et philosophiquement mauvaise, et qu'elle soit peut-être un modèle erroné sur lequel nous

(1) Le mot *gentleman* est intraduisible en français. Pour l'anglais, le *gentleman* est celui dont la vie intérieure, la vie extérieure, les manières et les actes sont toujours inspirés par un idéal élevé qui le place au-dessus de la moyenne. Le *gentleman* n'est pas forcément noble, mais, en fait, les hautes classes anglaises sont en grande partie composées de *gentlemen*. Si ce terme avait été réservé à la noblesse seule, on eût pu assez bien le traduire en français par notre vieux nom de *gentilhomme*. (N. d. l. t.)

modelons notre vie ; cependant, même avec ces restrictions, mes observations m'ont amené à une opinion contraire à celle du savant évêque. En outre, je suis convaincu que les Allemands, à peu d'exceptions près, ne considèrent ni le *gentleman*, ni la *lady* comme un idéal à réaliser dans cette vie ; ils n'acceptent pas ces types sociaux, dans leur plus haute conception morale, comme des modèles dont l'individu doit chercher à imiter les vertus.

Il est vrai que, dans l'extérieur, ils ont servilement imité notre *gentleman*, en exagérant même grossièrement ses vêtements, ses modes, le claquement des talons et les saluts cérémonieux, la façon d'enlever son chapeau, le baisement des mains ; le mot *gentleman* a même été ajouté à la langue allemande. Mais pour le *gentleman* « la conscience est reine », il considère les obligations morales de la vie, même sans contraintes légales, comme aussi sacrées que les engagements écrits, il règle sa vie sur un modèle de devoir vis-à-vis de Dieu et de son prochain ; tout cet idéal de conduite individuelle est inconciliable avec l'État allemand. Ce Moloch serait impossible si l'État était composé de tels hommes.

Le droit privé et la conscience sont sacrifiés à la soumission absolue à l'État ; en retour, l'individu jouit d'une grande indulgence pour une multitude de péchés qui ne touchent pas à la toute-puissante volonté de l'État.

On voit par là que l'idéal du caractère individuel accepté par les Allemands est tout à fait autre que celui du *gentleman* tel que les Anglais le conçoivent. Le caractère national allemand est, en fait, un produit naturel, un idéal résultant d'autres conditions et influencé par une suite d'événements historiques différents.

La conscience est remplacée par ce que l'Allemand nomme *Ehrgefühl* (sentiment de l'honneur). Dans le prosaïque langage du sens commun, ceci s'appellerait plutôt égoïsme morbide ou vanité maladive. L'Allemand veut qu'on l'estime à ce qu'il considère comme sa propre valeur, ou bien il se trouve insulté.

La facilité avec laquelle un Allemand peut se trouver offensé est particulièrement suggestive à ce point de vue. C'est une insulte que de lui accorder plus qu'un regard au passage ; regarder un homme trop fixement dans un restaurant ou dans un lieu public peut amener celui qui fixe l'autre à un duel. Les étudiants bravaches, avides de se battre, adoptent cette méthode pour provoquer une lutte, probablement aussi parce que c'est le plus court chemin qui mène aux hostilités. Ils appellent ce procédé *fixieren* (fixer un homme des yeux) et le parti offensé demande une explication pour *Verletzung seines Ehrengefühls* (avoir blessé son honneur). Il s'ensuivra un échange de cartes ou une invitation à sortir pour être souffleté, et alors commence « l'affaire d'honneur ». L'opinion publique applaudira et considérera les duellistes comme des hommes d'honneur courageux, tandis qu'elle condamnera unanimement, frappera même d'ostracisme le lâche qui en appellera à un tribunal pour le protéger (1).

En Allemagne, l'insulte peut avoir plusieurs degrés, comme les adjectifs en grammaire. Une mauvaise insulte, une insulte plus mauvaise, et la pire des insultes sont : un regard, un mot, un coup ; cette interprétation est confirmée par le code pénal allemand. Appeler un homme imbécile ou âne (2) peut vous faire condamner à une amende sévère, car le code allemand possède une loi pour l'insulte, ainsi que pour la diffamation. Dans tout district, des magistrats et des hommes de loi perdent des heures innombrables à juger de tels cas, dont quelques-uns, fort heureusement en petit nombre, sont signalés dans la Presse ; c'est cependant suffisant pour montrer que le caractère allemand est d'une susceptibilité morbide et prodigieusement querelleur.

Les statistiques juridiques de l'Empire allemand publiées par le bureau de statistiques impérial à Berlin confirment amplement l'humeur batailleuse des Allemands. Le nombre des cas d'insultes est le suivant :

Années.	Personnes accusées.	Personnes condamnées.
1907................	83 013	60 895
1908................	82 011	59 830
1909................	82 827	59 673
1910................	84 058	60 344
1911................	86 573	61 899

(1) Je me rappelle avoir lu dans un journal d'Augsbourg qu'un homme avait reçu une forte amende pour avoir regardé fixement un ennemi toutes les fois qu'il le rencontrait.

(2) En présence d'une troisième personne qui l'affirme par serment.

Voici maintenant la liste des cas d'insultes
et de menaces contre des fonctionnaires, ces
cas n'étant pas compris dans les chiffres ci-dessus :

Années.	Personnes accusées.	Personnes condamnées.
1907	35 226	27 418
1908	34 453	26 803
1909	32 999	25 677
1910	31 775	24 668
1911	30 466	23 745

L'histoire suivante, qui est véridique, montrera combien il est facile de froisser la susceptibilité d'un fonctionnaire. Il y a quelques
années, un Anglais habitant Nuremberg était
absent de la ville quand les taxes et imposi-
tions furent perçues. A son retour, il apprit
que l'amende usuelle lui avait été infligée en punition de son inexactitude. Il alla voir le percepteur pour protester contre ce traitement. Ce fonctionnaire l'informa qu'il aurait dû donner à sa
propriétaire sa procuration avant de partir en
vacances, elle eût pu ainsi agir pour lui. Dans la
discussion, l'Anglais s'écria : *Das ist ein Unsinn*
(c'est un non-sens). Là-dessus il fut menacé d'une
poursuite pour *Beamtenbeleidigung* (insulte à un
fonctionnaire). Sachant que cette poursuite l'ex-
posait à une lourde amende, peut-être à l'emprisonnement, il arrangea les choses en s'excu-
sant. Finalement, le percepteur accepta les excuses, ce qui rendit à son « honneur » son premier
éclat.

En dépit de l'élégante étiquette extérieure qui

distingue les classes supérieures allemandes, il y a
sous cet extérieur un manque frappant de réelle
considération pour les droits et le confort des
autres. L'esprit allemand semble singulièrement
incapable de regarder les choses en se mettant
au point de vue des autres ; en conséquence, la
véritable sympathie est un sentiment qu'il connaît
à peine.

D'un autre côté, *Liebenswürdigkeit* (bonté)
et les adjectifs correspondants sont des mots
fréquemment employés dans la conversation,
mais en réalité il ne faut y voir que des
formes exagérées de politesse superficielle qui
sont rarement un indice des sentiments intimes
du cœur.

Les touristes de passage en Allemagne ont pris
ces marques extérieures pour argent comptant,
mais ceux qui y ont habité de nombreuses années m'ont toujours dit qu'ils considéraient la vie
sociale allemande comme trompeuse, et comme
donnant une impression de désappointement et
d'isolement.

Quoique je compte mes relations allemandes
par milliers, je dois reconnaître que j'ai souffert de
ce même sentiment de solitude et d'isolement
durant mon séjour de l'autre côté de la mer du
Nord. Une dame anglaise avait l'habitude de dire
« qu'elle espérait sincèrement ne pas mourir
parmi les insensibles Teutons ». Cette dame avait
vécu assez longtemps parmi eux pour voir ce qui
se cachait sous le placage, pour se rendre compte
de l'absence chez eux de véritable sentiment et

pour éprouver l'impression de superficiel, de méfiance, de manque de cœur qui caractérisent la vie courante.

Dans les deux pays, on a maintes fois dit : « Les Anglais et les Allemands devraient être capables de se comprendre réciproquement et d'être amis ». En fait, un tel espoir était destiné par la nature même des choses à rester un rêve. L'Anglais prosaïque et non démonstratif cherche sa satisfaction dans la sincérité et la bonne foi, tandis que le Teuton est un simple esclave des choses extérieures et garde sa parole aussi longtemps que cela ne le gêne pas (1). L'Allemand a le culte de l'uniforme et du titre, tandis que l'Anglo-Saxon examine froidement l'homme qui les porte. Un Anglais célèbre déclarait « que c'est d'après les procédés qu'on juge l'homme » ; en Allemagne, en théorie et en pratique, on proclame que le « savoir fait l'homme ». L'un exalte le cœur, les affections, les sentiments, tandis que l'autre célèbre l'intelligence et l'épée comme le « ouvre-toi, Sésame » de l'entrée dans la vie.

Les façons d'agir de celui qui aime l'âme et le cœur humains sont en conséquence inspirées par des motifs intérieurs, et montrent ce qu'il

(1) Un avocat anglais qui a souvent plaidé pour des Allemands devant les tribunaux anglais me disait : « Un Allemand observe les clauses de son contrat, tant que tout va bien. Mais s'il arrive une grève ou toute autre circonstance qui porte atteinte à ses bénéfices, le négociant allemand se démène et cherche par tous les moyens, bons ou mauvais, à se dégager de son contrat. » Mes observations personnelles confirment cette opinion.

entend par une sincérité non affectée. Mais les façons d'agir des Allemands sont des choses apprises comme des règles d'arithmétique et elles révèlent rarement ce qui est caché sous la surface. En fait, elles sont souvent employées délibérément pour cacher les motifs intérieurs. J'ai, dans bien des occasions, observé de jeunes garçons allemands qui, dans les parties retirées des parcs ou des jardins, s'exerçaient à pratiquer la dernière mode de saluer en enlevant leur chapeau. On trouve une autre particularité du caractère allemand dans le fait que chaque Allemand, homme ou femme, porte toujours un minuscule miroir dans sa poche ou son sac à main. Le miroir de poche apparaît n'importe où et partout, au restaurant, au salon, dans le train ou dans la rue. C'est une des vues amusantes des villes allemandes que celle du balayeur des rues qui se repose quelques minutes sur son balai, prend un miroir un peu plus grand qu'une pièce de cinq francs, et arrange soigneusement sa moustache, etc. Il n'y a rien qui condamne ces coutumes ; elles révèlent l'amour de l'ordre et le respect de l'extérieur. La seule chose regrettable est que l'Allemand n'attache pas la même valeur aux choses cachées à l'œil humain.

L'amitié est un sentiment profond qui en appelle un autre également profond. Mais comment un sentiment profond en appellerait-il un superficiel? L'Anglais admire un homme ou une femme raffinés, tandis que l'Allemand est satisfait si une personne est *liebenswürdig* (bonne, obligeante, mais, en réalité, simplement en apparence). Vous pouvez sans inconvénient jouer un mauvais tour au Teuton s'il est bien adouci par la *Liebenswürdigkeit*, mais une vérité déplaisante éveillerait en lui des sentiments d'intense hostilité !

Il n'y a probablement pas d'illusion plus grande que de considérer les Allemands comme des êtres sentimentaux. Ils peuvent l'avoir été autrefois, mais certainement la génération présente ne mérite d'aucune façon cette accusation. Le fonctionnarisme, le militarisme, l'intellectualisme, aussi bien que la prospérité financière, tout a contribué à diminuer le développement des plus beaux sentiments ou à les oblitérer.

En fait, l'Allemand typique de la classe moyenne ou de la classe élevée montre un mépris non déguisé pour le sentiment sous toutes ses formes, tandis que la plupart des Allemands, y compris ceux des classes paysannes, n'ont jamais été civilisés jusqu'à ce point, et restent aujourd'hui de simples bêtes de somme gagnant péniblement leur argent. Mais je reviendrai sur ce sujet plus loin. Qu'il suffise ici de constater que les affections jouent un rôle très peu important dans la vie allemande moderne. L'amour du *home* et la fidélité à ses tendres liens sont contraires à l'idéal militariste. Les sentiments d'affection pour l'école, *l'alma mater*, sont rarement mêlés à la conception de fer de la vie allemande et de ses devoirs.

De même que les enseignements de Treitschke ont dominé la morale de l'État allemand, de même les doctrines de Nietzsche ont trouvé une approbation générale parmi les individus. Les sentiments, la tendresse pour les faibles, jeunes ou vieux, le respect des cheveux gris sont des faiblesses rares chez les Teutons.

On voit trop souvent une mère ou un père âgés au foyer de leurs enfants mariés, traités moins bien qu'un esclave ordinaire. Mais, à leur mort, la presse contiendra d'énormes réclames payées, louant leur noble vie, tandis qu'un discours d'adieu prononcé sur le bord de leur tombe exprimera la piété filiale allemande.

L'absence d'un véritable sentiment pour les êtres plus faibles est bien mise en évidence par l'attitude des Allemands vis-à-vis des femmes. Jouets et souffre-douleur sont les seuls mots qui définissent exactement leur situation. Il n'est pas surprenant que des millions d'individus des basses classes soient mécontents d'un système qui fait de leurs filles la proie légale des hommes des classes supérieures, bien que certaines de ces jeunes filles semblent satisfaites de ces arrangements sociaux (1).

Lorsqu'il arrive à l'Université ou quand il obtient

(1) A Munich, par exemple, l'étudiant qui a une liaison avec une *Bürgertochter* (jeune fille de la bourgeoisie) se mêle librement à la famille. Les dimanches et jours de fête, on le voit avec elle dans un *Biergarten* ou tout autre endroit de plaisir. Ni l'un ni l'autre ne pense au mariage, c'est une chose acceptée, et, ce qui est le plus surprenant, ce n'est pas un déshonneur pour la jeune fille.

le grade de lieutenant, le jeune Teuton cherche une *Verhältnis* (dans le dialecte de Munich, une *Geschpusi*) et il n'aura aucune difficulté à avoir une liaison avec une demoiselle de magasin, une servante de restaurant, une domestique, une fille de petits commerçants ou fonctionnaires, même une gouvernante, etc. Il ne lui incombe aucune autre obligation que de payer les distractions, excursions et choses de ce genre. Durant les années qui précéderont son mariage, il peut former beaucoup de ces relations irrégulières ; cela ne restreindra en aucune façon son activité sociale, et son penchant à jouer les Don Juan sera un sujet de conversation agréable aux dames, à l'heure du café. Aucun Allemand ne penserait à lui fermer sa porte à cause de cela ; aussi longtemps qu'il bornera ses amours aux *vom Volke* (filles du peuple), tout ira bien et la jeune personne sera considérée comme respectable tant qu'elle sera fidèle à son Don Juan. Mais si elle l'amenait à l'épouser (1), un orage d'indignation amère troublerait le sein de ses sœurs d'un monde plus élevé. La riche Gretchen tolère que la pauvre Gretl joue le rôle de jouet, elle ne proteste ni ne condamne ; mais si *das Mädchen vom Volke* vole un mari d'un niveau social au-dessus d'elle, il n'y a pas de mots pour blâmer ce crime

(1) Les bureaux de l'état civil anglais ont souvent été le théâtre de mariages de ce genre. Divers agents mettent des annonces dans les journaux allemands offrant d'arranger les préliminaires et de servir d'interprètes à ces cérémonies. *Truth* contenait un exposé de ces pratiques, il y a quelques années, vers 1907.

abominable. Il est impossible de dire jusqu'à quel point ce cancer a étendu ses raavges, même parmi les jeunes filles de bonne famille *aber man sagt !*

Un ouvrage publié en 1914 jette quelque lumière sur cette déplaisante question. En discutant le développement de l'amour libre en Allemagne, l'auteur écrit : « L'amour libre, autrefois répandu dans les basses classes, est maintenant fréquent parmi les jeunes filles des meilleures classes (*hoheren Töchter*). Ce n'est pas l'effet d'une tentation à laquelle une jeune fille succombe ou peut résister avec succès. C'est l'acceptation, sur une large échelle, de la doctrine si diligemment proclamée dans certains milieux du droit à l'amour, et le rejet de l'estime habituelle pour la chasteté, considérée comme démodée. La société pardonne tout, excepté un scandale (1). »

Si on voulait une preuve de ces déclarations, on la trouverait dans les annonces des journaux, dans la correspondance poste restante illimitée en Allemagne (2), dans les journaux humoris-

(1) *Moral und Gesellschaft des 20 Jahrhunderts* (La morale et la société au XXe siècle), par Fritz Berolzheimer. Publié à Berlin en 1914.

(2) Il y a quelques années, l'administration des postes défendit aux garçons et aux filles âgés de moins de seize ans de recevoir des lettres adressées poste restante. Les réformateurs de la morale ont vainement essayé d'obtenir d'autres restrictions ; une demi-heure passée dans n'importe quel bureau de poste allemand convaincrait l'observateur que ce genre de correspondance est très florissant et que les jeunes filles qui vont chercher leurs lettres ne sont pas dans les affaires. Dans tout

tiques, dans la littérature moderne et, **en réalité,** dans tous les endroits publics.

L'immoralité est très répandue **en Allemagne,** sans compter le vice réglementé par l'État ; non seulement on tolère un pareil état de choses, mais on en rit ; c'est le résultat non pas du climat, mais d'un matérialisme volontaire et calculé ; c'est ce que Nietzsche appelait *Herrenmoral* (morale à l'usage des messieurs) qui sanctionne toute faiblesse du surhomme aux dépens de ses sœurs plus faibles. L'Allemagne n'a pas d'opinion publique qui protège les servantes de restaurant et les jeunes filles des basses classes. Que dire de l'esprit chevaleresque de ses fils (1) ! La jeune fille *honorée* de cette façon appelle son amant *mein Cavalier*.

Martin Luther dénonça l'immoralité des cloîtres allemands. Mais aucun Martin Luther moderne (2) ne s'est levé pour dénoncer *das Ver-*

---

grand bureau de poste, on trouve un personnel spécial chargé de remettre ces communications secrètes ; entre midi et deux heures et entre cinq heures et huit heures, il y a généralement une queue de jeunes gens attendant leur tour près du guichet. Il y a ordinairement deux guichets, l'un pour les initiales de A à P, les autres pour les initiales de Q à Z. Une notice est suspendue au mur avec cette mention : « Le nom, les initiales ou le numéro doivent être écrits et remis à l'employé. La devise allemande est : « Tout avec méthode ».

(1) Le nombre de servantes de brasserie et de restaurant employées en Allemagne doit être énorme, mais leur position sociale, si tant est qu'elles en aient une, est fort basse. *Kellnerin* (servante de restaurant) est un mot qu'on associe toujours avec les intimités décrites plus haut.

(2) Dans les « hospices chrétiens », j'ai souvent vu de petits livres ou des périodiques traitant ce sujet de la moralité, mais il n'en reste pas moins que les églises en Allemagne n'ont jamais

hältnis. Quoique les *Tom Hoods* allemands remplissent leurs journaux comiques hebdomadaires de plaisanteries sans fin sur ce thème, aucun *Pont des soupirs* allemand n'a encore été écrit.

L'attitude des riches *Gretchen* à ce sujet est encore plus extraordinaire. Leur sensibilité morale ne les conduit jamais à rejeter un mari qui a passé dix ou quinze ans de sa vie « dans les sentiers fleuris du vice ». Quand on parle de ce sujet délicat, une Allemande répond généralement: *Ach! was kann man doch machen? Das ist ja Herrenmoral* (Qu'y faire? c'est la morale des messieurs). Elle est satisfaite d'avoir trouvé un mari ; une fois devenue mère, elle néglige toutes les occasions de combattre la *Herrenmoral* en inculquant à ses fils les premiers éléments de la chevalerie. Voilà qui fait partie intégrale de la vie allemande ! Quels droits ont les jeunes filles du peuple? Elles sont faibles et doivent être sacrifiées aux forts.

Nous avons montré ce que sont les sentiments chevaleresques et altruistes des Allemands ; un bon moyen de juger leur caractère est de voir s'ils sont capables de véritable gratitude. Mais là encore le caractère teuton laisse fort à désirer. Donner de nombreuses preuves nous conduirait trop loin, mais un étudiant, même novice en histoire, se rappellerait des exemples de l'aide donnée par l'Angleterre à l'Allemagne depuis Napoléon Ier jusqu'à nos jours : le marché ouvert

commencé aucune croisade effective contre cette injustice flagrante qui livre les femmes des classes moyennes et populaires à la luxure des jeunes gens des classes supérieures.

aux marchandises allemandes en Grande-Bretagne et dans ses colonies, l'abandon par nous d'Héligoland, des centaines et des milliers d'Allemands gagnant leur vie en Angleterre, y compris quelques vingtaines dans nos Universités et dans des emplois gouvernementaux. En fait, aucune porte ne leur a été fermée, pas même celle du Parlement; il n'y a pas d'honneurs auxquels ils n'aient pu aspirer, et cependant, en dépit de cela et même de bien plus que cela, je n'ai jamais lu un mot de reconnaissance dans la presse allemande, ni entendu un mot de gratitude tomber d'une bouche allemande. Au contraire, je n'ai entendu que des invectives.

L'hospitalité anglaise a été un excellent moyen d'espionnage ; l'amitié anglaise a seulement fait naître des diatribes depuis Bismarck jusqu'à maintenant. L'Allemand est surtout un cynique qui se sert des sentiments des autres à son égard pour en tirer avantage, quitte à ridiculiser ensuite leur faiblesse.

Les seules vertus que l'on puisse reconnaître sans réserve aux Allemands sont l'obéissance et l'économie ; mais ils sont obéissants parce qu'ils y sont obligés, et non par un respect spontané pour ceux qui possèdent l'autorité. Leur esprit de travail et d'économie est cependant illimité et mérite un éloge sans restriction, excepté quand il dégénère en avidité et engendre l'envie (1).

(1) Je crois qu'un des motifs principaux du mouvement Sozialdemokrat est une envie innée. Dans le commerce et parmi les fonctionnaires, dans les écoles et les universités,

Il n'y a pas d'accusation qui ait été faite plus souvent que celle de la jalousie des Anglais contre les Allemands, mais quand on demande à ceux-ci de prouver leurs dires ils répondent par de banales formules d'invectives.

En résumé, les Allemands sont caractérisés par une vanité sans bornes, la passion du secret, une susceptibilité morbide, la jalousie, l'absence de considération pour les autres, une forte tendance au retour « à l'âge du singe et du tigre ». Les Allemands manquent de véritable sentiment et d'affection, mais ils ont une remarquable tendance à être indifférents et à imposer brutalement leur personnalité.

Il n'y a pas longtemps que ces 70 millions d'êtres humains ont brisé leurs liens féodaux, et depuis cette époque ils ont été comme de la terre glaise entre les mains du potier. Un gouvernement fort et autocratique les a moulés à ses intentions. Ils ont été dressés et malheureusement intellectualisés, mais jamais affranchis ni régénérés.

Sous le vernis intellectuel et l'imitation des belles manières gît le cœur allemand, un cœur que ni la culture ni le christianisme n'ont jamais changé. La renaissance romantique et la guerre d'affranchissement produisirent seulement la *Weltschmerz* (la souffrance mondiale), *Sturm und Drang*, mais ne furent pas suivies par un mouvement humanitaire.

l'envie se pavane nuit et jour. Il y a une expression qui, en Allemagne, s'emploie pour décrire ce sentiment : c'est *Brodneid*, (l'envie du pain).

Au début de janvier 1915, le *Morning Post*, dans un leader sur le livre de M. Norman Angel, *Le Prussianisme et sa destruction* (1), fit observer que cet écrivain a déclaré que « quelques demi-douzaines de professeurs, et quelques écrivains et théoriciens, Nietzsche, Treitschke, et leur école, ont radicalement transformé la nature et le caractère de quelque 70 millions d'âmes ». Par ce jugement, M. Norman Angell trahit sa complète ignorance du sujet que la présomption seule, ou le désir naturel de tirer profit de ses écrits, a pu l'induire à traiter.

Le caractère national de l'Allemagne et la nature des Allemands n'ont pas été transformés par des professeurs et des théoriciens. Le caractère à la fois national et individuel a toujours été celui du type brutal ; le succès de Treitschke et de son école est dû au fait que leurs enseignements étaient agréables à la nation ; en fait, la graine est tombée sur un bon terrain. Mais c'est une théorie ridicule d'imaginer que la semence transforme le sol.

L'écrivain en question, quoique les sources allemandes soient un livre fermé pour lui, devrait au moins connaître les écrits de Byron, Shelley,

______

(1) Je n'ai pas lu le livre de M. Norman Angell, et n'ai pas l'intention de le lire ; je suis cependant étonné que cet écrivain ait la témérité de parler d'un pays et d'un peuple dont il ne connaît rien, pas même la langue. Si M. Angell connaissait la Prusse, pourquoi n'a-t-il rien écrit sur ce sujet et n'a-t-il pas averti le monde, y compris le public britannique, avant la guerre? En réalité, cet auteur ferait mieux d'étudier l'humanité elle-même que de nous donner ses opinions sans valeur.

Ruskin, Charles Reade et une foule d'autres qui témoignent que le caractère allemand est repoussant (1), brutal et plein du désir de destruction.

Les Bavarois aiment parler de *Gemütlichkeit* (bonne nature, disposition à la douceur), comme de leur caractéristique nationale. Les Prussiens sont fiers de leur *Schneidigkeit* (élégance, effronterie, allant). Il est intéressant de noter que l'idéal prussien a supplanté celui du Bavarois. Un Allemand qui a beaucoup d'impétuosité, qui écrase ses inférieurs, qui parle brièvement, qui a des manières tranchantes, qui repousse les avances amicales avec raideur, qui déborde de suffisance, est un véritable Allemand. Il commande le respect et l'admiration parce qu'il personnifie les qualités que les Teutons prisent le plus. On dira de lui *Der hat Schneid !* (C'est un habile homme !) En réalité, cependant, c'est un matamore sans sa rondache. « Nous autres Allemands, nous avons peu de capacités pour faire des conquêtes d'ordre moral et intellectuel et, comme nous l'avons déjà remarqué, c'est une caractéristique spéciale aux Allemands du Nord, et les Prussiens ne le nieront pas, que d'être incapables de comprendre les particularités des autres peuples et de ne pouvoir entretenir avec les hommes des relations amicales et harmo-

____

(1) Shelley, dans son journal (je cite de mémoire), parle des Allemands « repoussants ». Le biographe allemand de Shelley, le D‍ʳ Ackermann, traduit la phrase par « *die widerwärtigen Deutschen* ».

nieuses. Cette faiblesse vient de l'influence toujours grandissante de la Prusse sur le caractère allemand, par-dessus tout de cette rudesse (*Schroffheit*, grossièreté) des relations de la vie journalière. Nous sommes accoutumés à appeler cette qualité élégance, *Schneidigkeit*, mais elle ne couvre trop fréquemment qu'une simple arrogance de caste ou de nationalité. La *Schneidigkeit* prusso-allemande porte préjudice à l'Allemagne dans le monde, et cela à un point de vue à la fois politique et intellectuel (1). »

(1) *Der deutsche Gedanke* (l'Idée allemande), par **Rohrbach**, p. 227.

CHAPITRE VI

L'ARMÉE ALLEMANDE ET LES CONSEILS DE GUERRE.

Avant la guerre européenne, les voyageurs
étaient généralement surpris en constatant que
les Allemands n'étaient pas seulement fiers de
leur grande machine de guerre, mais qu'ils étaient
aussi partisans enthousiastes du militarisme.
Tant d'auteurs ont écrit contre le service militaire qu'ils ont amené le public britannique à
croire que les Teutons étaient traînés hors de
leurs *homes* comme des victimes, servant à contre-
cœur le Kaiser, dans des conditions semblables
à celles des galériens dans les flottes de la Rome
ancienne. Aussi est-ce une surprise pour beaucoup d'entre eux que d'apprendre que les
Allemands ont autant de plaisir que d'orgueil à
porter le *kaiserrock* (uniforme de l'empereur).

Le 1er octobre est le jour fatal pendant lequel
plusieurs centaines de mille de recrues entrent
au régiment, et durant les jours précédant l'entrée dans l'armée, la jeune Allemagne s'adonne
à l'allégresse. Dans les villages, un spectacle carac-

téristique de la fin de septembre est celui de voitures décorées, pleines de jeunes gens que l'on entraîne de brasseries en brasseries. Ils forment une foule joyeuse, portant des pots de bière, chantant vigoureusement et hurlant *prosit* aux passants. Chacun de ces jours heureux se termine fort tard dans la nuit par des danses et de la musique. C'est le dernier bon temps des jeunes recrues avant de se soumettre à la plus rigoureuse de toutes les disciplines qui aient jamais façonné leur vie. J'ai souvent été le témoin de ces scènes, et je n'ai jamais remarqué la moindre défaillance parmi les hommes ; il serait cependant faux d'assurer qu'il n'y en a pas parmi eux qui préféreraient ne pas être incorporés.

Parfois les journaux rapportent le cas de jeunes gens qui ont passé en conseil de guerre pour s'être volontairement coupé un doigt ou mutilés de quelque manière, afin d'être impropres au service ; mais c'est un cas rare. Si un homme ne s'est pas présenté le 1er octobre, un mandat d'arrêt pour désertion est lancé contre lui. La statistique de l'armée allemande indique que le nombre des déserteurs pour 1911 a été de 1089; mais durant cette même année 661 déserteurs rejoignirent d'eux-mêmes leurs régiments et furent punis. Beaucoup étaient sans aucun doute des déserteurs des années précédentes, et si nous soustrayons les deux nombres nous trouvons que la perte nette de l'armée par suite de désertions n'a été que de 428 hommes. Ce résultat est

seulement approximatif, mais que nous accep-
tions le nombre le plus fort de 1089 ou le plus
faible de 428, la proportion des déserteurs sur
250 000 recrues, plus 500 000 hommes déjà
dans l'armée, est insignifiante.

La mutilation pour échapper au service militaire peut être punie de plusieurs années d'emprisonnement. Un déserteur sacrifie ses biens et
ses droits civils ; s'il revient plus tard dans son
pays, il court le risque d'être arrêté et puni sévè-
rement.

Une autre façon d'échapper au service militaire est de fumer un grand nombre de cigarettes
et de boire une énorme quantité de bière quelques
jours avant de passer l'examen médical. Les
étudiants font parfois cela, et quand ils appartiennent déjà à un *Corps*, ils peuvent être
examinés par un médecin ex-membre de leur
Corps. Ils ont chance d'obtenir ainsi des certificats d'exemption.

Un homme qui ne fait pas son service militaire
est considéré **comme un embusqué de la pire
espèce,** on le méprise jusqu'à un certain point,
même s'il est exempté pour des raisons de
santé. C'est un fait sur lequel il préfère garder
le silence, évidemment parce qu'il se sent en
dehors de la fraternité nationale. C'est vraiment
une vue réconfortante que celle de ces hommes
qui commencent la vie de caserne en riant et en
chantant avec une joie apparente ; ils ne se sou-
mettent cependant au grand devoir militaire que
parce qu'ils y sont obligés.

Depuis mon retour au pays natal, j'ai été témoin d'une chose plus réconfortante encore, celle de milliers de fils de l'Angleterre accourant prendre les armes parce qu'ils le pouvaient et le voulaient. Ils se sont soumis à la discipline militaire de leur plein gré, et là se trouve la supériorité de leur valeur morale.

Il y a, généralement parlant, deux classes de soldats dans l'armée allemande, à savoir ceux qui servent le temps complet et ceux qui ne font qu'un an. Les hommes qui font leur service en entier restent deux ans dans l'artillerie ou l'infanterie et trois ans dans la cavalerie.

Les hommes qui ne font qu'un an sont appelés *Einjährige-Freiwillige*, et quand un supérieur leur parle, il les appelle *Herr Einjähriger* (monsieur le soldat qui ne fait qu'un an). On doit passer un examen pour obtenir l'exemption de deux ans : cet examen a lieu dans les écoles de l'État, et les candidats doivent avoir seize ans. Les jeunes garçons qui n'ont pas les moyens de rester aussi longtemps à l'école préparent cet examen par des études personnelles.

Le jeune homme de bonne famille est obligé de passer cet examen sous peine de sortir de sa caste en servant comme simple soldat (*Gemeiner*). Vers l'âge de dix-neuf ou vingt ans, il va se présenter à l'autorité militaire la plus voisine, et en même temps il montre son certificat d'un an. Il n'est pas obligé d'entrer immédiatement dans l'armée, et s'il désire aller à l'étranger ou dans une Université, les autorités lui permettent de retarder le moment de son service militaire jusqu'à l'âge de vingt-quatre ans, mais rarement au delà.

Dans toutes les villes d'Universités un nombre considérable d'étudiants ne sert qu'un an dans l'armée. Ils sont enrôlés comme étudiants, paient le prix de leurs études, mais paraissent rarement aux conférences; les trimestres sont comptés par les autorités universitaires.

En temps de paix, chaque régiment reçoit de 20 à 50 soldats de ce genre. Tout homme doit obtenir la permission du colonel pour faire partie du régiment ; pour les régiments d'élite, la fortune personnelle et la situation sociale sont des facteurs que le colonel prend en considération.

Le volontaire d'un an, de même que ses camarades moins heureux, entre à la caserne le 1er octobre (dans l'Allemagne du Nord le 1er avril) et pendant les trois premières semaines il y vit complètement. Aucune nouvelle recrue n'a la permission de sortir dans les rues avant de connaître les premiers éléments de la tenue militaire, comme le salut et certains autres détails.

Le volontaire d'un an ne reçoit aucune aide de la part de l'État; il doit supporter la dépense entière de l'uniforme aussi bien que les frais de nourriture et de logement. Après les trois premières semaines d'exercices préliminaires, il peut prendre un logement ou vivre dans sa famille, si cela lui est possible. Les volontaires d'un an ont généralement leurs soirées libres, et on peut les voir tous les jours dans les restaurants, les cafés, les théâtres et autres lieux d'amusement. Ils sont aisément reconnaissables à leur uniforme élégant et bien coupé avec une cordelière bleue et blanche qui borde la patte d'épaules.

Inutile d'ajouter qu'ils ne connaissent pas la partie la plus rude de la vie militaire. Ils n'ont pas d'autorité sur les soldats ordinaires, mais ils forment une classe par eux-mêmes entre les simples soldats et les officiers. Dans les rues, on ne les voit jamais se promener avec des hommes faisant le service militaire complet, ni, bien entendu, en compagnie d'officiers, à moins qu'ils ne se rencontrent comme invités à un dîner ou à toute autre réunion privée. On complète leur instruction par des cours de tactique et de théorie de la guerre. En temps de guerre, si leurs supérieurs tombent, ils peuvent être appelés à prendre le commandement.

C'est une coutume universelle parmi ces hommes de donner des pourboires aux sous-officiers de leur compagnie. De tels dons sont volontaires, mais en théorie seulement, car si un jeune homme riche néglige de donner à son sergent le *Schmier* coutumier (graisse de wagon, mot d'argot qui signifie pourboire) il est tout à fait certain que ses supérieurs rendront ses douze mois de service militaire aussi désagréables que possible.

Je n'ai jamais entendu dire qu'un homme qui fait un an de service ait reçu de coups d'un sous-officier, mais il est certain qu'il doit supporter la dose ordinaire des injures de caserne. En fait, beaucoup d'hommes appartenant à cette classe m'ont dit combien il était dégradant pour eux, qui ont reçu de l'éducation, d'entendre *ein rohes ungebildetes vieh* (un animal grossier et non éduqué) jurer en leur adressant la parole et leur parler grossièrement en les traitant de noms orduriers.

Comme nous l'avons déjà dit, les engagés d'un an sont libres de prendre leur repas où ils veulent, ce sont donc les hôtes familiers des meilleurs restaurants, et il est intéressant de les observer lorsque, entrant dans une pièce, ils lancent un regard perçant pour voir si des officiers sont présents.

Si un officier se trouve dans le restaurant, après que le garçon a suspendu le manteau de l'homme, son casque et son épée, celui-ci va se placer près de la table de l'officier et se tient debout et raide derrière la chaise de son supérieur, jusqu'à ce que ce dernier ait répondu à son salut. Si une demi-douzaine d'officiers sont assis à différentes tables, le soldat doit saluer chacun d'eux de la même façon. Les mêmes formalités précèdent la sortie du soldat. Si un officier qu'il n'a pas déjà salué passe près de sa table, il doit immédiatement se mettre au garde-à-vous. Dans la rue, la même exactitude minutieuse doit être observée, même pour le salut dû aux sous-officiers.

J'ai souvent vu une sentinelle présenter les armes à un officier traversant la rue à plus de 200 mètres. Les cavaliers et les artilleurs évitent autant que possible de saluer les sous-officiers, mais ils risquent de passer plusieurs jours à la salle de police pour expier cette omission.

A propos des cadeaux offerts aux sous-officiers, on raconte une bonne histoire d'un régiment de Nuremberg. Plusieurs hommes ne servant qu'un an avaient fait une souscription pour offrir à leur sergent un piano. Ce sous-officier était ravi et, si le récit est exact, les hommes passèrent une agréable année dans l'armée ; après quoi ils rentrèrent dans la vie civile : quelques semaines plus tard l'agent d'une maison de pianos passa chez le sergent pour lui demander le prochain versement pour le piano.

La dépense minima occasionnée par une année de régiment est de 2 400 francs ; dans les régiments de cavalerie et d'artillerie, elle monte à plusieurs fois cette somme. En retour de ces sacrifices, le volontaire d'un an obtient divers privilèges, outre celui d'une situation sociale améliorée, s'il appartient à la classe qui peut donner ou demander satisfaction dans une affaire d'honneur. Après avoir terminé son service normal d'un an, il aura encore deux ou trois périodes d'exercices militaires, de huit semaines chacune, à un an d'intervalle. En continuant ces périodes d'exercices pendant plusieurs années, les engagés d'un an peuvent obtenir le grade d'officier de réserve, et un grand nombre d'entre eux agissent de la sorte.

Si le soldat d'un an entre dans une branche quelconque du fonctionnarisme, ses chances d'avancement sont considérablement augmentées par le fait qu'il est officier de réserve. Ces officiers paient toutes leurs dépenses d'uniforme et de

trousseau; en fait, l'armée allemande donne bien
des leçons de sacrifices patriotiques; la plupart
du temps la dépense est grandement supérieure
aux gains matériels. Un privilège très estimé des
officiers de réserve est le droit de porter l'uniforme le jour de leur mariage. A l'anniversaire de naissance du Kaiser, ils paradent dans les
rues en uniforme, et même dans leur cercueil
ils en sont soigneusement revêtus (1).

Les soldats qui font le temps de service complet vivent à la caserne et sont assujettis à la discipline militaire allemande dans le sens le plus
strict du mot. Chaque homme reçoit 0 fr. 25 par
jour, ce qui n'est pas regardé comme un salaire.
La nourriture est simple et consiste surtout
en pain noir. La plupart des hommes y ajoutent
des bourriches de provisions envoyées par
leurs parents ; la population civile montre beaucoup de bonté et de générosité à l'égard des soldats.

(1) En Allemagne, les morts sont toujours habillés avant
d'être placés dans leur cercueil ; si le défunt avait le droit de
porter l'uniforme en cette vie, il dormira son dernier sommeil
ainsi vêtu. Les civils des hautes classes sont descendus dans la
tombe vêtus de leur habit ; mais, à quelque classe qu'ils appartiennent, les morts sont toujours inhumés avec leurs vêtements
les meilleurs. Cette toilette étant terminée, la cérémonie religieuse suit, et le cercueil est immédiatement transporté à la
chapelle mortuaire. Dans tout cimetière, il y a un édifice spécial
pour cela. Les jeunes filles sont habillées de blanc et elles
portent une couronne sur la tête. Une femme mariée est toujours
enterrée avec la robe noire portée le jour de son mariage à la
mairie. Le cercueil reste ouvert et n'est fermé que quelques
minutes avant l'enterrement ; tous les parents et amis assistent
à cette dernière cérémonie et regardent le défunt.

L'uniforme est l'emblème du Kaiser, et les Allemands sentent que celui-ci est l'emblème de l'Allemagne, donc il commande toujours le respect. Rien de ce qui a été écrit pour montrer l'effacement de la personnalité dans l'armée allemande n'est exagéré. Les autorités ont un certain idéal du parfait soldat et tout le mécanisme, depuis le *Tout-puissant seigneur de la guerre* (1) jusqu'au sous-officier, est organisé pour produire le modèle désiré. Par-dessus tout le soldat ne doit avoir aucune volonté ou aucun désir personnel. Quels que soient les désirs du *Seigneur de la guerre*, ces désirs doivent être les siens. Le soldat subit un entraînement et fait l'exercice jusqu'à ce qu'il soit devenu une machine parfaite. Quand un officier lui parle, il se change en statue rigide, sans aucune lueur d'expression sur le visage. Pendant ces moments, la volonté de son supérieur devient la sienne, et ensuite il la met à exécution. Tous les Allemands aiment la discipline et, lorsqu'ils y échappent, ils ne savent plus que faire d'eux-mêmes ; la volonté du supérieur manque, et celle de l'individu n'est pas développée ; au contraire, elle est effacée. Ainsi en est-il, du berceau à la tombe, pour des millions d'Allemands. Leur développement mental et intellectuel a seulement atteint cette phase qui permet d'obtenir la « dernière once du dernier homme ».

Aucune discipline militaire réelle ne peut être

(1) Surnom donné par les Anglais à l'empereur allemand. (N. d. l. t.)

obtenue sans sacrifice de la part du soldat. Le soldat allemand fait le plus grand sacrifice de tous : celui de sa personnalité ; et l'État est ainsi capable de construire la machine militaire la plus perfectionnée qui soit au monde.

La vie d'un soldat n'a jamais été et ne pourra jamais être un lit de roses, mais il est croyable qu'il y a moins de roses et plus d'épines pour le simple soldat de l'armée allemande que pour celui d'aucune armée moderne. Un garçon vif, intelligent, peut vraisemblablement s'adapter aisément aux exigences de la vie militaire, mais la grande majorité des classes paysannes allemandes n'est ni vive, ni intelligente ; elle est lourde et inerte jusqu'à la stupidité.

Un tel matériel humain ne devient pas un modèle de la précision militaire en vogue sans un pénible travail. Le sous-officier a pour tâche de façonner cette matière humaine ; il est responsable en premier lieu et doit obtenir du soldat la plus grande efficacité. Il est vrai que la loi ne permet que la persuasion morale, mais il use d'autres moyens, tels que les coups, même les coups de pied. S'il passe devant un conseil de guerre pour mauvais traitements à ses subordonnés, il est sûr de trouver des juges sympathiques qui, s'ils sont obligés de le condamner, lui donneront le bénéfice de circonstances atténuantes ; cela se traduit par « avoir été trop zélé dans l'accomplissement de son devoir ». En outre, les officiers n'ont aucune sympathie pour leurs hommes qu'ils considèrent comme le *Ur-*

vieh (bête originelle) ou *Saudummerhund* (porc et stupide chien). Les officiers et sous-officiers ont la tâche de faire du *Urvieh* un soldat, et comme telle est sa nature, ils ne peuvent être blâmés s'ils emploient les méthodes convenables pour obtenir le résultat désiré. Le but est tout, il *doit* être atteint.

Sans doute la discipline du soldat allemand étant très stricte, ceux qui connaissent les jeunes Allemands des basses classes avant leur entrée dans l'armée peuvent se demander comment il leur est possible de s'y soumettre. La scène de transformation a lieu dans la caserne, cachée aux yeux du public, mais l'opération doit être douloureuse à l'extrême.

La vie de caserne allemande est un sujet difficile à traiter parce que ceux qui la connaissent par expérience ne peuvent pas en parler. Un soldat n'ose rien dire de ce qui se passe dans la vie militaire : cela est *militarische Geheimnisse.* Le coup de pied d'un sergent ou le mécanisme d'un nouveau canon sont tous deux « des secrets militaires » et un soldat qui en parlerait à un civil s'exposerait à une sévère punition.

Les professeurs dans les écoles de l'État et les fonctionnaires de tous les services du gouvernement sont obligés d'observer le secret officiel (*Amtsverschwiegenheit*) et il est naturellement beaucoup plus strict encore dans l'armée.

En 1914, le leader *sozialdemokrat* Rosa Luxembourg, dans un discours public, déclarait que « d'innombrables tragédies se déroulaient chaque année dans les casernes ».

L'association des sous-officiers se plaignit au ministère de la Guerre et le procureur impérial intenta une action contre Rosa Luxembourg pour avoir calomnié l'armée. Lors du procès, en juillet dernier, elle essaya de se justifier en demandant que plusieurs centaines de témoins sous-officiers et soldats fussent appelés, afin de prouver la vérité de ses déclarations. Si on avait suivi cette marche, le parti *Sozialdemokrat* eût été largement approvisionné d'arguments pour son agitation. Les détails auraient été connus du public, ce qui eût nui au parti militaire ; bref, ce dernier aurait été attiré dans un piège. Le procureur impérial se rendit compte de la situation et le procès fut ajourné *sine die,* ce qui signifiait que la cour ne voulait pas s'occuper davantage de l'accusation. La guerre survint et empêcha tout autre développement de l'affaire.

Bien entendu un simple soldat peut se plaindre à son capitaine des mauvais traitements reçus et le sous-officier sera appelé devant un conseil de guerre. Même alors, il est impossible au public de connaître les détails de l'affaire. Dans les journaux, on peut lire des comptes rendus comme le suivant :

« Le sergent X... a comparu devant un conseil de guerre pour mauvais traitements infligés à ses subordonnés. Quarante cas furent cités et cinquante témoins appelés. Dans l'intérêt de la discipline militaire, les représentants de la presse et le public furent exclus de l'audience. Le sergent a été reconnu coupable avec circonstances atténuantes, et condamné à trois jours d'arrêts simples ». Ce qui veut dire que, si le sous-officier accepte le verdict, il passe ces trois jours au sein de sa famille ; mais dans la plupart des cas, il n'admet pas une telle injustice, il en appelle à une haute cour, et le plus souvent il obtient une revision du procès.

Les soldats qui ont pris part au jugement en faisant une déposition adverse peuvent s'attendre à passer des moments fort pénibles avec le sergent en question et avec tous les autres sous-officiers avec lesquels ils se trouvent en contact. Toutes les ruses qui forment l'arsenal d'une astucieuse brutalité seront employées pour faire regretter aux hommes d'avoir mis la discipline en danger.

Le point de vue de l'autorité est que sa raison d'être est le maintien d'un bon état militaire et non l'administration de la justice. Les conditions ordinaires du droit et de la justice doivent être laissées à la porte de la caserne ; à l'intérieur de celle-ci, la volonté de l'armée est la première et la dernière considération. Le but est l'« efficacité militaire » qui implique une soumission absolue de toute la personnalité ; la fin justifie les moyens, que ceux-ci soient la persuasion morale ou les mauvais traitements. On a recours parfois, sans égards au droit, à certains artifices légaux pour préserver les sous-officiers de punition. Il a paru un paragraphe intéressant dans un ouvrage anonyme publié en 1890, *der judische Soldat im deutschen Heer* (Le soldat juif dans l'armée allemande). Il n'y a aucune

raison de croire que la situation se soit améliorée, aussi a-t-on le droit d'emprunter une citation à ce livre (p. 17 et suivantes) : « Le soldat
est trop intimidé et effrayé des conséquences de
ses plaintes, car il se dit : « Mon supérieur sera
puni pour le mal qu'il m'a fait, mais pendant des
années j'aurai à souffrir comme résultat de sa
punition ». Si un homme qui fait deux ans de
service est convaincu d'un délit militaire, sa punition comprendra généralement une année de
plus de service dans l'armée. Les soldats craignent
cette punition plus que toutes les autres. Un
sous-officier peut causer à un homme toute
espèce de désagréments contre lesquels celui-ci
n'a aucune protection. Le sous-officier a le pouvoir de supprimer tous les moments de loisir du
soldat en lui donnant de petites corvées supplémentaires ; il est à même d'empoisonner sa vie
de toute espèce de souffrances et d'oppression.
En outre, il peut le suivre de son regard haineux
et le reprendre vivement pour les fautes les plus
légères commises par action ou par omission.
Tout lecteur qui sait ce qu'est la vie de caserne
peut confirmer ce dire : en outre, tout capitaine
déteste avoir des plaintes dans sa compagnie,
parce qu'il est obligé d'en rendre compte à ses
supérieurs ; un homme qui s'est plaint est généralement enfermé dans le bureau de la compagnie où on lui montre les conséquences nuisibles
de sa faute ; en un mot, il est menacé jusqu'à ce
qu'il retire sa plainte. »

Imaginez un instant qu'une accusation soit

faite par un sous-officier contre un simple soldat, par exemple, pour désobéissance (*Verweigerung des Geshorsams* est la désignation en style militaire); dans ce cas, les représentants de la presse ne sont pas exclus de la salle d'audience, car la connaissance des délits commis par un simple soldat est considérée comme la propriété du public. La publicité exerce alors une influence morale sur l'opinion et, dans ces occasions, la punition la plus sévère possible sera infligée à l'offenseur.

Les lecteurs, après avoir lu l'exemple suivant, apprécieront combien il est difficile de connaître les faits qui se rapportent à cette question. Il y a environ deux ans, un sergent était assis dans une brasserie, quand deux civils vinrent se mettre à la même table que lui. Une conversation amicale s'ensuivit, mais le sous-officier commit l'erreur, fatale en Allemagne, d'exprimer franchement son opinion devant des étrangers. Le sujet de la conversation portait sur les officiers allemands et le sergent parlait amèrement de la manière dont ils traitaient leurs subordonnés. Il exprima même la croyance que, dans la prochaine guerre, il y aurait plus d'officiers allemands frappés par leurs propres hommes que par l'ennemi (1). En vrais Allemands, les deux civils rapportèrent la conversation du sergent à son officier (2). Il

(1) Ceci peut expliquer pourquoi, durant la guerre actuelle, les officiers allemands ne marchent pas devant leurs hommes, mais derrière eux et les poussent en avant.

(2) En dépit de l'excellent proverbe : *Der Denunziant ist der*

passa en conseil de guerre et fut condamné à la dégradation et à deux ans d'emprisonnement.

Si on interroge un Allemand instruit sur ces choses, il les défend comme des maux nécessaires : *Diese Bauernkerle müssen abgerichtet werden !* (Il faut me former ces croquants-là.) S'il a quelque scrupule de conscience à ce sujet, il l'atténue par la croyance que tout cela est pour le bien de la patrie et de l'homme lui-même. Ce système militaire doit être bon, car l'Allemagne a été singulièrement dépourvue de *John Hampdens.*

« Dans l'intérêt de la discipline militaire », voilà la grande idole teutonne, devant laquelle les parents doivent jeter leur fils et devant laquelle tout autre droit disparaît. Il n'y a pas moyen que les soldats, à la caserne, échappent aux brutalités de la vie militaire, et il n'y a ni pouvoir, ni opinion publique en Allemagne, capable de les réprimer. Une très réelle terreur « de sauter, de la poêle à frire, dans le feu » supprime toute inclination de révolte chez le soldat.

Chaque année, cependant, un nombre considé-

---

grösste Lump im Land (« Le dénonciateur est le plus fameux coquin de la terre »), celui-ci existe dans toutes les classes de la société. C'est aussi l'arme de la Cour (le Kronprinz a souvent reçu des confidences de façon que le Kaiser puisse en être avisé), et celle des petits fonctionnaires. Un exemple montrera l'activité du Kronprinz à cet égard : Quand la pièce patriotique de Gerhart Hauptmann fut représentée à Breslau, en 1913, l'archevêque catholique de cette ville écrivit au Kronprinz pour l'informer que les Hohenzollern n'étaient pas précisément glorifiés dans cette pièce ; il lui demanda de le faire savoir au Kaiser. Ce qui fut fait, et les foudres de la colère impériale éclatèrent sur la capitale silésienne et sur la pièce.

rable d'hommes échappe aux tourments de la vie militaire, mais c'est seulement en se mettant hors des atteintes de la justice humaine. Les suicides sont assez communs, quoique les rapports officiels les représentent sous un autre jour.

Voici un exemple de ce que j'ai lu à diverses reprises dans les journaux allemands : « Le soldat A. B. a été trouvé le crâne brisé sur le trottoir devant la caserne. Le pauvre défunt (*der Dahingeschiedene*) était somnambule et est probablement tombé d'une fenêtre du second étage. Le soldat A. B. était un bon soldat apprécié de ses camarades et de ses supérieurs ; on ne connaît aucune raison qui puisse faire soupçonner que le défunt ait volontairement attenté à ses jours ». Ceux qui sont suffisamment crédules peuvent croire que le mort n'a pas commis de suicide ; je n'ai jamais eu de doute en lisant de tels comptes rendus, car « l'incroyable esprit de soumission, de discipline, de secret qui prévaut en Allemagne » (1) rend impossible d'approfondir de tels mystères.

Pour bien se rendre compte du cynisme brutal des tribunaux militaires, il faut se remémorer la querelle entre Henri II et Thomas Becket au sujet des tribunaux ecclésiastiques dont les privilèges annihilaient toute justice civile. L'Allemagne moderne est dans une situation semblable, avec cette différence que les tribunaux militaires possèdent de bien plus grands pouvoirs

(1) Citation du *Times* provenant du *Livre Jaune Français*, p. 4, colonne 4.

que les anciens tribunaux religieux, et, en ce qui
concerne **leurs** justiciables, ils ont le dernier mot.
En outre, personne n'ose leur faire de l'opposition,
ou les critiquer. Leurs sentences, en ce qui concerne les fautes commises par les officiers ou
sous-officiers, consistent pour la plupart en amen-
des; les punitions qu'ils infligent aux soldats
sont brutales.

Je suis convaincu que les tribunaux militaires
sont la source de tous les maux sociaux résultant
du militarisme allemand. Ils sont les *Chambres
Étoilées* au moyen desquelles l'autocratie militaire peut se maintenir. C'est par eux seulement
que les mille et une injustices de la vie nationale
allemande subsistent. La condamnation à mort
du soldat Lonsdale, plus tard commuée en emprisonnement perpétuel, est tout à fait conforme
aux traditions des conseils de guerre allemands.

Il faut encore considérer un autre groupement
de l'armée du Kaiser : *das Offizierskorps.* Mes
plus anciennes relations parmi l'élite de la société
allemande étaient quatre lieutenants de régiments de chevau-légers en garnison à Nuremberg. Ils furent parmi les premiers Teutons qui
me firent comprendre combien profondément
l'Allemagne haïssait l'Angleterre. Ils me dirent
pour la première fois en 1902 que, pendant la
guerre des Boers, les officiers d'un certain régiment anglais avaient détruit un portrait du
Kaiser qui était dans leur mess. Une telle insulte
à *unserm Kaiser,* me fut-il dit, ne pouvait être
effacée que par des flots de sang anglais.

J'ai déjà montré qu'entre les soldats ordinaires, les soldats qui ne servent qu'un an et les sous-officiers, il y avait des abîmes que l'on ne doit pas essayer de combler (discipline militaire); mais ces trois classes d'hommes sont séparées des officiers par un abîme plus profond encore. C'est une erreur de supposer que tous les officiers allemands appartiennent à des familles aristocratiques; en réalité, le corps des officiers est une foule assez mêlée. Les pouvoirs discrétionnaires du colonel empêchent les mess des régiments les plus fameux d'être pollués par l'élément bourgeois; mais la majorité des officiers les plus jeunes des régiments d'infanterie sont des fils de la petite bourgeoisie. Après avoir obtenu le grade de capitaine, vers l'âge de quarante ou quarante-cinq ans, ces hommes reçoivent une pension de retraite, les plus hauts grades étant presque toujours réservés aux fils d'anciennes familles. Il y a cependant deux classes d'hommes qui ne deviennent jamais officiers dans le véritable sens du mot, ce sont les Juifs et les sous-officiers.

En 1870, quelques-uns parmi ces derniers devinrent officiers en récompense de leur bravoure, mais, après la conclusion des hostilités, ils reçurent une pension de retraite. Un Juif n'a jamais l'honneur d'être *Offizierspatent*, quoiqu'il puisse devenir officier de réserve. Mais alors il ne peut espérer qu'être nommé dans le *Train* (artillerie de siège).

Les officiers ont une bonne instruction moyenne et, ayant revêtu le *kaiserrock*, doivent se considérer comme des êtres à part et supérieurs à *das*

9.

Civil. Après avoir quitté l'école secondaire de l'État, le futur officier complète son instruction dans une école de cadets. Au moment voulu, il est attaché à un régiment comme sous-lieutenant (*Fähnrich*), puis finalement s'épanouit dans le grade de lieutenant. *Der bunte Rock* (le brillant uniforme) est capable de recouvrir bien des choses, mais ce n'est pas une protection contre l'incapacité militaire. C'est l'aspect extérieur suprême de la vie allemande où le côté extérieur a tant d'importance ; c'est le fétiche le plus sacré qui commande l'adoration des cœurs allemands. Celui qui porte cet uniforme peut être un pleutre ou un *gentleman* ; ceci est un point d'importance secondaire. La loi le protège de toute critique, car il est le symbole de l'empereur.

Un directeur de journal à Bamberg (Bavière) publiait, au début de l'année 1914, un article intitulé *der grosse Herr* (le grand *gentleman*), dans lequel il mettait au pilori l'assurance pleine de fanfaronnade des officiers ; il fut condamné à six mois de prison.

L'hôtesse allemande est plus gracieuse pour l'invité officier recevant 4 fr. 25 par jour que pour un prince du négoce ayant un énorme revenu. Un éblouissant officier est de plus d'importance que le bourgmestre d'une grande ville ; ce dernier peut se promener dans les rues sans être reconnu, mais tout agent de police, conducteur de tramway, agent des postes ou des chemins de fer saluera un officier. Si une compagnie de soldats rencontre un lieutenant nouvellement promu, un ordre est donné et ils défilent au *Paradeschritt* (pas de parade) (1).

Les commerçants qui veulent impressionner un nouvel acheteur murmurent avec révérence que *die Herren Offiziere kaufen bei uns ein* (messieurs les officiers se fournissent ici). Le propriétaire du restaurant est fier de mentionner le fait que les officiers prennent leurs repas dans son établissement, et le cafetier se vante que les officiers viennent boire leur café chez lui. Il est bien superflu que l'hôtelier l'annonce ainsi, car les autres convives s'apercevront vite, et par une pénible expérience, que les garçons ont négligé leurs ordres plusieurs fois pour donner à l'uniforme la place d'honneur. Dans toute occasion, en tout temps, l'uniforme de l'officier est au premier rang, et, à très peu d'exceptions près, à la première place.

A la Cour, tout invité met un uniforme quelconque, s'il a le plus léger droit à en porter un ; le Kaiser regarde les vêtements civils avec un réel déplaisir ; c'est une prévention devant laquelle les ambassadeurs américains n'ont pas encore cédé. Aucune cérémonie publique n'a lieu sans que

---

(1) Le pas de parade (aussi appelé pas de l'oie) est employé en guise de salut pendant les revues quand on arrive à l'endroit où l'on doit saluer. Les hommes passent des semaines à acquérir la perfection de ce mouvement machinal. En novembre, on voit constamment, en passant près des casernes, une escouade d'hommes, sous les ordres d'un sous-officier, s'essayant l'un après l'autre à la pratique de ce mouvement. Un défilé au pas de parade, en grand uniforme, est un spectacle imposant en Allemagne. Le *Paradeschritt* est la contribution du Kaiser à la science militaire.

les officiers du régiment soient invités. Ne pas
envoyer d'invitation serait considéré comme un
affront et quelques mesquines représailles s'en-
suivraient ; même le jour du « discours », dans
les écoles secondaires de l'État, *der bunte Rock*
est en évidence, et j'ai observé parfois des officiers
des régiments locaux dormant paisiblement
pendant le rapport annuel du vice-chancelier
de l'Université d'Erlangen.

L'uniforme a un tel prestige sur l'imagination
populaire que les Allemands considèrent qu'il
y a un manque de solennité et de sanction officielle si *das Offizierskorps* n'est pas représenté
dans l'endroit où des hommes se réunissent dans
un but sérieux, que ce soit pour se réjouir d'une
générosité municipale ou pour entendre de savants discours sur des recherches bibliques.
En vérité, si le fétiche suprême des Allemands
n'est pas sous les yeux des Teutons, ils éprouvent
le sentiment des anciens Juifs en l'absence
de l'arche d'alliance.

Néanmoins, on ne saurait refuser aux officiers
allemands certaines qualités, qui font d'eux des
hôtes agréables, même de charmants invités
dans les salons. Par-dessus tout, ils possèdent
l'élégance extérieure du maître de danse. Ils
s'inclinent avec une déférence qui inspire une
crainte respectueuse ; ils baisent la main des
dames en les saluant ; leur maintien est au-dessus
de toute critique et cependant leur uniforme peut
cacher une foule de vices ! Peu importe tant que
l'officier est correct et capable dans sa profes-

sion... Comme un Allemand me le disait une fois :
« Nous avons besoin d'officiers, mais non de
gentlemen » et la phrase exprime avec justesse
l'attitude nationale. Les officiers sont les instruments de la discipline militaire, mais en même
temps ils y sont soumis eux-mêmes. Avec leurs
surbordonnés, ils sont ouvertement brutaux, mais
en présence de leurs supérieurs *es wird gebuckt
und geduckt* (ils ne cessent de s'incliner et de
faire claquer leurs talons). Ils peuvent violer
impunément les droits des civils, mais la moindre
infraction aux lois militaires leur vaudrait une
punition méritée.

Dans la rue ou sur les places publiques, l'officier se pavane et montre une arrogante condescendance vis-à-vis des classes inférieures
de la société ; il est toujours prêt à s'irriter
ou à se venger de la conduite de toute personne qu'il soupçonne d'attenter à sa dignité,
qu'il considère comme l'honneur du Kaiser. La
plus légère provocation de la part d'un civil est
une cause suffisante pour lui faire tirer l'épée du
fourreau.

Il y a quelques années, vers 1905, un lieutenant
marchait dans les rues de Nuremberg à la tête
d'une compagnie d'infanterie. Quelques gamins
s'amusèrent à marcher au pas et à faire des
bouffonneries qui provoquèrent la colère de ce
brave enfant de Mars. Le lieutenant tira son
épée et blessa à la tête un des enfants. Un conseil
de guerre décida qu'il avait frappé pour protéger
l'armée du ridicule et il fut condamné à quelques

jours d'arrêt seulement. Le peuple murmura,
la presse raconta le fait sans commentaires,
tandis que le maire gardait un silence discret. Il
n'y a pas de route plus rapide pour entrer en
prison que de ridiculiser ou de critiquer ce grand
fétiche.

Selon l'idéal allemand, un officier représente
tout ce qui est noble, brave et élégant. Parmi
les classes élevées, ses privilèges sont considérés
comme lui étant dus. Le professeur Delbrück,
successeur de Treitschke, termine un essai (1) sur
les officiers allemands par ces mots : « Il n'est
pas encore prouvé que nos officiers jouissent
d'aucun privilège matériel spécial. La supériorité sociale qui les distingue est le résultat de
leur caractère. Celui qui en est jaloux l'est seulement par vanité ou par incapacité à comprendre
ce caractère ». J'admets la supériorité sociale,
mais, pour ma part, je me refuse à croire que le
noble caractère des surhommes allemands leur
ait gagné cette distinction. D'un autre côté, je
suis convaincu que le respect dont ils jouissent
est obtenu et maintenu par la force, aidée des
conseils de guerre. Les officiers, en tant que classe,
manquent de véritable esprit chevaleresque, qui
est la pierre de touche du caractère. Leur conduite avec les femmes allemandes est on ne peut
plus incorrecte, tandis que la façon dont ils trai-
tent les civils non armés est une trahison impudente de la justice et de l'humanité.

(1) *Historische und politische Aufsätze*, par le Dr Hans Delbrück (p. 334).

Ils jouissent de grands privilèges, possèdent des pouvoirs discrétionnaires étendus, mais ils n'ont pas le sentiment de la responsabilité qu'un tel pouvoir devrait leur inspirer ; cela nourrit le feu de leur vanité et de leur suffisance innées ; ils sont « huilés et cirés comme des taureaux assyriens ». Les cercles d'officiers sont à la fois les plus exclusifs et les plus corrompus (1). Toute chose faite par un officier est supérieure (*vornehm*) et ce qu'il n'approuve pas est *tabou*, y compris le foot-ball.

Un conflit avec un officier est une chose à éviter et un civil préfère tolérer un affront plutôt que d'avoir une querelle. Si un officier croit avoir été insulté, il doit faire immédiatement un rapport à son officier supérieur, qui soumet la chose à une cour d'honneur. La cour décide si des excuses suffisent, ou si un appel aux armes doit suivre ; à ce dernier jeu, il est évident qu'un civil court plus de risques de recevoir une blessure mortelle que de la donner.

Par ces méthodes raffinées, les classes instruites sont tenues en esclavage, mais les façons d'agir avec l'ouvrier sont plus accentuées encore et même franchement brutales. Un homme du peuple qui ose manquer de respect à un officier peut s'attendre à être abattu sur-le-champ. En 1910, j'eus une longue conversation avec le général von Rotenham, jadis commandant dans la région

______

(1) La description de la vie dans l'armée allemande faite par le lieutenant Bilse dans son livre, *In einer kleinen Garnison*, n'exagère pas la réalité.

de Nuremberg. On en vint à discuter de la question des officiers qui se servent de leur épée.

Un cas hypothétique fut envisagé : un homme ivre se dispute avec un officier ou cause une querelle dans laquelle il injurie l'officier, que doit faire ce dernier selon le code militaire ? Sans hésitation, le général répondit : « *Mit der Waffe auf ihn losgehen* » (« Se jeter sur lui son épée à la main. ») J'essayai de lui montrer le point de vue anglais et de lui expliquer qu'il n'est pas digne d'un *gentleman,* ni d'une lutte loyale, qu'un homme armé use de ses armes contre un ennemi désarmé. Le général admit que c'était *sehr schön* (très bon, très bien), mais que ce n'était pas dans le code des officiers allemands, et il ajouta que si un officier ne se servait pas de son épée effectivement contre un civil qui lui aurait manqué de respect (c'est-à-dire qui aurait manqué de respect au Kaiser) on l'obligerait à démissionner.

Les Anglais furent étonnés du fameux incident de Saverne, mais pour la majorité des Allemands l'officier avait été logique et correct. Le lieutenant Förster croyait que le savetier boiteux allait le frapper, aussi frappa-t-il le premier. Pour cet action héroïque, un tribunal civil le condamna à six semaines d'emprisonnement ; malheureusement, pour que cette sentence eût un effet, il fallait qu'un tribunal militaire la ratifiât. Devant un conseil de guerre, le lieutenant Förster était comparativement à l'abri, car ses juges étaient des camarades, et au pis aller des membres de la même caste, décidés à protéger l'uniforme à tout prix. Ce qu'on prévoyait arriva : la plainte contre Förster fut retirée et l'incident en resta là.

Le colonel von Reuter, l'officier commandant à Saverne, passa aussi en conseil de guerre, pour avoir ordonné à ses hommes de faire feu sur la population avant que les autorités civiles n'eussent demandé l'intervention militaire. Il fut, lui aussi, acquitté, et le Kronprinz le félicita en lui télégraphiant le mot : « Bravo ! »

Le professeur Delbrück, commentant le cas dans sa revue *das preussische Jahrbuch* (1913), écrivait : « Le lieutenant Förster a été acquitté par un tribunal militaire. L'excuse de légitime défense a été acceptée, mais l'extension de cette idée peut mettre en danger la vie de tout citoyen qui a une querelle avec un soldat. Le colonel Reuter fut aussi acquitté parce qu'il a été prouvé qu'il avait agi de bonne foi ; en outre, il croyait que les mesures qu'il avait prises étaient nécessaires, car les pouvoirs civils étaient impuissants. » Donc, si un officier commet une erreur amenant la mort d'un civil, il lui suffit de plaider la bonne foi pour excuser le meurtre, pour consoler sa sensibilité blessée ; et le meurtrier reçoit les félicitations de l'homme qui commande en second dans l'Empire allemand.

Pour conclure son article, Delbrück écrit : « Les deux officiers auraient dû être condamnés, et alors graciés par le Kaiser. Le pouvoir militaire est si grand et si dangereux que les civils devraient nécessairement avoir une protection contre ses

abus. D'un autre côté, la sécurité de l'armée et
de l'État exige que, dans certaines circonstances, on puisse faire usage des armes sans l'intervention de l'autorité civile. Il est à peu près
impossible à la législation de décider quand ce
droit commence. Ce serait plus facile si l'opinion
publique avait une confiance illimitée dans les
tribunaux militaires. »

Aucune citation ne pouvait mieux montrer
la sophistique allemande, que ces quelques phrases d'un professeur d'histoire à l'Université de
Berlin. Elle est véritablement allemande, cette
proposition de satisfaire à la lettre de la loi en
condamnant les coupables, et alors de violer
l'esprit de justice en leur accordant le pardon.
Delbrück connaît son public, et sait que si la
forme est observée, il supportera tout mal ou
toute injustice flagrante. Les Allemands adorent
le côté extérieur des choses et n'adorent que cela.

Depuis plus de huit mois, le monde a vu en
mouvement le vaste mécanisme militaire de l'Allemagne. Autant qu'un civil puisse en juger, la
machine s'est montrée aussi efficace qu'on pouvait l'espérer. Les méthodes brutales et les atrocités n'ont surpris que ceux qui ne connaissent
ni l'Allemagne, ni les Allemands. Il n'en est pas
moins déplorable que le peuple teuton ait fait
de son armée la fin et le but de son existence nationale, c'est déplorable pour elle et pour le monde.

Toutefois, dans l'état actuel de leur développement, les citoyens allemands sont admirablement adaptés aux desseins militaires. Ils

aiment la discipline, et l'apparat du militarisme satisfait complètement leurs instincts guerriers. J'ai encore présent à l'esprit le souvenir d'un vieux professeur allemand qui ne pouvait rester assis à sa table de travail quand une compagnie de soldats passait près de sa maison. Tout Allemand a le militarisme dans le sang, les enfants préfèrent jouer au soldat plutôt qu'à tout autre jeu. Les souvenirs de la vie de caserne sont aimés dans tous les *homes*. Les vieillards sont membres du *Kriegervereine*, *Veteranenvereine* ou de quelque autre société ; là, se rencontrent les vieux soldats qui viennent, le samedi soir, boire de la bière en se rappelant les souvenirs de leur vie militaire. Quand un membre de ces sociétés meurt, ses camarades, musique en tête, l'accompagnent au cimetière, la bannière du club est agitée trois fois au-dessus de son cercueil en signe d'adieu, et pendant qu'on tire un canon en miniature, il descend dans son étroite cellule.

Le militarisme est, pour l'esprit allemand, une grande science héroïque ; c'est l'achèvement de la grandeur humaine, il demande tous les sacrifices, même celui de la vie, mais il en est digne. En retour de ses sacrifices, l'Allemand a l'oppression à la place de liberté, des feintes et des déceptions au lieu de réalités. Mais, malgré tout, il est content du résultat, ce qui montre que le système entier lui convient et est possible, étant donné son degré de civilisation (1).

(1) Pour la statistique annuelle des crimes dans l'armée allemande, voyez appendice I.

CHAPITRE VII

Les germes de l'esprit agressif de Kant a Nietzsche.

Le caractère allemand est naturellement querelleur et agressif, ainsi que le prouvent amplement l'histoire et la vie journalière de l'Allemagne. On retrouve exactement chez les chevaliers pillards du moyen âge cette haine opiniâtre et cet amour de la destruction (1), « vertus » que la suite des siècles a seulement réussi à détourner vers d'autres directions.

Le développement même des vingt États allemands si disparates qui ont été unis et dissous, groupés et regroupés jusqu'à ce que Bismarck réussît, en 1871, à fonder l'agglomération qu'est l'Empire allemand d'aujourd'hui, explique l'agression sanguinaire de la race teutonne dont la force brutale est toujours le facteur déterminant.

Après que la Réforme eut été établie dans l'Europe septentrionale, il n'y eut pas de pays

(1) Les chevaliers pillards du moyen âge font admirablement comprendre les principes nietzschéens du surhomme.

protestant où les polémiques furent plus vives et grossières qu'en Allemagne un siècle avant la guerre de Trente ans; il n'y eut pas de pays où les discussions religieuses amenèrent de luttes aussi cruelles et aussi sanglantes que celles qui déchirèrent l'Allemagne d'un bout à l'autre pendant la période de 1618 à 1648.

Même au xxe siècle les deux grands camps de l'Église chrétienne sont encore sur leurs gardes et surveillent avec une envie et une intolérance non déguisées les succès du camp rival, dans le monde politique. Les mêmes intrigues continuent à mettre les protestants ou les catholiques à la tête des écoles secondaires de l'État ou des mairies ou des autres services publics, depuis le ramoneur (1) jusqu'au ministre d'État. L'avancement dans les services publics dépend en grande partie de la religion de l'individu et du fait que sa foi coïncide ou non avec celle des gens au pouvoir dans son arrondissement ou sa province.

L'État allemand est si bien au courant des rancunes intolérantes et querelleuses qui caractérisent ses unités constituantes que l'on trouve, dans le code pénal, des peines pour toutes sortes de délits ridicules que les autres pays civilisés ignorent, s'en remettant au sens commun de la majorité et aux sentiments de bienséance de la nation. Tout ceci est le résultat d'un long déve-

---

(1) Les ramoneurs sont nommés, dans chaque arrondissement rural, par le conseil municipal. Quand les hommes font leur demande, ils doivent répondre à l'éternelle question : quelle est votre religion ?

loppement naturel et non de la législation ; le fait
que des règlements de police sont nécessaires pour
obtenir une tolérance passable parmi les grandes
masses de la nation est un commentaire suffisant de la Kultur allemande.

Nous trouvons un certain humour à regarder
l'individu bourru qui occupe le coin d'un compartiment de chemin de fer et insiste pour que l'on
garde la fenêtre fermée. L'État allemand décore
ses wagons de chemin de fer d'avis qui enlèvent
toute liberté à l' « homme qui occupe le coin ». Un
simple règlement déclare qu'aucune fenêtre ne
peut être ouverte sans que tous les voyageurs de
la voiture y aient consenti. Si l'on considère que
toute voiture de troisième classe en Allemagne
comprend six compartiments séparés par des
cloisons basses, dans lesquels s'assoient cinquante
personnes, on peut se faire une idée de l'impossibilité qu'il y a d'amener tant de Teutons à s'entendre sur un si petit point. Cependant, qu'un
voyageur diffère d'opinion, et tous devront obéir
sans réserve au règlement de police affiché sur les
cloisons.

L'ordre, la paix et la discipline sont imposés et
viennent rarement de l'intérieur, de la conscience
de l'individu. Mais les autorités savent que c'est
le seul moyen de préserver les voitures de chemin
de fer de scènes de conflits sanglants, comme cela
arrive très souvent dans l'atmosphère plus libre
des *Biergarten* (jardins de bière).

Les statistiques données à la fin de ce livre
montrent qu'en dépit des rigoureuses mesures de

la police, près de 300 000 querelles plus ou moins
violentes doivent être réglées annuellement devant les tribunaux correctionnels. L'Allemand
moyen ne respecte les droits et susceptibilités des
autres qu'autant que la loi, plus le sabre et le revolver de l'agent de police, l'obligent à le faire. Il est
toujours sur le qui-vive pour faire valoir ses
droits (*sich geltend machen*) et il lui arrive, plus
d'une fois, de se heurter à quelqu'un qui a reçu
le même genre de culture que lui.

En dépit des ordonnances de police et d'un code
pénal systématique comprenant de très nombreux paragraphes qui défendent toute chose,
depuis le crime jusqu'aux atteintes aux bonnes
manières, l'Allemagne est encore la terre classique
du « moi affranchi ». La philosophie allemande
a plusieurs épithètes maladroites pour définir
cette licence, telles que *das befreite Ich, das losge-
rissene Ich* (1). Emmanuel Kant est l'apôtre de
cette délivrance ; le fond de son système est
l'affranchissement de l'esprit humain, ou du *moi,*
des entraves de la tradition et des coutumes.

Par-dessus tout, l'hommage rendu à la religion
traditionnelle entravait le moi, par conséquent il
était hostile au véritable progrès intellectuel.
Kant a enseigné, et sa doctrine a généralement
été acceptée par l'Allemagne instruite, que le
développement mental, durant les âges précédents, avait fait fausse route.

La suzeraineté de l'Église avait détourné,

_____

(1) Le *moi libéré* ou le *moi déchaîné*. Ces expressions furent
en vogue au début du siècle dernier.

emprisonné et mal dirigé le développement
de la pensée humaine, **partant**, on devait
recommencer, rompre avec la tradition et faire
repartir l'étincelle intellectuelle dans sa vraie
direction, comme un moi entièrement indépen-
dant, affranchi et critique.

Un contemporain, le philosophe du sentiment,
F. H. Jacobi, déplorait que Kant n'eût admis dans
la constitution du monde que des *moi*, tandis qu'un
autre, l'héroïque Fichte, s'emparait joyeusement
de cet idéalisme subjectif sur lequel il construisait
sa théorie de l'Entendement, *Wissenschaftslehre*
(1794). En tant que philosophe de la liberté, il ne
reconnaît pas l'action comme « existante », mais
seulement comme « agissante ». Dans son système, il s'efforce de tout expliquer en partant du
développement du *moi*, tandis que tout le reste
n'est que la nature pure et simple (*Nicht-Ich*) ou
non-moi. La hardiesse et la force morale avec lesquelles il posa ces principes ne furent pas sans effet
sur ses élèves à l'Université d'Iéna ; d'autre part
il n'est pas douteux que la philosophie naturelle
de Schelling et la philosophie mentale de Hegel
ne soient sorties du *Wissenchaftslehre* de Fichte.
Durant la période que Schelling passa à Iéna, il
essaya de prouver l'identité de l'esprit et du
monde extérieur (*Ich* et *Nicht-Ich*).

Tout le mouvement romantique en Allemagne
se préoccupa du problème du *moi*, principalement
de ses phénomènes pathologiques. Il est instructif aussi de constater que, parmi tous les écrivains
du xixᵉ siècle, aucun n'a été plus goûté de l'es-

prit allemand, n'a tenu une plus grande place dans l'estime de l'Allemagne moderne que lord Byron et son égoïsme morbide.

Il était réservé à un non-initié de pousser plus loin la licence de l'égoïsme (1). L'écrivain en question est bien connu dans l'Allemagne moderne, mais son nom est rarement prononcé en Angleterre. Stirner fut le premier à revendiquer catégoriquement des droits illimités pour l'individu. Il se moque de l'objet en soi ; il considère tout ce qui, jusqu'à maintenant, a été tenu comme sacré en matière de religion, de morale et de justice. comme une idée fixe. Une citation de son ouvrage suffira à expliquer son point de vue comme un développement de ce qui avait été dit avant lui et comme un avant-goût de son grand successeur Friedrich Nietzsche.

« L'idée de justice est une idée qui provient de cerveaux fêlés ; elle fut inventée et imposée au monde par un fantôme. Cela n'a pour moi aucune importance qu'une action soit juste ou injuste. Si je suis assez fort pour accomplir une action quelle qu'elle soit, alors *ipso facto* je suis justifié en la faisant. Je suis autorisé par moi-même et je n'ai pas besoin d'autre autorisation ou justification. Une puissance ! voilà ce que je suis. Je suis le puissant, le possesseur du pouvoir. La puissance et la force n'existent qu'en moi, qui suis le fort et le puissant ! »

Nous tenons ici en un mot le bacille de l'abcès

____

(1) *Der Einzelne und sein Eigenthum* (L'individu et sa propriété), par Max Stirner. Publié à Leipzig en 1845.

d'orgueil, la forme de cet égoïsme maladif, dont souffre toute la nation allemande. C'est le *Leitmotif* qui revient constamment dans la vaste littérature de la politique d'agression, qu'elle se fasse l'avocat du militarisme ou de l'expansion navale ou coloniale, mais surtout dans cette section spéciale que forment les auteurs pangermanistes. J'ai devant moi une histoire récente de la philosophie (1), qui expose les enseignements de Max Stirner sous une forme concise :

« Je suis le seul créateur de moi-même et de toutes choses. Je ne m'inquiète de rien, voyant que je suis un être périssable, un rien, ainsi que le prouve ma mort. Voyant que tout n'est que ma création, je suis l'unique (*der Ein-zige*), le seul être original et réel ; donc, je suis le possesseur de toutes choses. Le monde est ma propriété, et puisque je suis l'unique, j'ai le droit d'en faire ce qu'il me plaît, et de m'en servir selon ma volonté. C'est moi seul qui suis l'étalon des valeurs, par conséquent toutes mes déterminations sont basées sur un principe purement égoïste. Tous les motifs qui ne sont pas égoïstes sont des idées fixes qui m'ont été injustement inoculées pendant mon enfance. Non seulement les conceptions de la morale et de Dieu appartiennent à la catégorie des idées fixes, mais celles de l'État, de la société, de l'humanité, et par-dessus tout l'idée de vérité et de raison impersonnelle

(1) *Die Philosophie im zweiten Drittel des neunzehnten Jahrhunderts*, par Arthur Drews, professeur de philosophie à l'Université technique de Carlsruhe. Publié en 1913, à Leipzig.

(*unpersönliche Vernunft*), car il n'y a que la raison
personnelle, et elle est personnifiée par moi. Ce
qu'on appelle vérité est simplement une création
de mon esprit exactement comme tout le reste.
Le monde de mes pensées est gouverné par moi
selon mes goûts, et n'est que la production cons-
tante ou la suspension de mes pensées. L'homme
idéal de Feuerbach est aussi bien un fantôme que
le Dieu des orthodoxes ; l'idée de l'humanité
et de l'amour universel est un dernier vestige
de l'idée de Dieu. Celui qui se targue d'avoir un
idéal ou qui fait partie d'une communauté humaine quelconque est religieux, mais n'est pas rai-
sonnable. Il a une idée de cerveau fêlé (*Sparren*).

« L'individu n'a pas d'autre loi que celle de
vivre selon ce que lui prescrit sa libre volonté ;
ceci est la base du *personnalisme* de Stirner.
Partant de ce point de vue, il n'a de respect pour
rien, ni pour les possessions matérielles, ni pour
les possessions intellectuelles d'autrui, ni pour
sa vie, ni pour ce qu'il tient pour sacré, comme
sa religion, ses convictions, son honneur, etc.
Il ne recule pas devant le parjure ou même les
plus viles atrocités, si cela lui plaît ou aide à son
bien-être. L'amour, l'amitié et la confiance ne
sont que mystification. Il rejette toute espèce de
communisme aussi franchement que l'altruisme.
Son anarchie et son nihilisme personnels sont
des possibilités abstraites qui ne peuvent pas
être réalisées en pratique.

« Cette théorie est un solécisme pur et simple,
bien que Stirner ne l'admette pas, car il ne se fait

pas scrupule d'attribuer la même réalité aux autres *moi*. L'égoïsme est la seule attitude logique du *moi* eu égard à son originalité et à son indépendance.

« La valeur philosophique de l'œuvre de Stirner consiste en ce qu'il a affirmé et défendu sa doctrine dans les détails. Et quelque désagréable que sa brutale sincérité puisse être, il reste encore vrai que Stirner, avec son explication des motifs des actions humaines, est complètement dans le vrai (1). »

Il est intéressant de remarquer ici qu'à l'époque où Dickens, Kingsley, Tom Hood et leur école enseignaient l'humanitarisme, et où les premiers penseurs anglais avaient inscrit sur leur bannière la devise de Jeremy Bentham : « le plus grand bonheur du plus grand nombre », la pensée de l'Allemagne restait introspective, occupée d'elle-même, et perdant ainsi la joie de vivre qui a trouvé de si magnifiques expressions dans les autres littératures. L'Allemagne s'était déjà livrée à l'égoïsme, alors que l'Angleterre déployait la bannière de l'humanitarisme ; et ceci peut expliquer mon opinion que l'idéal national, les bases de croyance, les motifs d'action acceptés par les deux nations sont entièrement différents.

Dickens, avec bien d'autres de son école, ont eu à la fois des admirateurs et des imitateurs en Allemagne ; mais, dans tout le cours de la littérature allemande, il n'y a pas un écrivain qui se

____

(1) Professeur Drews, p. 24-25 de l'ouvrage déjà cité.

distingue comme étant un ami suprême de l'humanité. Cette littérature ne contient ni *Chant de la chemise*, ni *Pont des soupirs*, ni même *le Cri des enfants*. D'un autre côté, elle renferme d'innombrables débordements de *Weltschmerz*, *Sturm und Drang* avec les lamentations personnelles de centaines de Werther. Le romantisme anglais s'est transformé en un mouvement humanitaire, un joyeux altruisme, tandis que l'Allemagne ne s'est jamais libérée de « l'idéalisme subjectif » introduit par le philosophe de Kœnigsberg. En somme, la littérature allemande, depuis plus d'un siècle, n'a guère reflété autre chose que l'idée du moi, et, peu satisfaite de sa propre surproduction, elle a adopté les gémissements, les lamentations et les soupirs de Byron.

Non seulement le sentiment morbide de vanité satisfaite de Byron fut agréable au cœur allemand, mais aussi un autre Anglais, plus grand encore, fut admis dans le giron teuton, je veux parler de Charles Darwin. La « lutte pour l'existence » et « la survivance des plus aptes » dans la nature sont des principes qui font un appel irrésistible aux instincts querelleurs du caractère teuton. Cependant les penseurs allemands ont tort de prendre la lutte pour l'existence, comme elle existe indubitablement dans le monde naturel, pour l'appliquer dans toute sa rude brutalité aux affaires humaines. Ils ont laissé de côté la plus grande leçon de l'histoire de l'humanité, à savoir que le progrès a marché dans le sens de l'élimination de la force brutale,

10.

considérée comme l'agent qui décide en dernier
ressort.

Le philosophe qui a le plus influencé l'imagination de l'Allemagne moderne a été celui qui a
enseigné que tous les différends doivent être réglés
et que tout véritable progrès doit s'accomplir
par les méthodes en vogue parmi les monstres de
l'époque antédiluvienne. Mais dans tout ceci
Friedrich Nietzsche ne s'aperçoit pas que son
enseignement est seulement une explication du
retour au type primitif.

Les ancêtres de Nietzsche s'étaient établis en
Allemagne au début du xviiie siècle. On prétend
que l'un d'eux avait, à ce moment-là, renoncé à
son titre polonais de *Graf* (comte) ; en tout cas
Nietzsche avait l'orgueil démesuré de ses origines
nobles, orgueil qui peut être comparé à celui de
Byron pour ses ancêtres. Nietzsche était né en
1845 à Röcken, village des environs de Lützen,
mais à la mort de son père, pasteur de l'église
luthérienne, sa famille se fixa à Schulpforta, où
le jeune Nietzsche suivit les cours d'une école
secondaire (1). On dit qu'il se montra, dès son
jeune âge, hostile à la religion ; cependant Deussen
raconte que, lorsque Nietzsche fut confirmé à
l'âge de dix-sept ans, il fit montre de pieuses dispositions avant et après la cérémonie.

---

(1) Les sources d'information concernant la vie de Nietzsche
sont limitées ; les principales sont : *Das Leben Friedrich
Nietzsches,* écrites par sa sœur Élisabeth Foerster ; puis un
ouvrage de son ami d'école et d'Université, Deussen, qui devint
plus tard professeur de philosophie de l'Université de Kiel.

Ayant obtenu son *Reifezeugnis* (1), il passa d'heureux moments à visiter les bords du Rhin avec son ami. Ce joyeux voyage, où l'on but pas mal de vin et pendant lequel on entendit de nombreuses sérénades, les amena à Bonn, où ils se firent inscrire comme étudiants à l'Université. Dans un moment d'enthousiasme, ils devinrent membres de la corporation d'étudiants *Franconia* et commencèrent les duels et beuveries de bière en honneur dans la vie universitaire. Nietzsche semble cependant avoir été dégoûté par l'atmosphère de brutalité qui caractérise les corporations, spécialement le *Biermaterialismus,* ce qui l'induisit à cesser ses relations avec la *Franconia.*

Parmi les étudiants, il était considéré comme un garçon original (*sonderbare Kauze*). Pendant l'année qu'il passa à Bonn, il composa la musique du *Manfred* de Byron, travail qu'il ne termina pas. A cause de sa myopie, Nietzsche espérait être réformé au service militaire ; cet espoir ne se réalisa pas, car il fut pris et quitta l'Université en 1867 pour entrer au 4e régiment d'artillerie de campagne à Naumburg. Deux mois après son entrée dans l'armée, un accident de cheval le rendit incapable de terminer son année de service militaire.

Afin de continuer ses études universitaires, Nietzsche se rendit à Leipzig et, pendant qu'il préparait son doctorat en philosophie, il reçut

____

(1) Certificat des écoles secondaires allemandes qui permet à celui qui l'a obtenu d'entrer à l'Université.

une invitation fort inattendue à occuper la chaire
de philosophie classique de l'Université de Bâle
(1869). Un an plus tard, la guerre éclatait entre
la France et l'Allemagne et Nietzsche demandait
au gouvernement suisse la permission de s'enga-
ger dans le service actif ; on refusa d'accéder à
cette demande pour des raisons de neutralité,
mais les autorités suisses lui permirent de s'enga-
ger dans les ambulances. Après une période d'entraînement à Erlangen, il alla sur les champs de
bataille de France, revint blessé à Erlangen, et
sa santé s'altéra sérieusement. A partir de ce
moment et jusqu'à sa mort, Nietzsche ne cessa
pas d'être malade, c'est pour cette raison qu'il
donna sa démission de professeur en 1879.

Ses ouvrages ne semblent pas lui avoir d'abord
attiré d'amis ou l'avoir élevé dans l'estime du
public, mais le vent changea après que Georges
Brandès eut fait à Copenhague, en 1888, une série
de conférences sur la philosophie de Nietzsche.
Celui-ci fut rempli de joie en apprenant que la salle
de conférence était *zum Bersten voll*, pleine d'un
auditoire empressé. A partir de cette date, il devint
le sujet classique de toutes les Universités des
pays de langue allemande, ce qui souleva les critiques et les condamnations des gens à l'esprit
sain (1). Cependant, en dépit de l'hostilité des

(1) Voir l'ouvrage de Nordau sur *Entartungen* (Retour au
type), vol. II, p. 360. « Les professeurs des Universités font des
conférences sur le verbiage d'un fou. Ils méritent le mépris
pour être incapables de distinguer entre la pensée logique et
claire et les imaginations sans liens d'un maniaque en délire. »

milieux ecclésiastiques, les épigrammes de Nietzsche devinrent une partie essentielle de la langue usuelle, quoiqu'on ne les prît pas toujours dans leur véritable sens. Les conceptions comme celles exprimées par les termes « surhomme » et *Herrenmoral* tombèrent sur un terrain favorable.

Durant un voyage en Italie, en 1889, Nietzsche fut frappé d'une attaque de paralysie dans les rues de Turin; ce fut le commencement d'une longue fin, et la mort ne vint que onze ans plus tard. Mais avant que la sombre nuit de la folie n'obscurcît à jamais son intelligence, Nietzsche fut appelé à souffrir du fiel et de l'amertume contenus dans ses doctrines empoisonnées.

Il écrivait : « Quoique je sois dans ma quarante-cinquième année et que j'aie publié quinze livres, dont l'un est le *nec plus ultra* (*Zarathustra*), je suis seul, ridiculement seul en Allemagne. Il n'y a pas une seule analyse modérée et respectueuse d'aucun de mes livres. Maintenant, on m'excuse comme un original, un malade, un fou. Les attaques méchantes et calomnieuses ne manquent pas. Un ton d'hostilité sans frein déborde dans les périodiques savants ou non. Mais comment se fait-il que personne ne proteste? Personne ne se sent blessé quand je suis injurié. Et depuis tant d'années, aucun réconfort, pas une parole d'humanité, pas un souffle d'amour. »

Il n'y a pas de doute que Nietzsche ne s'identifiât plus ou moins avec le type de son surhomme. « S'il y avait des dieux, comment pourrais-je exister sans en être un? » Dans le dernier mois avant que la Némésis ne se saisît de lui, il signait généralement ses lettres ou *Dionysius* ou le *Crucifié*. Cet homme impitoyable ne devint que trop véritablement l'objet d'une pitié très générale et spéciale. Comme pour compléter l'ironie de son sort, sa mort eut lieu le jour anniversaire de la naissance du Christ (25 décembre 1900). Il fut enterré près de ses parents dans le petit cimetière de l'église de Röcken, sans aucune cérémonie religieuse, et un professeur de Leipzig écrivait en 1903 : « Ce fut un moment touchant que celui pendant lequel un jeune étudiant s'avança au bord de la tombe et prononça quelques mots émus de remerciements au nom de la jeunesse allemande. »

On peut trouver un autre tribut d'admiration dans les conférences sur Nietzsche faites à l'Université de Strasbourg par le professeur Ziegler (1).

Son apologie de la vie et des travaux de Nietzsche est basée sur le même fait qui a été invoqué en faveur de lord Byron : l'absence de l'influence d'un père sévère pendant ses années de formation. Ziegler conclut sa conférence par ces mots : « Sa fin est si triste et si tragique que les mots d'Hamlet (*sic*) me viennent involontairement à la bouche : « Oh! quelle noble intelligence a disparu « ici dans la tombe ! »

L'enseignement de Nietzsche sur la volonté qui tend au pouvoir est une doctrine composée presque mécaniquement d'un mélange de doc-

(1) *Friedrich Nietzsche*, par le Dr T. Ziegler, professeur de philosophie à l'Université de Strasbourg.

trines de Darwin et de Schopenhauer. La volonté
dérive du dernier, la lutte du premier, mais
envisagée comme lutte pour l'existence.

Darwin avait en vue le passé de l'humanité
et Nietzsche son avenir. Selon le premier, l'homme
descend du singe ; selon le second, l'homme tend
à évoluer vers le *Uebermensch* (surhomme) (1).
Trois interprétations au moins de l'idée sont possibles : 1º une espèce plus élevée ; 2º une nouvelle
noblesse ; 3º le génie sans égal. Dans *Zarathustra*,
l'idée qui prévaut est celle d'une espèce supérieure :
les dieux descendus de l'homme. Nietzsche
emploie occasionnellement le terme de *Gott-
mensch* au lieu de *Uebermensch* ; mais dans son
dernier ouvrage, l'*Antechrist*, il écrit : « L'homme
est la fin de la chaîne. Le problème que je présente ici n'est pas de savoir quel être naîtra de
l'humanité par évolution successive, mais quel
type d'homme nous devons choisir, nous devons
vouloir comme le plus élevé, le plus désirable, le
plus certain dans l'avenir ». Ici, la conception
est encore humaine, mais dans *Zarathustra* le
surhomme est plus qu'un être humain, en vérité,

(1) Nietzsche ne créa pas le terme de *Uebermensch* ou surhomme. Gœthe l'avait déjà employé avant lui. Les **vers**
suivants, tirés de *Faust* montrent que cette conception était
familière à Gœthe :

Und was der ganzen Menschheit zugetheilt ist
Will ich in meinen innern Selbst geniessen
Mit meinem Geist das Höchst und Tiefste greifen,
Ihr Wohl und Weh auf meinem Busen häufen,
Und so mein eigen Selbst zu ihrem Selbst erweitern,
Und wie sie Selbst, am End auch ich zerscheitern.

il incarne une sorte de prophétie darwinienne.

Quelle que soit l'interprétation cependant, Nietzsche ne cherche pas à éliminer le faible, la foule. Ils excitent son mépris ; la seule justification de leur existence est qu'ils sont nécessaires aux forts. Les surhommes créent leur morale personnelle en la voulant et leur pouvoir en s'affirmant eux-mêmes. Ils déterminent ce qui est bon, noble, élevé et puissant, par comparaison avec ce qui est mauvais, lâche et commun. D'où il résulte qu'ils n'ont à penser qu'à eux-mêmes, et aux autres seulement dans la mesure où les masses servent leurs fins. Ainsi sa philosophie morale est anti-altruiste, c'est une morale du moi, un véritable culte du moi. En opposition avec les sophistes et les prêtres qui, de tout temps, ont combattu la culture du moi (*Selbstzucht*), Nietzsche proclame que l'égoïsme est le salut et célèbre la doctrine de l'affirmation personnelle. Il déclare qu'une morale altruiste qui ne considère que le moi, dans laquelle le moi et son propre développement sont gênés, est en tout cas un mal ; elle témoigne d'une morale étroite, et est un mauvais symptôme pour l'époque où elle prévaut. »

La morale anglaise était et est restée utilitaire non pour le profit du moi individuel, mais pour le bien-être de la communauté, « le plus grand bonheur pour le plus grand nombre », ou, comme le professeur Ziegler l'écrit : « La morale anglaise est altruiste d'un bout à l'autre ». Nietzsche considère ce système comme une « morale d'esclaves », une morale dans laquelle les intérêts de la communauté sont protégés ou sélectionnés, pour employer l'expression darwinienne. Il n'y a pas de morale unique pour tous, dit Nietzsche : ou bien elle est utile aux esclaves (c'est-à-dire aux masses) ou bien elle est utile aux maîtres, les surhommes. Par conséquent, à bas l'utilitarisme anglais, qui est une morale d'esclaves ; les élus, les nobles et les puissants doivent obliger les autres à faire leur volonté et doivent l'accomplir eux-mêmes. En un mot, c'est l'*Herrenmoral*, la morale qui permet au surhomme toute licence pour affirmer son individualité, qui sacrifie au besoin tous les autres individus et leurs droits afin de favoriser sa sélection. Le surhomme est l'idée que Nietszche se faisait du plus apte, et sa morale du surhomme est le système et le procédé de sélection le mieux calculé pour produire ce type. *Herrenmoral* est l'égoïsme, *Sklavenmoral* est l'altruisme.

Ces prémisses nous montrent pourquoi Nietzsche a été un ennemi invétéré du christianisme. L'enseignement fondamental du Christ se base sur « que votre volonté soit faite », tandis que le philosophe fou proclame « ma volonté à tout prix ». Le Fils de l'homme s'est sacrifié pour le monde, mais le surhomme sacrifie, au besoin, le monde pour son bien à lui ! Le christianisme est l'abnégation de soi-même, le nietzschéisme la revendication des droits de l'individu, et leur glorification. Les plus violents reproches de Nietzsche contre le christianisme lui furent inspirés par ce fait qu'il considérait que l'influence de cette religion affaiblissait la volonté et conduisait à l'altruisme. Nous verrons, dans d'autres chapitres sur la vie et les institutions allemandes, jusqu'à quel point ce poison a pénétré l'Allemagne moderne et ses institutions ; maintenant, il est préférable de montrer l'attitude de Nietzsche vis-à-vis de la femme, l'être le plus faible. Elle n'a pas de mission plus élevée que d'être le jouet et l'éleveuse d'enfants du surhomme. Dans *Zarathustra*, il écrit : « Un homme d'esprit profond ne peut penser aux femmes qu'à la manière orientale ; c'est une marchandise qui peut être mise sous clef ». Dans un autre endroit il écrit : « Vous allez parmi les femmes? alors, n'oubliez pas de prendre un fouet ».

Son opinion sur la guerre, principalement aujourd'hui, n'est pas sans intérêt : « C'est un rêve oiseux que d'attendre beaucoup, ou même quelque chose de l'humanité, quand elle a oublié comment on fait la guerre. Pour le moment, nous ne connaissons pas d'autres moyens de stimuler les nations assoupies et décadentes que ceux qui sont employés dans la rude énergie des champs de bataille : cette profonde haine impersonnelle, ce meurtre de sang-froid et en pleine conscience, cette joie générale organisée, passionnée de la destruction de l'ennemi, cette orgueilleuse indifférence aux grandes pertes, fût-ce la perte de sa propre existence ou celle de ses amis, ce profond choc de l'âme, semblable à un tremblement de terre, que toute grande guerre produit. Pour les peuples très cultivés et languissants de l'Europe moderne, la guerre est une nécessité et ils ont besoin non seulement de guerres, mais des plus grandes et des plus terribles guerres, c'est-à-dire de retours passagers à la barbarie, afin que les choses qui ne sont que des moyens de culture ne leur fassent pas perdre leur culture et leur existence. »

En dehors des ouvrages publiés pour la bibliographie de Nietzsche, il est un autre livre qui n'a pas paru. Pendant sa vie, le philosophe écrivit une autobiographie intitulée *Ecce Homo* ; sa sœur en a publié une édition privée, mais on ne peut pas se la procurer. Une excellente analyse de cet ouvrage a paru dans *Das preussische Jahrbuch* (1909). Nietzsche répétait souvent : « Quand *Ecce Homo* sera publié, je serai le plus grand homme de la terre! » L'ouvrage en question est un record d'égoïsme maladif. Celui qui en a fait l'analyse n'était évidemment pas un admirateur de Nietzsche, car il déclare que dans *Ecce Homo* l'auteur se met lui-même au niveau d'un dieu. Nietzsche croyait à la réalité de son idéal de *Zarathustra* ; sa forte inclination à la déification de lui-même fait tomber le masque, le moi souverain brise les derniers instincts gênants et vit sous l'influence d'une volonté sans frein. En termes fort peu mesurés, l'auteur de la critique condamne Nietzsche à l'oubli, et, en même temps, il admet que ses enseignements sont un poison de la pire espèce. « Un tel anarchiste, qui se considère comme un dieu, peut-il être un maître de

l'humanité? Parmi ses milliers de lecteurs, y en
a-t-il trois capables de tirer un peu de bien de ces
explosifs destructeurs? *Ecce Homo* fera ouvrir
les yeux à beaucoup d'admirateurs qui, jusqu'ici,
les avaient gardés fermés en dévote adoration. »

CHAPITRE VIII

Treitschke — prophète et historien.

Nietzsche à lui seul n'aurait pas pu devenir l'inspirateur de l'effort national de l'Allemagne pour obtenir la domination du monde ; ses enseignements auraient probablement abouti à la désorganisation, à moins que quelque autre force ne les eût neutralisés ou que ses théories n'eussent reçu une application plus générale. L'homme qui était destiné à faire passer l'agression individuelle de Nietzsche dans un domaine plus large et à créer ainsi un danger international était aussi d'origine étrangère.

Heinrich von Treitschke descendait d'une famille tchèque qui s'était établie en Allemagne dans la seconde moitié du xviie siècle ; ceux qui l'ont connu déclaraient que son facies et son tempérament physique étaient restés tout à fait slaves, même après ce laps de temps de deux siècles.

Treitschke (1) était né à Dresde en 1834. Comme

---

(1) *Erinnerungen an Heinrich von Treitschke*, par Adolf Hausrath. Cet ouvrage est un exemple de l'adoration enthousiaste et sans critique que l'on peut avoir pour un héros.

écolier et jeune homme, il montra une intelligence et une personnalité remarquables. Son père était officier et on entretenait l'espoir que le jeune Treitschke choisirait la carrière militaire, mais ce désir fut anéanti par suite de sa surdité qui devait durer toute sa vie et qui résultait d'une sérieuse maladie contractée dans l'enfance. En 1849, il fut témoin des conséquences sanglantes de la révolte de Dresde ; il n'y a pas grand'chose à raconter sur ses années de jeunesse, excepté le fait qu'en quittant l'école classique son certificat témoignait de ses succès, spécialement en histoire. Sa première année d'étudiant se passa à Bonn ; il est digne de remarque que Treitschke ne se sentit pas attiré vers les corporations d'étudiants ; leurs exploits « colossaux » en beuveries de bière qui dégénéraient si souvent en luttes le dégoûtaient. A cause de sa surdité, il assistait à peu de conférences, mais il se consacrait avec un grand zèle à l'étude personnelle.

Une des caractéristiques de la vie universitaire allemande est qu'un étudiant reste rarement plusieurs années dans la même Université. Après une ou plusieurs périodes scolaires, il reçoit son certificat d'inscriptions et, suivant son inclination, passe dans une autre Université. Tandis qu'Oxford ou Cambridge peuvent réclamer tant de grands hommes anglais, aucun des hommes célèbres d'Allemagne n'appartient à une seule Université. L'*Alma mater* de l'Allemand est l'Université dans laquelle il a obtenu ses diplômes ; bien souvent il n'a pas passé un semestre complet dans cette Université. C'est ainsi que le nom de Treitschke est associé avec Bonn, Leipzig, Tübingen et Heidelberg. C'est dans cette dernière Université qu'il passa son doctorat ; c'est là aussi qu'il entra en conflit avec une corporation d'étudiants, la *Saxo-Borussen*, ce qui se termina par deux provocations et un duel.

J'ai décrit tout au long, dans un autre chapitre, les méthodes brutales des étudiants qui font partie des *Corps* et j'ai montré leur mépris hostile pour les étudiants non incorporés (*Obscuranten*).

Un soir, Treitschke se trouva entouré par un assez grand nombre de jeunes gens appartenant à la société que je viens de nommer. Ils espéraient sans doute l'humilier, pour le punir de l'antipathie qu'il avait pour eux. Pendant l'altercation, l'un d'eux appela Treitschke *ein dummer Junge* (stupide jeune homme). Celui-ci demanda immédiatement réparation aux pistolets. Le duel eut lieu sans effusion de sang ; les autorités, cependant, ayant entendu parler de l'affaire, le Sénat condamna Treitschke à huit jours de *Karzer* (1) non pour le duel lui-même, délit pour lequel aucun des combattants ne fut puni, mais pour le fait d'en avoir été le provocateur. Peu de temps après, Treitschke obtenait son diplôme avec son certificat de sortie.

Il est d'usage que le secrétaire de l'Univer-

______

(1) Mot d'argot d'étudiants signifiant prison de l'Université.

sité inscrive tous les manquements à la discipline universitaire, ainsi que les punitions, sur le certificat de sortie ou *Ex Matrikel.* En conséquence, le certificat de Treitschke enregistra ses deux provocations et ses huit jours de détention, mais c'est une erreur de dire qu'il fut chassé pour ses fautes (1). Si les étudiants allemands étaient renvoyés pour de telles affaires qui arrivent journellement, quoique désormais les duels au pistolet soient interdits, environ 40 p. 100 de la jeunesse universitaire serait obligée de suivre une autre voie. Avant la fin de sa deuxième année, le futur historien retourna dans son *home* familial avec le grade de docteur en philosophie (1855). Il n'avait pas encore fixé son choix quant à son avenir ; sa nature fougueuse, combative, le poussait vers la carrière militaire, mais elle lui était fermée par son infirmité. Les années de 1855 à 1866 le virent très irrésolu et changeant constamment jusqu'à ce qu'il devînt bismarckien.

L'idéal de l'unité allemande était pour lui une obsession et cet idéal a mon entière sympathie. Treitschke avait déjà parlé et écrit sur ce thème. Un poème de jeunesse exprimait le désir passionné de voir l'unité fondée par l'épée, et cette prophétie s'accomplit en 1871. Il est assez curieux de constater que, pendant plusieurs années, le milieu dans lequel il vécut n'était pas celui dans lequel

(1) C'est ce que soutient M. Joseph Mac Cabe dans son ouvrage sur Treitschke. Le récit complet de ces incidents se trouve dans le livre de Schiemann, *Heinrich von Treitschke Lehr und Wanderjahre.*

un apôtre de l'unité allemande pouvait trouver aide ou inspiration. Certainement Treitschke eut assez peu de soutien à Gœttingen (Hanovre) ou à Leipzig (Saxe). Les gouvernants des plus petits États allemands, pour des raisons de sécurité personnelle, étaient très hostiles à ces idées ; et, pendant dix ans, le futur glorificateur de la Prusse vécut et enseigna le *Prussianisme* dans les petits États. A Gœttingen (1856), Treitschke se consacra à la poésie, mais sa trempe d'esprit viril le conduisit finalement en 1857 à s'installer à l'Université de Leipzig, où il espérait que l'influence paternelle lui permettrait d'obtenir un poste de professeur. Pendant un an, il travailla avec ardeur une question de science sociale, soumit cet essai à la Faculté qui l'approuva et, avec la permission du gouvernement saxon, on lui accorda la *venia legendi* ou le droit de faire des conférences universitaires.

Ses tendances libérales et prussiennes devinrent bientôt trop évidentes et donnèrent aux autorités des inquiétudes considérables. En 1859, son père l'avertit que le ministre de l'Instruction publique, parmi d'autres membres du gouvernement, avait exprimé des opinions qui étaient un mauvais présage pour le jeune conférencier. Le père de Treitschke ajoutait que personne ne devait être titulaire d'un poste au service de l'État, s'il n'acceptait aussi l'État tel qu'il était. En réponse, son fils établit la doctrine de l'*akademische Lehrfreiheit* (1) (la liberté du professeur à l'Univer-

(1) J'ai déjà traité ce sujet page 69.

11.

sité), défense qui satisfit apparemment le père. Malgré cet avertissement, Treitschke continua à faire de la propagande prussienne ; cependant le résultat prouva clairement qu'aucun État allemand ne tolère un professeur dont les enseignements sont contraires à ses désirs et à ses intérêts.

A ce moment l'hostilité de Treitschke pour les petits États augmenta rapidement. Sa principale objection venait de leur faiblesse ; car ils manquent de cette puissance qui est la première et la seule justification de l'existence d'un État. Cette haine fut sans doute d'abord dirigée contre la Bavière, la Saxe, le Hanovre, etc., parce qu'ils empêchaient la réalisation de son rêve politique, l'union des peuples allemands sous un seul gouvernant, le Kaiser allemand ; plus tard, cela devint chez lui un antagonisme de principe contre tous les petits États quels qu'ils fussent.

Il n'est pas étonnant que les autorités saxonnes l'aient regardé avec suspicion, car la jeunesse universitaire partagea son enthousiasme et se porta en foule à ses conférences. Il dut aller d'une salle de conférences à une autre jusqu'à ce que la plus grande salle de Leipzig fût devenue trop petite pour contenir ses auditeurs empressés. Mais la crise éclata bientôt ; il déclara à une de ses conférences qu'il était regrettable que la Saxe n'eût pas été annexée à la Prusse en 1815 ; une rupture s'ensuivit. En fait, on lui demanda de partir, et comme il avait depuis quelque temps le désir d'écrire une histoire de la Confédération germanique, il annonça son intention de se consacrer pour un temps à ce travail de recherches. Les étudiants signèrent une pétition pour lui demander de rester ; son père lui écrivit qu'après avoir été général saxon pendant cinquante ans, il était profondément blessé que son fils fût devenu un apôtre de la Prusse.

Treitschke se retira à Munich où il appliqua son esprit fougueux, avec un enthousiasme sans limites, à l'histoire de la confédération germanique. Quelques années après, il retourna à Leipzig, mais il reconnut qu'il lui était impossible d'enseigner de nouveau dans une Université saxonne. Il accepta, en 1864, une invitation de l'Université de Fribourg (Bade), mais la mesquinerie qui régnait dans les hautes classes et dans les milieux universitaires lui créa une atmosphère très peu sympathique.

Durant son séjour à Fribourg, il obtint de Bismarck la permission de consulter les archives de l'État prussien ; cet incident amena le grand homme d'État à lui offrir un emploi en Prusse ; mais Treitschke avait d'autres vues que Bismarck sur la politique intérieure, en dépit de leur mutuelle passion pour l'unité de l'Allemagne. Treitschke retourna à Bade en 1866. Là, il se fiança avec Emma von Bodmann qui devint plus tard sa femme ; tandis qu'on célébrait ses fiançailles, il fut obligé de fuir.

Bade se mit du côté de l'Autriche dans la guerre de 1866 et la vie de Treitschke ne fut plus en sûreté à Fribourg. Il retourna à Berlin ; mais cette fois, étant sans situation, il fut heureux d'accepter l'offre de Bismarck qui lui proposait un poste à l'Université de Kiel. A partir de cette année, ses tendances libérales s'affaiblirent rapidement, jusqu'à ce qu'en digne partisan de Bismarck, ses opinions devinssent aussi conservatrices que ses maîtres prussiens pouvaient le désirer.

L'absorption du Schleswig-Holstein par la Prusse était tout à fait conforme à ses idées politiques et inspira probablement son ouvrage: *L'avenir des États du Nord de l'Allemagne* (1866). Il y plaida leur complète annexion par la Prusse et, sans s'occuper de la position officielle de son père en Saxe, il attaqua furieusement la maison royale de Saxe, ce qui causa une rupture entre lui et ses parents. Une réconciliation eut lieu, cependant, peu de temps avant la mort de son père, en 1867.

De Kiel, Treitschke fut envoyé à Heidelberg où il établit finalement sa réputation d'historien et de publiciste. Un de ses collègues, qui devint plus tard son biographe, Adolf Hausrath, fait à cette époque un portrait de lui où il le montre grand et maigre, fougueux et énergique. Doué du don de l'éloquence, il captivait les cœurs des étudiants, enflammait leur imagination par ses idées et, quand la guerre éclata, il surexcita au plus haut point leur enthousiasme. Comme sa surdité l'empêchait d'entendre la sonnette qui signalait la fin de ses conférences, Treitschke demandait toujours à un des étudiants assis au premier rang de lui faire signe de s'arrêter. Mais ils étaient tellement sous le charme de son éloquence que le signal était rarement donné et le conférencier dépassait souvent le temps d'une demi-heure. Ses conseils aux étudiants soldats partant pour le front en 1870 : « Faites des conquêtes à tout prix » trahissent l'intense émotion avec laquelle il suivit la lutte. La victoire et la fondation de l'Empire allemand lui apportèrent, à lui, le *Kaiserherold*, une réelle joie (1).

Durant l'année 1871, Treitschke fut élu au Reichstag et en resta membre jusqu'en 1888. Bien qu'il eût appris le langage des sourds-muets, il était obligé de s'asseoir à la table de la presse pour suivre les débats en lisant les notes sténographiées des reporters. Sa popularité et son influence étaient maintenant assurées, de sorte que sa nomination à la chaire d'histoire de Berlin (1874) ne fut que la réalisation naturelle d'un rêve longuement caressé. Là, les jeunes Allemands se précipitèrent en foule pour l'écouter, comme si sa voix était celle d'un prophète ou d'un oracle. En ce temps-là, les femmes n'étaient pas admises dans les Universités allemandes ou elles l'étaient à titre d'auditrices avec la permission du professeur. Treitschke refusa aux femmes le droit d'assister à ses conférences, quelque motif que l'on fît valoir.

Il n'avait de sympathie ni pour les Juifs ni

---

(1) La Bavière garda des privilèges spéciaux en ce qui concerne certaines questions bavaroises. Ce fait remplit Treitschke de dégoût. Il avait espéré un balayage complet et il suspectait Bismarck de faiblesse à ce sujet.

pour les *Sozialdemokraten*; il attaqua les premiers,
à la fois dans ses discours et dans ses pamphlets,
et il reçut quelques répliques amères de la race
opprimée. Son attitude à l'égard des seconds est
compréhensible, parce que l'élévation de la démo-
cratie allemande, le quatrième État, semblait
menacer ses conceptions de l'État tout-puissant.

« Treitschke considérait ce mouvement à son
propre point de vue, au point de vue de toute la
nation, de l'État et de l'autorité de la couronne.
Sur chacun de ces points, il se sentit blessé par
la révolte désordonnée d'une classe, par ses
déclamations internationales et antinationales.
Il avait toujours placé l'État au-dessus de la
société et maintenant une portion de la société
voulait violer les droits de l'État dans son intérêt
personnel. La demi-éducation et la présomption
du quatrième État et de ses agitateurs lui
semblaient un danger pour la civilisation de son
pays (1). »

Treitschke fut un aristocrate par sa personnalité et son intelligence. Il n'a jamais été un libéral
dans le vrai sens du mot, et en 1879 il abandonna
les libéraux nationaux pour s'identifier entièrement avec le parti de Bismarck. Son influence
au Parlement, bien que moins entraînante qu'à
l'Université, était cependant puissante et ses
discours lui valaient une respectueuse attention.
En matière religieuse, il se disait libre penseur,
mais il y a de sérieuses raisons de croire que son

____

(1) *Heinrich von Treitschke*, par Erick Marcks (1906).

attitude changea considérablement dans la dernière partie de sa vie.

Jusqu'ici, je n'ai mentionné que brièvement la source réelle de son influence ; il faut maintenant la considérer plus complètement. En se déclarant pour la cause de l'unité allemande, il proclama un ardent désir qui s'était endormi dans le cœur de l'Allemagne depuis bien des années. Treitschke prêcha l'union, Bismarck la réalisa ; tous deux ont été, d'une façon frappante, les hommes du moment. Ils furent de ceux qui obligèrent un grand mouvement, jusque-là informe et impuissant, à prendre une forme tangible et concrète. Bismarck fut l'homme d'État, Treitschke, le prophète. Son appel fut un évangile brûlant, un feu ardent de nationalisme. Par lui, le passé de l'Allemagne apparut avec de nouvelles couleurs, et son avenir fut rempli de nouveaux espoirs.

Dans sa méthode historique, Treitschke ne fut pas un pionnier ; d'un autre côté, en glorifiant le passé de son pays, il ne fit rien de nouveau. Son histoire devait s'étendre de l'année 1815 à son temps, mais, en réalité, il n'est arrivé qu'à l'année 1848. Le premier volume parut en 1879 et le cinquième en 1894, deux ans avant sa mort. Pendant ces années, cet ouvrage fut considéré comme la plus belle contribution à la littérature allemande de cette époque. Dans l'introduction, il traite de l'histoire de l'Allemagne de 1648 à 1815, puis il se plonge dans son sujet qui est le développement germano-prussien jusqu'à la constitution de l'Empire. Tout ce qui avait favorisé ce mouvement, il s'y attache et il le loue, tandis qu'il condamne sans hésiter tout ce qui s'était opposé à la réalisation de son idéal. Cependant cet ouvrage n'est pas une histoire de la Prusse dans le sens de l'*Histoire du peuple anglais* de Green, mais c'est plutôt une glorification de la maison régnante de Prusse, des Hohenzollern.

Treitschke voulait que son ouvrage fût plus qu'un simple récit, il désirait qu'il servît de base au nationalisme allemand, et qu'il fût un instrument d'agitation et de propagande. Dans ces limites, l'histoire de Treitschke obtint un succès complet. D'ailleurs, le fait de cultiver l'esprit national allemand ou de chanter les louanges de son passé à un public allemand ne mérite aucunement la censure. La chose illicite et nuisible dans l'œuvre de Treitschke et de son école est ce qu'ils considèrent comme le développement logique de leurs théories. Le monde entier admira la lutte que soutint l'Allemagne pour faire son unité, montrant ainsi son approbation pour ce grand effort. Mais le succès et la victoire furent, pour Treitschke, les précurseurs d'un événement plus grand encore. Une Allemagne unifiée était destinée à devenir une Allemagne mondiale. C'est l'essence de l'enseignement qu'il prêcha avec toute la force d'une personnalité fougueuse et entraînante, et la génération à laquelle il s'adressait, déjà enivrée par la victoire nationale, l'écoutait avec des oreilles complaisantes.

De même qu'en 1870 il avait exhorté les étudiants à « faire des conquêtes à tout prix », de même maintenant il enseignait à la nation allemande à dominer le monde à tout prix et par n'importe quel moyen. L'État prussien était devenu l'Empire allemand, lequel à son tour devait être le sur-État de la terre.

Le développement de ce rêve coïncide très exactement avec l'accroissement de la haine de Treitschke pour l'Angleterre. Il aurait été attristé, en vérité, s'il s'était rendu compte que ce pays était le plus grand obstacle à la réalisation de ses espoirs.

« Treitschke vit quelques-unes de ses idées mises en pratique par l'expansion navale allemande (1884), et sa haine pour l'Angleterre, qu'il avait autrefois aimée, admirée, et qui, à une époque de sa vie, avait eu tant de valeur pour lui, cette haine devint partie intégrante de son être, ainsi que ce fut le cas pour beaucoup d'hommes de la génération de 1870.

« Le dénigrement de l'Angleterre et de sa puissance, la haine de l'égoïsme national anglais devinrent pour lui des dogmes et il fit beaucoup pour en imprégner l'opinion publique allemande (1). »

Un passage frappant écrit de la plume même de Treitschke montrera mieux son attitude envers l'Angleterre. Ce passage est pris dans *Zehn*

____

(1) *Heinrich von Treitschke,* par Erich Marcks, p. 55 ; conférence faite le jour du dixième anniversaire de la mort de Treitschke. Cette conférence fut faite partout en Allemagne et publiée à Heidelberg la même année (1906).

Jahre Deutscher Kämpfe (Dix ans de luttes allemandes, p. 172). « Il importe peu qu'on ait une
haute estime pour la liberté britannique ; il est
un fait indiscutable, c'est que l'Angleterre
moderne est un pouvoir réactionnaire parmi la
communauté des nations. Son pouvoir mondial
est un anachronisme patent ; il est fondé sur ces
bons vieux temps pendant lesquels les guerres
entre nations étaient gagnées par des batailles
navales et des bandes de mercenaires payées,
quand l'État ne regardait pas à voler et à accu-
muler des forteresses navales bien situées et des
dépôts de charbon dans tous les pays de la terre,
pays dont on ignorait absolument la nature et
l'histoire. Dans ce siècle de grands États nationaux et d'armées nationales, un semblable pouvoir
commercial et cosmopolite ne peut pas se maintenir d'une façon permanente. Le temps doit
venir où Gibraltar appartiendra à l'Espagne,
Malte à l'Italie, Héligoland à l'Allemagne, et
ainsi de suite. Il peut très bien arriver que lorsque
l'Angleterre sentira ses intérêts vitaux en danger,
elle étonnera le monde, une fois de plus, en dé-
ployant un courage résolu. Mais la vigilance de
ses hommes d'État est devenue par trop étroite
et leur vue mondiale (*Weltanschauung*) trop vieil-
lotte dans ses limites et dans son esprit conservateur suranné, ainsi que le fut jadis la politique
des Pays-Bas en décadence. Trop riches, rassa-
siés, vulnérables en des centaines de points de
leurs vastes possessions, les Anglais sentent
qu'ils n'ont rien de plus à souhaiter dans le vaste

monde. En outre, ils savent qu'ils n'ont pas d'armes avec lesquelles ils puissent lutter contre les jeunes et grands pouvoirs de ce siècle, excepté les forces usées des temps passés. L'Angleterre est le représentant impudent de la barbarie en matière de loi internationale. C'est sa faute si la guerre navale a encore le caractère d'un vol privilégié, ce qui est un attentat à l'humanité. C'est son opposition au congrès de Bruxelles qui a contrecarré les propositions de l'Allemagne et de la Russie à limiter les horreurs de la guerre sur terre. Elle fut l'avocate bruyante, mais, grâce à Dieu, lâche, des droits danois au Sleswig-Holstein.

« Et devant tout cet amas d'exemples de son incapacité, en face des étroits préjugés qui règnent dans la diplomatie britannique, allons-nous, nous Allemands, regarder ce pays comme le noble défenseur de la liberté internationale et de l'équilibre européen? »

On peut trouver beaucoup d'attaques similaires dans les écrits de Treitschke, spécialement dans *Die Politik*. Les lecteurs qui savent avec quelle circonspection les professeurs écrivent, peuvent aisément concevoir combien les déclamations de Treitschke étaient plus enflammées lorsqu'elles étaient faites devant des étudiants. La force de l'Allemagne, sa préparation minutieuse contrastaient avec la prétendue décadence et la faiblesse de l'Angleterre, et lui permettaient de conclure facilement que l'Allemagne était, par le cours naturel des événements, destinée à déposséder le voleur stérile et à rajeunir le monde.

Dans les milieux anglais, il pourra sembler encore incompréhensible à quelques esprits que de telles doctrines aient pu pénétrer dans une grande nation. Par-dessus tout, il faut comprendre que Treitschke captiva les intellectuels de son temps ; sa chaire d'histoire de Berlin ne fut qu'une des chaires parmi tant d'autres d'où son enseignement se répandit ; bientôt ses élèves l'occupèrent, ainsi que toutes les chaires d'histoire des Universités allemandes.

Les idées de Treitschke ne se propagèrent pas seulement par la presse et la parole; il est facile de démontrer comment presque tous les Allemands instruits ont subi son influence à l'école. Avant d'être nommé dans une école de l'État, tout professeur doit avoir étudié dans une Université; ce règlement s'applique également aux professeurs d'histoire. Il n'est donc pas le moins du monde extraordinaire que les plus ardents ennemis de l'Angleterre aient toujours été les professeurs des écoles et des Universités allemandes. Professeurs et directeurs d'école ont puisé leur hostilité à l'Université qui en est la source principale.

En 1911, il y avait plus de 300 000 jeunes Allemands entre dix et vingt ans dans les écoles secondaires de l'État et 212 000 élèves dans les écoles secondaires de filles. Si on considère que l'évangile d'une Allemagne mondiale fut promulgué par Treitschke il y a quarante ans, il est facile de comprendre qu'il y ait extrêmement peu d'Allemands dans cette génération qui n'aient été, à une période ou à une autre, sous son influence.

Quoiqu'il soit facile de démontrer la faiblesse de cette affirmation que l'Angleterre est en décadence et débile, tandis que l'Allemagne est forte et capable, on peut aisément expliquer pourquoi cette idée a été si bien accueillie par toute la nation. Le caractère allemand est particulièrement enclin à l'envie et sensible à la flatterie. Le grand passé de l'Angleterre et son splendide présent alimentaient les feux de l'envie teutonne. En même temps, la prophétie d'une Allemagne enchaînant le monde flatta la nation. Il n'est jamais venu à l'esprit de Treitschke que le seul système qui puisse espérer avoir l'approbation générale de l'humanité est celui qui satisfait le mieux les besoins matériels et les aspirations du *moi* humain.

Si l'on compare les systèmes des deux États, on pourra prouver d'une façon concluante que l'Allemagne n'a pas évolué vers un idéal plus élevé de liberté, de justice et d'honneur que celui qui est pratiqué par l'Angleterre. Treitschke savait mieux que la plupart des Allemands, qu'en ce qui concerne les qualités et les principes qui permettent l'émancipation de la race humaine, l'Angleterre surpasse ce que l'Allemagne a de mieux à offrir. Il déclare que ce que nous considérons comme ayant une véritable valeur comme culture, est de l'hypocrisie anglaise, de l'utilitarisme sentimental, l'idéal de l'école de Manchester, et il n'en fait aucun cas. A leur place, comme nous le verrons dans le chapitre suivant, il offre à l'humanité une pierre en guise de pain, sous forme de force brutale idéalisée, qui est, suivant son évangile, la grande force civilisatrice et émancipatrice du monde.

CHAPITRE IX

L'ÉTAT ET SA MORALE SELON TREITSCHKE.

Nietzsche considérait l'individu comme le centre de toutes choses, et se basant sur la doctrine évolutionniste de la lutte pour l'existence qui ne fait survivre que les plus aptes, Nietzsche réclamait une licence illimitée pour l'individu qui prend part aux batailles de la vie. Au point de vue de l'individu, les enseignements de Treitschke sont la négation complète de ceux de Nietzsche ; il refuse à l'individu tout droit et toute liberté, excepté ceux dont il jouit dans l'État et pour celui-ci. Mais ces revendications, que le philosophe demandait au nom de l'individu, l'historien les réclame pour son État déifié, qui, en réalité, est un *moi* exalté. Selon Treitschke, l'individu existe seulement pour travailler à la prospérité de l'État ; en retour, ce dernier le protège ou le sacrifie à sa prospérité.

L'auteur de *Die Politik* (1) déclare expressé-

(1) *Die Politik* est un ouvrage en deux volumes contenant 900 pages. Il ne fut pas écrit par Treitschke, mais il contient les conférences faites par lui à l'Université de Berlin, telles

ment que l'homme ne doit pas être employé comme un instrument, et il soutient cette idée en citant Kant, mais il contredit sa propre doctrine au moins dans deux passages différents (1). « L'État ne demande pas en principe à l'individu quelle est son opinion, mais il lui demande d'obéir. Les lois doivent être observées, que ce soit volontairement ou obligatoirement ». « Ce serait une vaine présomption de la part de l'individu de croire que l'État doit être considéré par les citoyens comme un moyen d'atteindre leurs fins. D'un autre côté, l'individu doit se subordonner lui-même à l'État, tandis que, en retour, l'État intervient avec bienveillance (*eingreifen*) dans la vie des citoyens pour les protéger ». Désormais, on trouve l'influence de Nietzsche dans la vie des Allemands en tant qu'individus, et celle de Treitschke dans la vie nationale, dans les relations de l'Allemagne en tant qu'État avec d'autres États, et dans son gouvernement intérieur. Ces deux écrivains furent les apôtres de l'agression sous deux formes différentes : le premier de l'agression individuelle, le second de l'agression collective.

Treitschke consacre de nombreuses pages à la définition de l'État. « C'est, dit-il, l'union légale d'un peuple existant comme pouvoir indépen-

qu'elles avaient été rédigées par M. Cornicelius en s'aidant des notes des étudiants. Cet ouvrage fut publié en 1897, un an après la mort de Treitschke. *Die Politik* contient les enseignements de Treitschke au sujet de l'État et de la politique.

(1) *Die Politik*, vol. I, p. 35, 68.

dant » ou « l'État est le pouvoir public organisé pour la défense et le défi », ou encore « c'est la somme totale des volontés individuelles d'un peuple ». Mais l'idée fondamentale qui se trouve sous ces termes différents est toujours celle du pouvoir. Treitschke regardait l'État comme la personnification de la force de toutes ses unités ; la réunion en lui-même de toutes les forces nationales est la fin et le but de l'État, c'est-à-dire que l'État lui-même est sa propre fin et son propre but. De là, il résulte que le pouvoir est le premier principe de l'État, sa raison d'être est la volonté. La doctrine de Nietzsche pour l'individu, la volonté du pouvoir, se trouve appliquée ici sur une échelle infiniment plus grande.

On peut se demander ce qu'est l'État allemand dans la vie actuelle, car les définitions qu'on en donne ne sont pas claires. Ce n'est que la tête couronnée, le pouvoir militaire et la bureaucratie, c'est-à-dire, en réalité, le monarque et les quelques vingtaines d'hommes qui conçoivent et dirigent la politique du pays.

Toutes les impulsions viennent d'en haut, c'est-à-dire que la volonté de cet État, petit mais réel, est imposée à la masse formant la communauté. Aucun Allemand ne s'identifie jamais avec l'État. Le vulgaire en parle avec une crainte respectueuse ou avec antipathie. Il est parfaitement prévenu qu'il ne peut exercer aucune influence sur ses délibérations, mais que, dans certaines conditions, cet État peut disposer de son corps, de son âme et de tous ses biens.

Dans leur ensemble, les Allemands ont une confiance illimitée dans l'État, et cette croyance est basée sur une solide expérience, car l'État les conduisit à la victoire en 1870, et depuis ce temps il a organisé les forces militaires, navales, commerciales, économiques et intellectuelles du pays d'une façon qui n'a jamais été atteinte dans l'histoire du monde. Il y a là un grand danger, parce que le pouvoir qui en résulte a une énergie latente qui n'est pas sous le contrôle de la nation. Une coterie développe la force nationale et a des droits illimités pour déterminer l'objet pour lequel elle sera employée.

La guerre actuelle fournit un frappant exemple des doctrines de Treitschke et de leur application. Durant la période qui s'étend du 25 juillet au 31 juillet 1914, l'État allemand fit ses derniers préparatifs pour la guerre ; le 1er août, il déclara la guerre à la Russie et quatre jours plus tard le Reichstag se réunit pour donner son consentement. En cette occasion, la démonstration théâtrale du Kaiser pour obtenir l'unanimité complète des divers partis fut une récompense à bon marché qu'il donna à la nation pour l'avoir privée du droit de se décider elle-même dans une question concernant ses destinées. La représentation nationale fut mise en présence d'un fait accompli, la guerre, et elle ne pouvait prendre aucun autre parti que celui de donner son appui complet. Toutes les paroles postérieures de l'empereur et de ses orateurs, protestant que les Allemands combattaient pour leurs *homes* et leur existence nationale, peuvent être rangées dans la catégorie des fourberies de l'État. Il est clair que l'Allemagne combat maintenant pour défendre ses foyers et ses *homes*, y compris tout ce qui est cher au cœur allemand, mais les avocats impériaux omettent le point vital, c'est que l'État allemand a volontairement mis ses biens en jeu alors qu'il n'y avait aucune raison urgente de le faire.

La menace allemande vient moins de la propagande chauvine qui a été faite dans tout le pays, que de ce fait qu'un ou deux hommes ont le pouvoir de mettre la machine en mouvement ; une fois qu'elle est partie, l'État la conduit et peut empêcher les questions indiscrètes ou toute espèce d'opposition.

Il est probable que l'acte le plus cynique que Bismarck ait imposé à l'Allemagne et au monde, est le suffrage universel. Tout homme atteignant sa vingt-cinquième année a le droit de vote pour élire un représentant au Reichstag. Il n'est pas nécessaire d'être propriétaire, la pluralité des votes n'est pas admise, il n'y a pas de restrictions quant au domicile ou au revenu (1) ; et, cependant, le Reichstag n'a actuellement aucun pouvoir pour prendre des décisions concernant la destinée nationale ; il n'a pas plus d'action réelle qu'une *debating society* de premier ordre (2).

(1) Un tribunal peut priver un homme de ses droits civiques pendant des années, pour un acte criminel.

(2) On appelle *debating society*, en Angleterre, des réunions organisées dans le but de discuter les questions politiques ou sociales. (N. d. l. t.)

En théorie, le Parlement allemand a le droit de voter le budget, mais si les représentants du peuple refusent l'aide financière, le Kaiser possède alors, selon la constitution, un droit semblable aux prétentions qu'avait Charles Ier en ce qui concerne le *ship-money* (1). Ce refus entraîne la déclaration d'une « nécessité nationale » (*national emergency*) qui investit le monarque choisi par Dieu de pouvoirs illimités. L'Empire d'Autriche se trouva dans cette impasse au mois de mars 1914. Le Parlement autrichien ayant refusé le vote de crédits pour l'armée, fut immédiatement ajourné. L'article 14 (2) de la constitution permit à l'empereur François-Joseph de signer les documents nécessaires et les impôts devinrent légaux sans le consentement du Parlement.

A Berlin, on a recours à toutes les intrigues et à toutes les flatteries pour obtenir une majorité acquiesçant aux propositions de l'État, éviter ainsi une crise et conserver cette caricature de gouvernement populaire, mais en fait ni le Kaiser, ni ses ministres (c'est-à-dire l'État véritable) ne sont responsables vis-à-vis de la nation telle qu'elle est représentée au Reichstag.

Pendant les dix dernières années, un des chefs conservateurs exprima l'opinion que le Kaiser avait le droit d'envoyer un lieutenant avec une

---

(1) Droit fiscal réclamé par Charles Ier aux armateurs. (N. d. l. t.)

(2) J'étais à Vienne à ce moment et je cite, de mémoire, ce que j'ai lu dans les journaux autrichiens.

escouade de soldats pour fermer le Reichstag à tout moment. En dépit de la clameur que cette déclaration provoqua, elle représente exactement les pouvoirs constitutionnels du Kaiser et il serait futile de prétendre que la majorité de la nation ne donne pas son consentement tacite ou réel à de tels procédés.

Si on les interrogeait à ce sujet, les libéraux allemands répondraient immédiatement : « Nous préférons en dernier ressort être dans les mains de l'empereur que de devenir les victimes de la *Sozialdemokratie*, qui tiendrait les rênes du pouvoir sous tout système de gouvernement représentatif. » En Angleterre, nous sommes habitués à charger des affaires nationales les représentants nationaux dont les pouvoirs sont très limités et qui sont responsables de leur bonne gestion ; on ne saurait trop faire remarquer qu'il n'en est pas de même en Allemagne. Là, le Parlement n'a pas de pouvoir pour décider de la paix ou de la guerre. Il n'a pas le droit de ratifier les traités ou d'entretenir de bonnes relations avec les autres puissances. Il est intéressant de considérer, à la lumière de ces faits, les déclarations que font les pacifistes allemands en Angleterre et chez eux.

Toutes les fois que les représentants du Parlement et de l'Église ont garanti l'amitié et la bienveillance allemandes, ils ont promis là une chose pour laquelle ils ne pouvaient réellement rien faire (1). Malheureusement, une partie peu

(1) Si M. A... conclut un arrangement d'affaires avec l'employé de M. B..., la loi anglaise libère M. B... de l'accomplissement de

clairvoyante du public anglais prit ces effusions
pour argent comptant, au lieu de les considérer
comme le verbiage d'un employé zélé conversant
avec un acheteur avec lequel il fait des affaires.

Quelque amertume que nous ressentions en ce
moment à l'égard de l'Allemagne, nous ne devons
pas nous aveugler et oublier ce fait que l'organisation de l'État allemand est une merveilleuse
méthode pour obtenir le maximum de rendement
de chaque citoyen. L'Allemagne avant la guerre
pouvait être très exactement comparée à une
énorme ruche. Cependant le déplorable côté de cet
état de choses est que la force et la richesse
nationales peuvent être canalisées par la coterie
régnante, sans qu'auparavant la volonté nationale soit consultée. Un tel pouvoir ne devrait
jamais être à la disposition d'un seul homme
ou même de quelques hommes, surtout quand
ils ne sont responsables devant aucun pouvoir
terrestre. Treitschke insiste sur « l'indépendance
absolue de l'État vis-à-vis de tout autre pouvoir
humain ».

Les Allemands ne pourraient obliger l'État
à rendre compte de ses actes que par une révolution, événement fort improbable. Si les Alliés
ne peuvent pas, par la force des armes, obliger
l'État allemand à reconnaître sa responsabilité,
certainement aucun autre pouvoir humain ne
pourra atteindre ce but pendant bien des géné-

son contrat. L'État allemand ne reconnaît aucune promesse
faite par ses citoyens, et en outre se réserve le droit de tenir
ou de rompre les obligations contractées par lui.

rations ; mais, ce résultat étant obtenu, il faudra que l'Angleterre ne compte plus jamais sur les appels de M. Keir Hardie pour amener l'État allemand à un sens des responsabilités que son énorme pouvoir aurait dû lui inspirer. Il se peut qu'après la défaite de son armée et de sa marine, le peuple allemand échappe au joug de l'autocratie ; cette émancipation ne sera, suivant Treitschke, qu'une simple anarchie. Il écrit : « Si l'État ne peut pas accomplir ses volontés, alors il s'effondre au milieu de l'anarchie (1). » Le célèbre historien est aussi préparé à cette éventualité : « Si nous avons à affronter la ruine, nous exalterons l'État qui succombera en combattant (2). » On doit noter cependant que la chute de la Pologne, morte en luttant (pour ne donner qu'un exemple), n'a excité que peu d'admiration parmi les Allemands, et on peut dire la même chose de la Belgique. Treitschke lui-même désigna la lutte de la Pologne pour sa nationalité et sa liberté comme un entêtement de fou, *hirnverbrannte Verstocktheit.*

Nous avons vu que l'État est identifié avec le pouvoir (par exemple dans la question des armements) ; examinons maintenant la façon dont Treitschke considère la force organisée : « La protection de ses citoyens par la force des armes est le premier devoir fondamental de l'État ». « L'État qui n'a pas le droit de porter les armes (*Waffenrecht*) n'est pas un État dans le véritable

(1) *Die Politik,* I, p. 28.
(2) *Die Politik,* I, p. 100.

sens du mot. Il est essentiel pour un État qu'il
ait la puissance nécessaire pour accomplir ses
volontés, au moyen de la force physique. Sans
les armes, le bon effet de la volonté de l'État est
absolument impossible ». Un des adversaires de
Treitschke (1) cite l'Angleterre comme étant une
réfutation vivante de ces arguments. *Pfarrer*
Umfrid écrit : « L'armée en Angleterre est seulement un élément extérieur et dépendant, dans la
vie anglaise, et cependant l'État existe ».

Treitschke, dans son désir pervers de reconnaître le pouvoir comme la vertu suprême, dé-
daigne la question : « En quelles mains le pouvoir
sera-t-il placé? » Il lui est tout à fait indifférent
de savoir qui le surveillera, ou à quelle fin il sera
employé. Selon lui l'usage du pouvoir n'est immoral que par l'ingérence d'un autre pays; d'où il
s'ensuit que l'Angleterre en défendant la Belgique
a commis un acte hautement immoral! Cependant,
il stigmatise la lâcheté de l'Angleterre qui n'a pas
pris les armes en faveur du Sleswig-Holstein (2).
On peut se demander si Treitschke était capable
de pensée logique ; il condamne une courageuse
action immorale de la même façon qu'une lâche
action morale. Sans discuter ce point plus en détail,
on peut remarquer tout de suite que la théorie de
Treitschke, qui confond l'État avec le pouvoir, s'ex-

----

(1) *Anti-Treitschke*, par O. Umfrid, pasteur luthérien à Stuttgart. C'est à peu près la seule voix, et elle est plutôt insignifiante, qui se soit élevée contre les théories barbares de
Treitschke.

(2) Voir plus haut, p. 153.

plique par ce fait qu'il regarde la force comme
créant le droit. Il y a cependant à ce principe
une condition que Treitschke prend soin de ne pas
indiquer : la force est un droit, seulement quand
elle est à la disposition de l'État allemand. Si
l'Angleterre, par exemple, possède la force et
vient à l'exercer contre l'Allemagne, ce pouvoir
n'est plus un droit, mais devient une tyrannie
immorale.

Nous avons déjà vu que l'État, d'après Treitschke, ne reconnaît aucun pouvoir terrestre, et
que la préservation de cette indépendance suprême est une autre justification de la puissance
de l'État. « Pour préserver sa liberté, l'État doit
posséder en abondance des armements (*Macht-
mittel*) qui soient capables de le protéger contre les influences étrangères ». En fait, il trouve
que l'essence inaliénable de la souveraineté de
l'État est la force des armées (1). L'État dont la
souveraineté est garantie par les armes d'un autre
État n'est plus du tout un État.

Ainsi, dans tous ces passages, Treitschke ne reconnaît aucun droit aux petits États. Ailleurs,
il est encore plus explicite : « En outre, l'État
doit posséder la puissance matérielle suffisante
pour maintenir par la force l'indépendance
qui existe sur le papier (2). » La Belgique
ne possédant pas ces forces matérielles, n'a pas
par conséquent le droit d'exister comme État,
et en temps voulu la même théorie s'appliquera

(1) *Die Politik*, II, p. 322.
(2) *Die Politik*, I, p. 41.

à la Hollande et à la Suisse. Ce n'est pas en vain
qu'on a accusé les Allemands de manquer d'humour ; autrement Treitschke et ses compatriotes
auraient vu ce que ce principe impliquait. En
effet, il signifie que tout homme a le droit de s'ap-
proprier les biens de son voisin, excepté si celui-ci
est plus fort que lui et capable de se défendre à
l'épée et au pistolet. Au point de vue allemand, cette
dernière conclusion serait fausse, parce qu'elle
est une application, aux détails de la vie, de principes que Treitschke développe comme une
partie de ses vues sur le monde (*Weltanschauung*).

Il est à peine nécessaire de se demander quelle
est l'opinion de Treitschke sur le second devoir
de l'État ; si son premier devoir est de posséder
la puissance, le second logiquement sera de s'en
servir : « La seconde fonction essentielle de
l'État est de faire la guerre. Le fait que le monde
ne s'est pas encore aperçu de cela prouve combien
la politique de l'État est devenue molle entre
les mains de simples civils. Dans notre siècle,
depuis Clausewitz, cette interprétation senti-
mentale a disparu. Une doctrine étroitement
matérialiste l'a remplacée et, d'après la manière
de l'école de Manchester, elle considère un
homme comme un bipède dont la destinée est
d'être acheté aussi bon marché et vendu aussi
cher que possible. Il est clair que cette conception est contraire à l'idée de guerre ; aussi est-ce
seulement après les expériences des guerres
récentes (1866 et 1870) qu'une opinion plus
saine de l'État et de son pouvoir militaire

a commencé graduellement à se faire jour. Sans guerres, il ne saurait y avoir d'État. Tous les États que nous connaissons ont surgi par la guerre. Désormais, la guerre durera jusqu'à la fin de l'histoire, tant qu'il y aura plusieurs États. Il est impossible de déduire des lois de la logique ou de la nature humaine qu'il puisse en être autrement ; ce n'est d'ailleurs pas à désirer (1). »

En admettant la définition de l'école de Manchester, de Treitschke, il est difficile de trouver que le sort d'un homme, dans l'abattoir qu'est le champ de bataille, soit meilleur ou plus élevé que s'il est acheté ou vendu par nos modernes matérialistes. Dans ce dernier cas, on reconnaît à l'homme le droit de vivre, tandis que, selon Treitschke, il n'a pas ce droit. Il est cependant difficile d'admettre que le Tout-Puissant créa l'homme simplement pour servir de chair à canon, suivant la théorie de Treitschke. Là encore nous touchons le tréfonds des sentiments allemands : l'indifférence pour la vie humaine.

J'ai connu des centaines d'Allemands qui se donnaient beaucoup de mal et qui dépensaient beaucoup d'argent pour nourrir la gent emplumée pendant les durs mois de nos hivers continentaux ; cependant, ces mêmes hommes considéraient comme un honneur de tirer sur un de leurs semblables à vingt pas de distance, et cela pour un différend peu important de la vie journalière. Les Allemands n'ont pas compris « le caractère

(1) *Die Politik*, p. 72.

sacré de la vie humaine ». Cette phrase manque
dans leur langage et dans leur littérature. Une
tentative de suicide n'est pas un crime en Allemagne ; l'homme qui tue son adversaire en duel
n'est pas un criminel, ni aux yeux de la loi, ni dans
l'opinion publique ; il est même possible qu'on l'ac-
clame comme un héros. Son délit peut lui valoir
une sentence de « deux ans d'arrêt de forteresse »,
mais après six semaines ou deux mois un monarque bienveillant lui pardonne généralement (1).

La loi en Allemagne protège la propriété plus
strictement que la vie humaine, cette dernière
ne coûtant rien. Le crime d'incendie volontaire
vaut à un homme de six à dix ans de servitude
pénale, mais s'il suit son ennemi de la brasserie
chez lui et le tue d'un coup de poignard, le criminel
est rarement condamné à plus de quatre ans
d'emprisonnement. En fait, quatre ans est la
peine moyenne infligée à des centaines de ces
meurtriers qui « tuent sans préméditation » chaque
année. Parmi les malfaiteurs bavarois, cette
phrase est courante : « *Der Kerl wird mich einmal
vier Jahre kosten* » (« Tôt ou tard cet individu me
vaudra quatre ans »). Devant les tribunaux ce
type de héros allemand plaidera qu'« il n'a pas
connaissance d'avoir commis cet acte » ou qu'« il
était dans une telle fureur qu'il avait perdu la

______

(1) A Metz, un lieutenant séduisit la femme d'un de ses
camarades. La cour d'honneur des officiers décida qu'il devait
y avoir duel ; l'offensé fut tué du premier coup ; son meurtrier
fut condamné à deux ans d'emprisonnement dans une forteresse. Deux mois plus tard (mai 1914), le Kaiser lui pardonna
et le réintégra dans l'armée.

maîtrise de lui-même et qu'il ne peut pas, par conséquent, être considéré comme responsable de ses actions ». Un magistrat allemand accepte toutes ces défenses ; il prend en considération le tempérament de l'homme et une douzaine d'autres raisons qui amènent le résultat indiqué ci-dessus. Mais qu'un homme ivre profère des injures contre Sa Majesté le Kaiser, il sera sans aucun doute envoyé en prison pour le temps le plus long que permet la loi.

Treitschke use d'un euphémisme quand il appelle la guerre un « procès national », et il déclare que, « quand la situation réelle ne correspond plus à la proportion des forces relatives, si l'État ne peut pas, par des moyens pacifiques, persuader à son voisin de céder, alors, le procès national commence : la guerre » (1).

De même que Nietzsche considérait la faiblesse dans l'individu comme un vice, de même Treitschke considère la faiblesse dans l'État comme le suprême péché, le péché contre le Saint-Esprit. La guerre est le seul remède : « Nous pouvons assurer avec certitude que la guerre est le seul remède pour les nations malades (2). » « Un peuple qui désire se ranger parmi les nations puissantes doit de temps en temps s'éveiller et développer ses énergies par la guerre. Il a été maintes fois démontré qu'un peuple ne devient une nation que par la guerre (3). »

(1) *Die Politik*, II, p. 552.
(2) *Ibid.*, I, p. 74.
(3) *Ibid.*, I, p. 60.

La guerre est donc la grande glorificatrice de l'espèce humaine, elle fonde et conserve les nations (parfois même elle les détruit); sans la guerre, il n'y a pas de progrès, mais seulement une dégénérescence indigne de l'homme. Cependant, Treitschke n'ignorait pas les horreurs de la guerre, quoiqu'il transformât tout de suite ces horreurs en vertus. « L'horreur de la guerre consiste à sacrifier tous les sentiments humains pour le plus grand bien de la Patrie ; mais c'est cela qui constitue sa grandeur (1) ». « Sa sublime majesté consiste en ce que pendant la guerre on tue sans colère (2). »

Non content de justifier la guerre par tous les arguments tirés de l'utilité et de l'inhumanité, Treitschke donne finalement à la guerre la sanction divine ; à la page 552 du deuxième volume de *Die Politik*, il écrit que la guerre est le « jugement de Dieu ». A un autre endroit, il soutient que la guerre est inévitable à cause de la nature humaine, des lois de la logique et de la pluralité des États. Sentant évidemment que ces causes sont suffisantes en elles-mêmes, il annonce que Dieu veut la guerre. Si Treitschke avait expliqué son opinion en disant que « le Dieu allemand ordonnait la guerre », l'humanité n'aurait pas eu de difficultés à accepter cette théorie. Il y a un millier d'années, un homme brave et libre défendait sa cause ou vengeait ses injures privées avec son bras vigoureux ; sans nul doute, il se consi-

(1) *Die Politik*, II, p. 361.
(2) *Ibid.*, I, p. 77.

dérait comme l'instrument de là justice **divine** et il regardait son épée comme le jugement de Dieu. Aujourd'hui, un individu du même type et de la même classe, si on lui fait quelque tort, doit *nolens volens* s'adresser à un tribunal. Le progrès humain a tendu à éliminer la force dans les différends entre individus. Les nobles chevaliers pillards du moyen âge auraient probablement déclaré avec force et précision que des affaires et des querelles comme les leurs ne pourraient jamais être arrangées par d'autres moyens que par l'épée ; l'histoire et le développement de l'humanité leur ont répondu.

Treitschke, avec son évangile de la force, se tient au point de vue international exactement sur le même terrain que le chevalier voleur. Il proclame que les armements sont le but et la fin de toute existence humaine ; pour lui, ces moyens, qui sont au mieux un mal nécessaire, deviennent une fin, le seul idéal digne d'être poursuivi. Si nous appliquons ceci aux individus, nous pouvons certainement admirer dans certaines limites l'art de la défense personnelle et même exhorter notre jeunesse à faire des progrès dans ce sens, mais le prophète, qui insiste pour que tout homme subordonne tous ses intérêts terrestres, et exerce toutes ses énergies afin de devenir un Jack Johnson (1), peut être à juste titre considéré comme un fou. C'est, en dernière analyse, l'essence de l'appel de Treitschke aux nations. Malheureusement l'Alle-

----

(1) Célèbre boxeur nègre.

magne l'a salué comme un prophète, comme
l'apôtre du germanisme et, à partir de ce moment,
l'Allemagne a eu comme idéal le plus élevé de
s'entraîner pour devenir le champion du combat
entre les nations ; le résultat a été que tous ses
voisins européens ont été obligés de l'imiter, ou
autrement, selon la doctrine de Treitschke, ils
auraient cessé d'exister.

Mais Treitschke ne serait pas digne de son
pays s'il négligeait les détails. Son État ferrail-
leur ne doit pas manquer d'arrogance ni oublier
de vanter ses vertus et sa force dans des harangues
semblables à celles des héros d'Homère à la
veille d'un combat mortel. « Sans le respect de
soi qui est propre à une nation, le sentiment de
communauté manquerait. Fichte dit avec raison
qu'une nation ne peut pas exister sans arrogance
(*Hochmut*) (1). » « Une nation ne peut pas atteindre
la pleine conscience d'elle-même si elle ne se
surestime pas (2). » Et dans un autre passage :
« C'est une fausse conception des lois morales
de la politique que d'accuser l'État d'avoir un
sentiment de l'honneur trop irritable. » L'honneur
étant la cause de toute guerre, dans l'opinion de
Treitschke, la conception de l'honneur national
est de toute importance : « En réalité, la guerre
n'est jamais faite pour protéger les vies et les
biens des citoyens, mais pour l'honneur » (ce qui
contredit ses affirmations précédentes, page 211).
J'ai montré, dans un autre chapitre, que la con-

(1) *Die Politik*, I, p. 282.
(2) *Ibid.*, I, p. 29.

ception allemande de l'honneur était teintée d'un égoïsme maladif. Je puis affirmer que le même défaut s'applique à l'honneur national des Allemands qui est basé sur une surestimation d'eux-mêmes et est d'une extrême susceptibilité.

Dans aucun autre pays, les relations avec les habitants ne sont aussi difficiles que celles qu'on a avec les Allemands, en Allemagne même. Très rapidement un étranger en contact avec la société allemande, qu'il s'agisse de la haute ou de la basse classe, entendra discuter les faiblesses supposées ou les défauts de son pays. Sans crainte de contradiction, je puis assurer qu'aucune autre nation que la nation allemande ne prend la même joie à ce jeu mesquin de coups d'épingles ; les Allemands sont trop peu raffinés pour se rendre compte des mauvaises manières, et trop morbidement vaniteux pour permettre à leur victime de riposter.

Un jeune jurisconsulte de Nuremberg, me rapportant une discussion de ce genre avec une dame anglaise résidant dans cette ville, se vanta de l'avoir fait pleurer. La louange ou la flatterie de tout ce qui est allemand est seule permise ; celui qui, répondant à une demande, exprime une critique juste et calme, devient extrêmement impopulaire. On fera circuler cette rumeur : « *Wie der über Deutschland und die Deutschen schimpft!* » (« Comme il injurie l'Allemagne et les Allemands ! »). Toutes les opinions qui ne sont pas flatteuses sont classées sous le nom de *Schimpft* (injures)

et toutes les critiques de la politique allemande
par les journaux des autres pays sont considérées
comme *Hetzerei* (agitation querelleuse).

Pendant ces dernières années, il se passait à
peine une semaine sans que je fusse informé par la
presse allemande que « *die englische Zeitungen
sind schon wieder bei der Hetzarbeit* » (« les journaux anglais sont encore contre nous »). Quoique
j'aie suivi les événements dans tous les journaux
quotidiens de Londres (*Standard, Daily Mail
et Daily News*), je n'ai jamais trouvé aucune critique de l'Allemagne qui **pût** blesser une nation
à l'esprit sain et non vaniteux. Mais j'ai lu trop
fréquemment dans les journaux allemands des
attaques amères, grossières contre l'Angleterre
et les Anglais, critiques qu'une presse décente
et un public cultivé n'eussent pas dû tolérer en
temps de paix. Treitschke prêcha l'arrogance
et l'orgueil. L'Allemagne a réellement essayé de
les monopoliser comme des vertus personnelles.
Adolf Hausrath appelait Treitschke le Prophète de la Cause nationale (1).

Un autre écrivain, le comte Freytag-Loringboren, général commandant la 22e division, dans
son ouvrage intitulé : *Guerre et politique dans les
temps modernes* (Berlin, 1911), célèbre Treitschke
comme l'apôtre du germanisme. Nous l'accep-
tons sous cette dénomination et nous résumons
l'évangile de cet apôtre sous cette forme : Les
Hohenzollern sont en ce monde les seuls mo-

(1) Adolf Hausrath, *Biographie de Treitschke*, p. 109.

narques de droit divin. Les Allemands sont le peuple choisi, dans les mains duquel la force est toujours le droit. Ils sont autorisés par le droit du plus fort à dire ce qui leur plaît aux autres peuples, et à les traiter à la manière allemande.

CHAPITRE X

Encore un peu de « Treitschkomanie ».

Le « procès national » (la guerre) ayant commencé, Treitschke est très explicite quant à la
manière dont il doit être mené ; le but de la
guerre est surtout de frapper l'ennemi au cœur.

La guerre n'est pas l'humanité ou la justice ;
il ne doit pas y avoir de sentimentalisme qui
défigure la majesté de « ce meurtre impassible ».
Les villages et les villes doivent être brûlés de
fond en comble, car, sans de tels exemples, il est
impossible de rien faire. « Ce n'est pas de
l'humanité, mais une outrageante faiblesse qui
empêcherait l'Empire allemand des temps modernes d'agir conformément à ces principes (1). »
Les publications de l'état-major de Berlin
offrent d'amples preuves que l'Empire allemand
a accepté cette doctrine et qu'il l'a mise en pratique dans la guerre actuelle. Dans l'histoire de
la guerre des Boers publiée par l'état-major
allemand, on accuse nettement lord Roberts et

(1) *Die Politik,* II, p. 565.

lord Kitchener d'avoir été trop humains.

La tactique de lord Roberts à Paardeburg est l'objet d'une critique spéciale. Ce fut une erreur de la part de lord Roberts de soumettre par la faim Cronje et ses 4 000 Boers. On aurait dû prendre la position à la pointe de la baïonnette, causant ainsi la mort de plusieurs milliers de Boers. Une telle leçon à l'arme blanche et d'une nature si effrayante aurait probablement raccourci la guerre de dix-huit mois. Au point de vue technique, cette critique peut se justifier, mais si on considère que les Anglais et les Boers devaient devenir concitoyens après la guerre, l'état-major a tort. En outre, si les chefs anglais avaient suivi les méthodes allemandes, on peut se demander si les Boers nous seraient restés loyaux pendant la crise actuelle.

Sur un point, Treitschke est plus généreux que ses compatriotes d'aujourd'hui. Il permet que l'État emploie toutes les troupes à sa disposition. « Le droit qu'a l'État de se servir de toutes ses forces combattantes pendant la guerre est indiscutable, peu importe que ses armées soient composées de barbares ou d'hommes civilisés. »

Sur une petite échelle, l'Allemagne a employé elle-même des troupes noires, et elle le fait encore maintenant, et cependant la venue des troupes de l'Inde dans les lignes de combattants fut le signal d'un déchaînement de haine sans précédent contre l'Angleterre. *Simplicissimus* compare les forces britanniques à une ménagerie. Un ami de Nuremberg m'écrivait à la date du 13 novembre 1914 : « Il me semble terriblement barbare de la part de l'Angleterre de lâcher des tribus sauvages contre nos soldats. Et il est parfaitement compréhensible que, pour cette raison, la haine contre l'Angleterre se soit élevée à son faîte dans notre pays. »

Treitschke définit deux états de guerre et pose des règles pour la conduite de chacun d'eux. « Il peut exister entre deux pays, même en temps de paix, un état de guerre latent (1). » Pendant les dix dernières années, la « guerre latente » entre l'Angleterre et l'Allemagne a été un sujet de conversation sans fin autant qu'un thème constant pour les articles de revues et les journaux allemands. Cela devint, en fait, partie intégrante du credo politique de tout Allemand. Dans ces conditions, selon Treitschke, l'homme d'État doit se mettre sur ses gardes « avant que la guerre soit déclarée ». L'État doit considérer comme un devoir d'employer, dans son propre intérêt, des traîtres dans l'État ennemi. Il est certainement permis à un État de se servir des conspirateurs d'un État ennemi pour ses fins personnelles (2). Comme l'écrit Umfrid, en combattant cet axiome, « toute espèce d'infamie est permise par Treitschke ». La justification de tous les horribles crimes que l'Allemagne a commis en Belgique et en France peut se trouver dans *Die Politik*.

L'homme d'État qui a perdu le « procès national » ne trouve que peu de sympathie dans cet

(1) *Die Politik*, II, p. 562.
(2) *Ibid.*, p. 560.

ouvrage. Un homme d'État n'a pas le droit de se chauffer les mains au-dessus des ruines fumantes de sa Patrie et de se réconforter avec cette pensée : « Je n'ai jamais menti ». C'est une vertu bonne pour le monastère, mais non pour la politique.

Nous avons été surpris des intrigues allemandes en Égypte, aux Indes, dans l'Afrique du Sud, et toute une partie naïve du public britannique, qui croyait aux protestations d'amour et de paix des hommes d'État allemands, a reçu un très rude choc. Cependant le mensonge a toujours été la pierre angulaire de la politique allemande.

Le 1er août 1914, la semi-officielle *Gazette de Cologne* publiait une déclaration dans laquelle elle assurait que l'Allemagne n'avait aucune intention de violer la neutralité de la Belgique. La loi martiale avait été proclamée la veille, ce qui prouve bien que, même si l'article en question ne provenait pas du ministère des Affaires étrangères allemand, il avait au moins passé à la censure officielle. Avant l'acquisition de Kiau-Chou, l'Allemagne proclamait bien haut qu'elle n'avait absolument aucune intention d'obtenir un agrandissement de territoire. Cependant, quand le traité lui cédant à bail cette portion de la Chine fut signé, le Kaiser informa par télégramme son négociateur, le prince de Hohenlohe, qu'il venait de vider un verre de champagne à sa santé et qu'il le félicitait d'avoir étendu le domaine de l'Allemagne. Les procédés détournés et tortueux de la diplomatie allemande seraient cependant bien moins irritants si l'Alle-

magne ne prétendait pas avoir le mono-
pole de l'innocence de la colombe alors qu'elle
possède, à un degré machiavélique, la ruse du
serpent.

Le mensonge et l'espionnage vont la main dans
la main ; l'espionnage est un autre devoir sacré
de l'État. Les Anglais, qui se plaignaient d'une
soi-disant manie de l'espionnage, ne se sentiront
pas rassurés par cette phrase de Treitschke « que
dans les guerres nationales modernes tout bon
sujet doit être espion, et que, par conséquent,
l'expulsion de 80 000 Allemands de France en
1870 était une mesure correcte ». Si j'en juge
par ce que j'ai observé moi-même en étudiant
les Allemands policés et curieux, dans la famille,
les affaires, la vie sociale, j'inclinerai à croire
Treitschke (si, par sa remarque, il entend parler
des Allemands) quand il déclare que « tout bon
sujet (allemand) » est un espion latent et, quand
l'occasion s'en présente, un espion actif. Les exploits les plus remarquables de l'Allemagne dans
le domaine de l'espionnage ne causeront pas d'é-
tonnement à ceux qui connaissent l'Allemagne
et les Allemands.

Revenant à la théorie de l'État selon Treitschke,
il y a encore à discuter la question des obligations des traités. L'État ne reconnaissant aucun
pouvoir supérieur sur terre, il est évident que les
obligations d'un traité sont regardées par lui
avec défaveur. « Tout État, dans son propre
intérêt, limitera sa souveraineté à certains égards.
Quand des États concluent des traités entre eux,

ils limitent eux-mêmes leur propre liberté, jusqu'à
un certain point. »

« Un État ne peut pas lier sa volonté pour
l'avenir envers un autre État. L'État n'a pas
de juge supérieur à lui et par conséquent il con-
clura toujours des traités en faisant des restrictions mentales. Tout pouvoir a le droit de déclarer
la guerre quand il le veut et, comme les traités
sont annulés par une déclaration de guerre, tout
État peut se débarrasser ainsi de ses traités.
Il doit veiller à ce qu'ils restent en vigueur et ne
deviennent pas surannés ; pour cela il amènera
l'autre pouvoir à y mettre fin par la guerre. Les
traités qui ne correspondent plus aux conditions
existantes doivent être dénoncés et un autre traité
correspondant au nouvel ordre de choses doit
prendre leur place. Il ressort de ces témoignages
que l'établissement d'une cour d'arbitrage internationale est incompatible avec la nature de
l'État (1). »

C'est la doctrine du « chiffon de papier » sous
sa forme la plus brutale et la plus franche. Une
garantie peut être donnée pour le moment, elle
ne lie pas pour le lendemain. L'État ne reconnaît
pas de pouvoir plus élevé que lui, pas même
l'humanité. Aussi longtemps qu'un traité est
profitable et commode, il l'observera, telle est
la conduite honorable ; mais quand cette promesse
n'est plus profitable, le traité devient suranné et
« l'honneur demande que le traité soit violé ». En

(1) *Die Politik*, I, p. 37-38.

d'autres termes, le profit, l'honneur et l'utilité sont des termes synonymes dans le code de la moralité allemande.

On peut trouver l'origine de cette théorie dans l'idée que Treitschke se faisait du pouvoir. Des promesses peuvent être faites, mais l'Allemagne ne les respectera qu'aussi longtemps que l'autre État sera assez puissant pour l'obliger à les tenir par la force. En août 1914, l'Allemagne croyait probablement que l'Angleterre était incapable de protéger la neutralité de la Belgique ; donc, en manquant à sa promesse, l'Allemagne avait de son côté la justice que donne la force. Mais, vraisemblablement, elle croyait que l'Angleterre ne voudrait pas tenir son engagement. Quelle que soit la supposition, le résultat reste le même : l'Allemagne ne possède pas l'impulsion morale, appelée honneur, qui oblige un individu ou un peuple à remplir une obligation créant un lien moral et légal.

En outre, l'Allemagne manque à sa promesse par principe, car une des lois inscrites dans son code politique déclare qu'un traité ne lie un État qu'aussi longtemps que celui-ci veut bien être lié. Un État n'existe pas pour tenir ses promesses vis-à-vis des autres États, ou, comme Treitschke le dit lui-même : « L'État n'est pas là pour faire parade de ses drapeaux ou pour faire cliqueter ses éperons et remuer son épée dans son fourreau, mais sa mission est de faire un chemin à la justice sur la terre. » La justice cependant ne consiste pas à traiter son prochain plus faible avec considération ou à observer vis-à-vis de lui les garanties écrites. Il ne peut réclamer aucune garantie parce qu'il ne possède pas le pouvoir pour les faire exécuter. La justice est simplement ce que la force peut accomplir. Il est moral et juste pour l'Allemagne d'écraser la Belgique, parce qu'elle a la force de le faire. La voie de la justice a été frayée par la force à travers la Belgique et, si les désirs ardents de Treitschke sont jamais réalisés, un « chemin de justice » sera également tracé à travers la Hollande. Le biographe de Treitschke, Hausrath (1), rapporte une conversation qu'il eut avec lui au sujet des colonies. « Le Cameroun, s'exclama Treitschke, qu'avons-nous besoin de ce tas de sable ! Prenons la Hollande, et alors nous aurons des colonies ». Hausrath remarque que c'est une bonne chose que Treitschke n'ait pas exprimé de telles opinions dans la presse. Mais il le fit dans ses conférences universitaires, ainsi qu'elles sont rapportées dans *Die Politik* : « L'Allemagne ne sera heureuse que lorsqu'elle possédera son fleuve entier (le Rhin). Une des tâches indispensables de la politique allemande doit être de regagner l'embouchure de ce cours d'eau. » C'est en somme précisément le conseil que Jézabel donnait à Achab en ce qui concernait la vigne de Naboth, mais on peut douter que la vigne de Hollande donne à l'Achab allemand le contentement et le bonheur ; il est certain que cette possession serait employée

____

(1) Hausrath, *Erinnerungen*, p. 118.

comme un moyen d'attaque contre la vigne la plus
proche.

Si nous considérons avec calme les progrès sans
précédents de l'Allemagne pendant les quarante
dernières années, nous arriverons à cette conclusion qu'elle n'avait aucune raison d'être mécon-
tente de son sort national, mais l'insatiable désir
de posséder, dont toute l'Allemagne souffre, ne
conduira jamais cette nation à un contentement
paisible, même si elle était maîtresse du monde.
On ne peut la guérir qu'en lui arrachant ce désir
avec le même instrument par lequel elle espérait dominer l'Europe, c'est-à-dire avec l'épée.
Les enseignements de Treitschke n'ont pu avoir
une telle influence sur le peuple qu'à cause des pré-
dispositions innées de celui-ci à l'emploi de la force
brutale; c'est le fond du caractère national, un
autre de ses traits essentiels étant l'avidité insatiable. Dans ce sol, les semences du treitschkisme
ou de l'achabisme se sont développées et trans-
formées en un évangile national. C'est pour cette
raison qu'un membre de la société pacifique allemande (1) écrivait dans son livre contre Treitschke : « Si Treitschke n'avait pas de disciples,
je ne me querellerais pas avec lui. Mais comme
il a fondé une école et que le camp adverse considère son nom comme un cri de bataille, il doit
donc être attaqué. Treitschke est l'historien alle-

(1) O. Umfrid, dans son *Anti-Treitschke*. C'est la seule protestation contre Treitschke que j'aie pu trouver, mais je pourrais
nommer un grand nombre d'ouvrages allemands célébrant
Treitschke comme l'apôtre de l'Allemagne.

mand qui a arraché la Muse de l'histoire de son trône élevé pour la placer dans le parti de l'agression nationale. C'est lui qui a érigé en principe de justice les exploits de violence politique. »

Si les actes de violence de l'Allemagne avaient amené la paix et le progrès dans les pays qui en furent victimes, on pourrait leur trouver quelques justifications. Mais les territoires auxquels l'Allemagne a imposé sa volonté sont aujourd'hui les plus mécontents de toutes les possessions de Guillaume II. La Pologne prussienne est le pays étranger qui a été le plus longtemps sous la botte allemande, il semble donc qu'on pourrait s'attendre à voir réaliser les progrès les plus décisifs dans ce pays infortuné. Cependant, après un siècle de domination, les Polonais ont un sentiment national plus profond que jamais, plus anti-prussien qu'au début. Cent ans de germanisation sans aucune tentative de réconciliation, mais pendant lesquels on eut constamment recours à des mesures d'oppression et de répression (des efforts ont été faits pour effacer même la langue polonaise), ont laissé la Pologne aussi éloignée que jamais d'accepter les idées de l'Allemagne.

Il y a cinq ans, la diète prussienne décida que les terres polonaises pourraient être expropriées par la couronne. Depuis cet acte brutal, tout propriétaire polonais dont les sympathies ne sont pas suffisamment prussiennes peut être évincé moyennant un prix fixé par des commissaires royaux ; dans ce cas, ses terres sont divisées en petits

domaines au bénéfice de paysans allemands immi-
grés. On n'a pas réussi à créer ainsi une population prussophile dans la Pologne tyrannisée
et déchirée. Le colon militaire allemand est lui-
même un tigre humain bien entraîné et dressé et
il essaye, par la perfection de son système, de
forcer les habitants des pays conquis à entrer
dans le moule ; heureusement toutes les branches
de la famille humaine ne conviennent pas au
moule prussien ! Le système possède trop peu
d'éléments humains et compatissants ; il ne
permet pas à l'individu de s'épanouir selon sa
nature, et il ne lui accorde même pas le degré de
justice qui est essentiel pour former une communauté d'êtres humains sains, heureux et satisfaits.
On peut citer une autorité allemande qui confirme
cette déclaration. Le professeur Delbrück fit une
série de conférences à l'Université de Berlin sur
Regierung und Volkswille (le Gouvernement et la
volonté du peuple). Il les publia en 1914 et c'est
lui qui a fait connaître ce fait que les enfants polonais étaient obligés d'apprendre l'allemand ;
par mesure de précaution, les recrues polonaises
sont réparties dans plusieurs régiments. Selon
Delbrück, des sommes énormes ont été dépensées
pour l'expropriation des terres polonaises et il
admet que pendant les vingt-cinq dernières années aucun progrès n'a été accompli dans le sens
de la pacification ; au contraire les Polonais sont
plus anti-allemands que jamais.

La conception de domination de Treitschke est
encore mieux expliquée par les exemples qu'il

cite lui-même (1). Dans certaines parties de la Russie, en Livonie, en Courlande, en Estonie, la noblesse est d'origine allemande, et descend des conquérants des siècles passés. Ces surhommes ont laissé le peuple dans un état de barbarie afin que la minorité pût gouverner la majorité ; cet état dura jusqu'en 1865, époque à laquelle le servage fut aboli. Ce système de colonisation est entièrement approuvé par Treitschke ; et cela est naturel, car c'est la réalisation d'une idée allemande (2). Cependant, c'est une injustice monstrueuse de voir les Allemands modernes du haut de leur orgueilleux piédestal de Kultur, dénoncer en termes peu mesurés la barbarie russe quand cette même barbarie, dans les immenses régions de l'ouest et du sud-ouest de la Russie, est presque entièrement due à la domination réactionnaire des grands propriétaires allemands. En 1907, je fis la connaissance d'une dame originaire d'Estonie et résidant à Munich ; elle me dit que les barons avaient conservé leurs sentiments nationaux et leur langage (3) et que les jeunes filles vivant sur leurs propriétés étaient

---

(1) *Die Politik*, I, p. 127.

(2) *Ibid.* I, p. 206. En discutant la question de l'Alsace-Lorraine, Treitschke dit qu'un pays conquis n'a aucun droit, que celui d'être gouverné par la force (*Staatsgewalt*).

(3) Le rapport secret allemand publié dans le livre jaune français exprime l'espoir que des « milliers de nos frères allemands, qui gémissent sous le joug slave dans les provinces baltiques », reviendront sous le drapeau allemand. L'auteur anonyme maintient que c'est une question nationale de les regagner à l'Allemagne.

soumises par ces Germano-russes du xxe siècle
aux mêmes droits du seigneur que pratiquaient les
chevaliers pillards dans l'âge d'or du moyen âge.

La haine russe pour le germanisme n'est pas
sans cause, mais la classe dirigeante dans certaines parties de la Russie ne soutient pas la
cause nationale dans la lutte actuelle; nous pouvons être sûrs, au contraire, qu'elle aide les armées
d'invasion, en se servant spécialement de l'arme
allemande si caractéristique, l'espionnage.

L'essence de l'évangile de Treitschke étant
le développement de la force brutale et son
usage pour l'agression et l'agrandissement national par la guerre, on ne peut pas s'attendre à ce
que cet historien ait quelque sympathie pour la
paix. Ses railleries les plus amères sont dirigées
contre ceux qui essaient de réduire les armements
et de servir la cause de la paix mondiale. Dans
une de ses conférences, Treitschke s'écriait : « Ces
défenseurs d'une paix éternelle sont une bande
d'esprits faux. » Ces sentiments n'indiquent
évidemment qu'un minimum de tolérance pour
ses adversaires. Il trahit la même irritation
en ce qui concerne les propositions de paix.
« Les admirateurs aveugles de la paix per-
pétuelle sont coupables d'une erreur de logique,
en ce qu'ils isolent l'État, ou parce qu'ils rêvent
d'une confédération mondiale, qui, nous l'avons
déjà montré, est une chose contraire à la raison
et absurde (1). »

(1) *Die Politik*, I, p. 73.

« Les fumeurs du calumet de la paix ne seront jamais capables d'amener un état de choses où tous les pouvoirs politiques n'auront qu'une opinion, et, s'ils ne le peuvent pas, l'épée seule décidera entre eux. »

Ses arguments principaux contre la paix du monde sont : qu'elle est incompatible avec la nature humaine et que l'État est son propre juge en la matière. Ce sont là deux points de vue que j'ai précédemment étudiés dans cet ouvrage.

En discutant l'arbitrage, Treitschke suppose qu'aucune cour ne serait impartiale ; en outre, c'est un crime contre la souveraineté d'un État que d'autres peuples décident des matières touchant ses intérêts ; enfin, aucune cour d'arbitrage ne possède l'autorité nécessaire pour faire exécuter ses décisions ; toutefois il est au moins hardi de supposer qu'on ne peut trouver une telle cour possédant la dignité, l'impartialité et l'autorité requises. Il est possible de démontrer par des preuves historiques que l'Allemagne a fait tout ce qu'il était en son pouvoir pour repousser la création de cette cour dans les brumes de l'avenir. « Dans la question de l'Alsace-Lorraine, aucun juge ne peut être impartial. En outre, c'est une affaire d'honneur pour un État que d'être l'arbitre dans une telle question. C'est dire qu'il ne pourra jamais y avoir un tribunal international d'arbitrage qui puisse décider dans de tels cas. L'épée gardera donc ses droits jusqu'à la fin du monde ; c'est en cela que consiste le caractère sacré de la guerre (1). »

Malheureusement pour le principe mis en avant par Treitschke, on peut relever deux erreurs palpables dans le passage ci-dessus. Il cherche à prouver que l'honneur de l'État rend une semblable cour impossible, mais il néglige ce fait que les prémisses, c'est-à-dire la conception de l'honneur, sont un facteur qui varie et qui n'est nullement constant. La conception de l'honneur allemand est d'être irréconciliable ; il décline toute forme de compromis, déclare déshonorant de plier, de faire des concessions à un peuple conquis, ou de lui permettre aucune autre forme de justice que celle du type connu sous le nom de politique du « poing fermé ».

Si tous les États souverains acceptaient cet idéal, il resterait à l'arbitrage vraiment bien peu d'espoir. Autrefois des individus ont admis cette prétendue conception de l'honneur, mais à l'exception des duellistes allemands et de quelques autres, y compris les barbares et les tribus d'anthropophages, les hommes civilisés l'ont depuis longtemps abandonnée. Cependant, il y a toute raison d'espérer que les nations qui, après tout, sont composées d'individus et qui finalement expriment la somme totale de leurs idéals personnels, abandonneront aussi le point d'honneur barbare de l'Allemagne. Ailleurs, Treitschke définit la guerre un « meurtre impassible ». Cette forme de meurtre ayant existé de temps immémorial,

(1) *Die Politik*, I, p. 38.

il présume qu'elle durera jusqu'à la fin du monde,
par conséquent elle est sacrée, c'est un des décrets
de Dieu. Depuis que la passion causa le premier
meurtre (le meurtre d'Abel par Caïn), l'assassinat
n'a jamais cessé sur la terre et nous pouvons pré-
sumer qu'il en sera toujours ainsi. Donc, d'après
la logique de Treitschke, le « meurtre passionné »
est également sacré et fait partie des prescrip-
tions divines.

Un des exemples historiques qu'il cite pour
montrer l'horreur des tendances pacifiques est
la fuite des marchands hollandais devant les
armées d'invasion de Louis XIV. Voici comment
il commente ce fait : « C'est une honte indicible ;
elle fut causée par la lâche folie de ce peuple, qui
considérait la paix comme la plus haute et la plus
grande des bénédictions ». Si l'espace le permettait, je pourrais citer un grand nombre de passages montrant que la glorification par Treitschke
de la guerre et de la force brutale n'est au fond
que de l'envie et de l'avidité. Envie de ceux qui
sont mieux placés et désir de gagner ce qu'ils
possèdent par la guerre. « Dans la division du
monde entre les États européens, l'Allemagne s'est
toujours trouvée mal placée. Et c'est pour nous
une question d'existence vitale que de devenir
une puissance au delà des mers. Autrement
nous avons à faire face à la monstrueuse perspective que l'Angleterre et la Russie diviseront
le monde entre elles, et on sait à peine ce qui
serait le plus immoral et le plus horrible du
knout russe ou du porte-monnaie anglais. » Évi-

demment, Treitschke laisse ses auditeurs conclure que l'épée allemande vaut mieux que le knout ou la bourse, quoique, après la réclame faite à l'épée allemande et à la *Kultur* pendant cette guerre, le monde en général pourrait bien hésiter à tomber d'accord sur cette prétendue supério-rité. En outre, le sarcasme au sujet du porte-mon-naie anglais peut paraître quelque peu outré à ceux qui ont la connaissance même la plus super-ficielle du caractère allemand.

Aucun autre pays ne souffre de l'amour ava-ricieux de l'argent au même degré que l'Alle-magne moderne. L'Anglais aime l'argent pour le pouvoir qu'il donne, et la joie de le dépenser ; tandis que l'Allemand vendrait son âme et son honneur par amour du lucre, pour cette joie qu'éprouve l'avare à thésauriser et à adorer son or ; l'Allemand aime l'argent pour l'argent.

Treitschke n'était même pas satisfait de la manière dont l'Allemagne avait été traitée par la nature, et en décriant le manque de générosité de cette dernière, il écrivait : « L'Allemagne avec ses côtes peu hospitalières fut jadis le plus grand pouvoir maritime du monde, et si Dieu le veut, elle le sera encore. » Avec une véritable logique allemande, il envie et hait le pouvoir qui est le premier sur mer. Dans tous ses ouvrages, cet esprit mesquin s'exprime comme un homme qui habite une chaumière et qui déteste l'habitant du manoir. C'est la haine de l'ignorance, car Treits-chke ne vit l'Angleterre que deux ans avant sa mort et pendant deux mois seulement.

Si ces lignes tombent sous les yeux d'un des
Anglais qui l'ont reçu à la fin de l'année 1894,
l'extrait suivant l'éclairera sur la profondeur
de l'ingratitude allemande. Un ami de Treitschke,
Paul Bailleu, dans son esquisse nécrologique sur
celui-ci qui parut dans le journal mensuel *Deutsche
Rundschau*, en 1896, décrit la première rencontre de
Treitschke avec ses amis à son retour d'Angleterre. Treitschke parle à ses auditeurs « d'une
station de chemin de fer anglaise avec ses horribles affiches qu'il a en aversion. Puis d'un hôtel
avec ses hôtes anglais, dont les manières l'exas-
pèrent (un auditeur esquisse une légère protestation, tandis qu'un autre lui rappelle les diatribes
de Heine contre l'Angleterre). Et, continue Paul
Bailleu, l'incomparable force de ce torrent de
descriptions satiriques nous emporte tous irrésis-
tiblement ; longtemps encore nous restons debout,
élevés au plus haut degré de l'enthousiasme par la
puissance passionnée de son éloquence qui, comme
une force primitive de la nature, se déverse en mots
sublimes, exprimant la vue mondiale la plus idéale,
et souvent brillant de flamme de rage brûlante. »
Malheureusement Herr Bailleu ne rapporte
pas les opinions sur l'Angleterre qui enflammaient
l'enthousiasme de cette petite réunion de Teutons
amoureux de la paix. Peut-être comprenaient-elles
une description imaginaire de Londres tombant
dans les mains des Allemands, possibilité mentionnée par Treitschke dans une autre occasion (1).

(1) *Die Politik*, I, p. 77.

14

A propos de l'alliance de l'Allemagne avec la Turquie, l'opinion de Treitschke sur cette puissance est intéressante : « Il faut espérer que, dans un avenir prochain, on effacera la honte qu'une telle puissance ait pu jamais s'établir sur le sol de l'Europe.

« Qu'a accompli l'Empire turc en trois siècles? Il a seulement détruit. Il se précipita sur l'Occident comme une énorme avalanche de maux, anéantissant tout devant lui. La Turquie est incorrigible et le restera en dépit de toutes les promesses de liberté. Pour notre civilisation, c'est un monde étranger qu'on ne peut pas réformer selon les idées européennes, mais qu'on peut seulement renverser (1). »

Enfin j'ai trouvé dans le credo de Treitschke quelque chose de commun avec le mien ! C'est une des ironies de l'histoire que de voir l'État idéal de Treitschke allié à « cette avalanche de maux » dans un effort commun pour détruire la civilisation. Mais l'alliance n'aura pas été vaine si le désir de Treitschke est réalisé et si la Turquie pourrie est rejetée hors de la communauté européenne.

Avant de quitter Treitschke, il faut encore noter brièvement son attitude vis-à-vis de la religion. Hausrath (2) dit que Treitschke se considérait lui-même comme libre penseur, et il ajoutait qu'il fallait une grande patience pour écouter ses attaques constantes contre les théologiens. « Il ne

(1) *Die Politik*, II, p. 33.
(2) *Erinnerungen*, par Hausrath, p. 128.

parlait jamais du clergé qu'en employant les mots *Die Pfaffen* (qui expriment un grand mépris), car, dans son opinion, le clergé constituait une classe d'hommes très inférieurs ». Il était nécessaire de citer cette opinion en terminant cette étude de l'influence que Treitschke a eue finalement sur son pays.

Selon un autre de ses apologistes (1), ce fut « un poète, un artiste, un historien, un professeur, un orateur, un publiciste dont l'influence fut souveraine sur les historiens d'aujourd'hui, et non seulement sur eux, mais sur tous les Allemands instruits qui le considéraient comme un prophète et comme l'apôtre de l'Allemagne ».

La nation ne s'est que trop bien assimilé son évangile fou et funeste de force brutale et d'agression ; elle l'a considéré comme l'idéal humain le plus élevé, et il est difficile de décider qui est plus coupable du sang versé, des dupes qui précipitèrent la guerre actuelle, ou de Treitschke lui-même qui en conçut l'idée folle, fit des armements son idole, et de la guerre un devoir sacré.

(1) Conférence de Marx : *Heinrich von Treitschke*, 1906.

CHAPITRE XI

LA PRESSE REPTILIENNE. — BISMARCK.

Le but des chapitres précédents sur les écoles, les Universités, les Églises, etc., de l'Allemagne a été de montrer le terrain dans lequel les germes empoisonnés du pangermanisme se sont développés ; bref, les conditions qui ont favorisé le développement de cette remarquable plante. Ces institutions ont servi non seulement de plates-bandes, mais aussi de canaux par lesquels se sont transportées les funestes idées d'agression par la force brutale et celles de la mission de l'Allemagne comme puissance mondiale. Ces institutions seules eussent été probablement insuffisantes ; elles représentent seulement le domaine de la parole. Mais le pouvoir des écrits est infiniment plus grand.

L'éloquence d'un grand prédicateur n'émeut que les personnes qui ont pu trouver place, assises ou debout, entre les murs de son église ; mais les journaux, par exemple, pénètrent presque dans chaque *home*, et leur influence s'y étend à un public qui se compte par centaines de mille ;

c'est la raison pour laquelle la presse nationale doit être honnête et libre.

L'Allemagne prétend que le premier journal, tiré à Augsbourg sous la forme d'une petite feuille commerciale et maritime, fut publié par la famille du grand commerçant de cette ville, Fugger. Que cela soit vrai ou ne le soit pas, ce n'est guère qu'une question d'érudition, mais ce qui est d'un intérêt immédiat, c'est de noter que la presse allemande est en arrière de plusieurs siècles sur celle d'au moins trois puissances européennes : l'Angleterre, la France et l'Italie. En ce qui concerne la liberté, la personnalité, l'indépendance, la rapidité de la publication, l'intégrité, la véracité, les services télégraphiques et autres, la publication et les organisations de distribution, la presse londonienne est séparée de celle de l'Allemagne par un abîme, au désavantage de cette dernière.

Les Teutons éclairés se plaignent souvent que beaucoup d'aspects de leur vie publique n'aient pas changé depuis le temps de leurs aïeules. Nulle part peut-être le mot de « grand'mère » n'est plus applicable qu'à la presse et aux journaux allemands ; ajoutez à cela que c'est une vieille dame mauvaise, à la langue virulente, appartenant au pire type des grand'mères. Elle n'exprime pas les grands principes de l'opinion publique (1),

(1) Il n'y a pas d'opinion publique solide et éclairée en Allemagne. C'est l'instinct de conservation de l'État qui empêche l'apparition de ce phénomène. Il n'y a pas de règles pour le bien et pour le mal qui soient généralement acceptées et qui manifestent l'expression de la conscience nationale, mais il y a beau-

elle ne cherche pas à la former ni à l'éduquer dans le meilleur sens, mais elle s'abandonne à de violentes et haineuses vantardises ou à de lourds sarcasmes allemands. Malgré cela les écrits de la presse sont acceptés comme vérité d'évangile par des millions de lecteurs.

Quand on parle de la presse anglaise, l'homme moyen pense tout de suite aux journaux quotidiens londoniens. La presse allemande, elle, n'est pas représentée par les journaux publiés à Berlin. En fait, au moins deux organes importants sont publiés à Cologne et à Francfort-sur-le-Mein, ce sont le *Kölnische Zeitung* et la *Frankfürter Zeitung.* Ces deux journaux sont, avec le *Berliner Tageblatt,* les trois seules feuilles quotidiennes auxquelles on peut avec quelque effort d'imagination appliquer l'adjectif grand. De même que tous les autres organes importants de l'Allemagne, ils sont quelque peu encombrants, en ce sens qu'ils ont cinq éditions quotidiennes.

Beaucoup de journaux n'ont qu'une édition par jour, mais tout journal important en a au moins deux, une *Morgen* (du matin) et une *Abendblatt* (du soir). L'exemple suivant montrera combien leurs méthodes sont lentes :

L'archiduc héritier d'Autriche et son épouse morganatique furent assassinés le 28 juin au matin ; la tragédie fut annoncée dans la soirée du même jour par des télégrammes affichés à

coup de mots vides, de credos politiques, religieux et sociaux vaguement unis par les liens de la nationalité et l'aversion commune pour l'Angleterre.

l'extérieur des bureaux des journaux. Le lundi matin 29 juin à 8 h. 30, je demandai un journal à la bibliothèque de la gare d'Erlangen : il n'y en avait pas ; une heure plus tard, je m'informai à la même source à Nuremberg, et j'appris que les journaux n'étaient pas encore arrivés. Plus tard les feuilles locales et les grands journaux furent mis en vente : ils contenaient un maigre récit de l'attentat. Le mardi, deux journaux de Londres arrivèrent (publiés le lundi matin) ; ils racontaient en plusieurs colonnes le meurtre, donnaient les biographies des victimes, leurs portraits, des vues de Serajevo, etc. ; les journaux allemands publiés ce même mardi donnaient des récits assez détaillés, la plupart cependant recueillis dans les journaux anglais publiés le lundi 29 juin (1). Le jeudi suivant à une conférence faite devant un certain nombre de jeunes gens se préparant aux écoles de l'État, je montrai les journaux anglais et allemands pour faire remarquer combien plus rapidement les journaux anglais réunissaient et distribuaient les nouvelles dans toutes les parties du monde ; les auditeurs ne me témoignèrent aucune gratitude pour cette leçon !

Les journaux les plus riches eux-mêmes ont peu de correspondants dans leur propre pays,

---

(1) Le docteur Karl Peters, dans son livre sur l'Angleterre, signale en termes sévères la lenteur du journalisme allemand. Il déclare que les principaux instruments d'un bureau de rédaction allemand sont une paire de ciseaux, un pot de colle et un pinceau. C'est vrai. Les grands journaux allemands obtiennent leurs renseignements au moyen du télégraphe et des lettres ; le menu fretin emploie les ciseaux et le pot de colle.

tandis qu'au dehors leurs correspondants étrangers sont rares et éloignés les uns des autres. Pour
leurs nouvelles, ils s'en rapportent entièrement
aux agences de la presse, y compris l'agence Wolff
qui est officiellement subventionnée, et aux
journaux de Londres et de Paris.

En bien des occasions, j'ai dit à des Allemands
que les grands quotidiens anglais avaient un correspondant dans toutes les villes importantes du
monde, mais on accueillit cette information comme
si elle était digne du baron Münchhausen (monsieur de Crac), et avec la conviction, chez mes
auditeurs, que le gouvernement anglais devait
payer d'énormes sommes à ces journaux à cause
de leur propagande nationale. L'esprit d'initiative est chose tout à fait inconnue du journalisme allemand.

En 1906, un journal quotidien de Londres me
chargea de visiter Augsbourg et d'interviewer le
major Parseval au sujet de son dirigeable. Je fus
reçu fort aimablement, mais avec un étonnement
naïf causé par la pensée qu'un journal pût dépenser
tant d'argent (125 francs environ) pour un tel objet.

Peu de gens en Allemagne ont cru que, lorsque
le *Standard* changea de mains, on paya 17 millions et demi de francs pour l'acheter ; une petite
brochure publiée par le *Daily Mail* pour décrire
ses débuts et son développement a excité une
joyeuse hilarité. L'Allemand moyen ne peut pas
être convaincu que sa patrie a quelque chose à
apprendre des autres pays en ce qui concerne le
journalisme.

Une presse nationale saine est depuis longtemps
un des besoins les plus criants de l'Allemagne ; il
aurait fallu des journaux ayant le sens de leur
responsabilité qui, comme de grands phares,
auraient illuminé les coins sombres de la vie de
caserne, les injustices cyniques des conseils de
guerre, la traite des blanches parmi les demoi-
selles de magasin et les servantes de restaurant,
le brutal égoïsme de la vie d'étudiant, en résumé,
mille et un des maux et hypocrisies cachés sous de
brillants uniformes, qui détruisent réellement la
justice et l'honnêteté entre les hommes. Au lieu
de cela, nous avons le spectacle d'une presse dont
les colonnes sont remplies de détails nauséabonds
et pervers sur Fürst Eulenburg, Frau Shoene-
beck et leur école, de querelles personnelles entre
éditeurs qui lavent leur linge sale en public, du
conflit des croyances religieuses et politiques,
d'insultes mutuelles entre les États formant l'Empire allemand ; tout cela délayé avec beaucoup
d'envie et de fiel amer contre l'humanité en
général (1).

Une presse de ce genre est exactement en
mesure de servir les fins de l'État prussien, et il
est certain que le gouvernement, au moyen de
la législation, a rendu le développement de toute
autre espèce de presse absolument impossible. En

____

(1) *Das Vaterland*, journal bavarois, fut fondé dans le but
d'attaquer tout ce qui était prussien. Il vécut entièrement de
grosses injures. On dit que son fondateur a forgé l'épithète qui
est attachée aux Prussiens, c'est-à-dire *Saupreusse* (truie prussienne).

Angleterre, dans des procès en diffamation, on lit souvent ces mots comme arguments de justification : « commentaires loyaux sur des sujets d'intérêt public ». Un tel moyen de défense serait insuffisant pour empêcher un directeur de journal allemand d'être emprisonné ou d'être puni d'une grosse amende. Il doit prouver qu'il s'agissait de *berechtigte Interessen* (1) (d'intérêts justifiés), et de ceux-ci, selon les lois allemandes, il y en a fort peu. Supposez un instant qu'un journaliste critique quelque injustice militaire, par exemple les mauvais traitements dont sont victimes les soldats, il peut être poursuivi et doit prouver alors en quoi cette affaire concerne ses « intérêts justifiés » ; s'il n'y réussit pas, il sera condamné. Que cette question soit d'intérêt public, cela ne lui sert de rien ; l'affaire ne le touche pas directement, ni lui ni son journal.

Il en résulte en pratique que seuls, l'État, les autorités militaires ou la police ont des « intérêts justifiés », et pour que l'auteur de l'article en soit bien persuadé, il est condamné à quelques mois d'emprisonnement afin de méditer sur un tel acte de présomption : aider l'État à s'occuper de ses affaires !

Quant aux questions internationales, les journaux n'ont jamais exprimé que le point de vue officiel. Leur horizon politique manque de largeur; tout développement d'une puissance européenne, dans quelque partie du globe que ce soit, pro-

_____

(1) Paragraphe 193, code pénal allemand (*Strafgesetzbuch*).

voque généralement des diatribes au sujet du danger que court l'Allemagne et de ses intérêts qui sont trahis !

Pendant les trois mois du printemps 1914, la presse allemande tout entière ne cessa de parler de la Russie en termes des plus violents ; le seul motif qui avait causé cette avalanche de menaces était que la Russie avait exprimé l'intention de mettre de l'ordre dans ses affaires militaires (1). L'Allemagne a le droit de tenir son « épée aiguisée », sa « poudre sèche », mais toute nation qui ose prendre des précautions semblables est accusée de trahison préméditée contre l'Empire allemand et des myriades de grands ou de petits journaux entrent en lice avec des invectives, des injures et une haine enflammée. Dans de telles polémiques, les gouvernants mêmes des pays voisins ne peuvent espérer échapper à des attaques immondes et violentes.

La campagne de presse allemande contre la Russie fut approuvée officiellement. On en peut trouver la preuve dans les sombres allusions de Bethmann-Hollweg au Reichstag. Dans son ensemble, cependant, la presse allemande s'est

(1) Aucun sujet de conversation ne donne un thème plus facile à l'éloquence que celui de la pourriture de la Russie, du manque de préparation de l'Angleterre et de la décadence de la France (?). Cependant, si ces pays proposent des réformes ou étendent leur organisation, ils servent de texte à d'amers sermons sur leurs desseins contre la pacifique Allemagne. Le fait est que l'Allemagne désire s'occuper non seulement de ses affaires personnelles, mais aussi des affaires intérieures de ses voisins, comme l'a témoigné la lettre du Kaiser à lord Tweedmouth.

montrée mal informée des questions internationales. Durant la semaine fatale qui a précédé
la guerre, ses journaux ne s'occupèrent que très
peu de la politique anglaise qui était le facteur
dominant de toute la situation, tandis que ces
mêmes journaux exposaient longuement comment
l'Italie avait promis de se joindre à l'Allemagne
contre la Triple-Entente et comment le Japon
avait l'intention de déclarer la guerre à la Russie.

Tout lecteur habituel des journaux allemands
arrive vite à cette conclusion que ces journaux
sont dans l'impossibilité de discuter avec modé-
ration les affaires de l'Allemagne, mais on leur
donne toute licence dans leurs critiques des pays
ou des monarques étrangers ; c'est dans ce genre
d'attaques injurieuses qu'un semblant d'unité
est visible. Il est impossible de déterminer jusqu'à
quel degré de telles campagnes sont machinées
par le bureau officiel de la presse à Berlin, mais
rien ne prouve que la « presse reptilienne » soit
moins active que du temps de Bismarck. Sa
voix peut être, et est achetée et vendue. Elle
se trouve dans une position financière beaucoup
trop précaire pour qu'on puisse espérer qu'elle
soit au-dessus de la corruption.

Les journalistes sont misérablement payés,
et ne jouissent d'aucune considération; aussi
n'inspirent-ils pas confiance. L'homme dont le fils
s'est compromis téléphone simplement aux journaux et tout compte rendu est supprimé, moyennant indemnité. Si un homme d'affaires important
ne fait pas de réclame dans les journaux locaux,

il s'expose à de grossières attaques, inspirées par ses concurrents. Je suis, pour ma part, d'accord avec un éminent Bavarois (1) qui fit devant moi cette remarque : « La presse est capable de tout! »

Il n'est malheureusement pas facile de montrer comment les pouvoirs publics se servent de la presse, mais on peut donner au moins une preuve qu'une foule de journaux reçoivent de l'argent des autorités. Dans chaque ville ou arrondissement, un journal, presque toujours celui qui a la plus grande influence, est choisi par le bourgmestre ou le conseil municipal comme son organe officiel. Ce journal porte le titre de *Amtsblatt* (gazette officielle) et c'est seulement dans ses colonnes que sont publiées toutes les informations émanant de la municipalité ou de l'État (annonces pour adjudications et tout ce qui peut être considéré comme règlements locaux, les avis militaires, les demandes d'impôts et de taxes, les règlements des brasseries, etc.). Chacun est moralement obligé de prendre ce journal, autrement il ne connaîtrait pas les derniers règlements de la police, de l'armée et les autres avis officiels ; son ignorance ne le protégerait pas s'il trangressait l'un d'eux.

Ces journaux n'attaquent jamais les autorités, car il en résulterait que la partie la plus lucrative de leurs affaires serait donnée à quelque autre directeur de journal plus servile. L'Allemagne

(1) Dr Tocnissen, d'Erlangen. C'est un Allemand du Nord par sa naissance, mais il est fort estimé en Bavière. Le roi actuel Ludwig a été son hôte.

souffre d'une pléthore de publications quotidiennes, dont la grande majorité est affreuse-
ment pauvre ; or, la source certaine des revenus
de cette presse provient de la ville ou de l'État
et les propriétaires de journaux sont heureux de
vendre leur conscience. Leurs colonnes sont
ouvertes à tout ce qui vient d'au-dessus, *von
oben*, pour se servir de la phrase usuellement
employée en parlant des autorités et des supérieurs dans un sens indéfini.

Dans ces publications insignifiantes, appelées
en langage vulgaire *Käsblatt* (c'est-à-dire papier
bon seulement à envelopper le fromage), on peut
trouver des articles qui n'émanent pas de journalistes, leur style et leur contenu trahissent
le spécialiste.

Dans ces *Käsblätter* paraissent, par intervalles,
des articles sur l'Angleterre, la marine, la rivalité commerciale entre les deux pays, le besoin
d'une flotte de guerre pour en finir avec le butor
anglais, et autres thèmes semblables, qui témoignent d'une réelle connaissance et d'une puissance intellectuelle qu'on ne trouve pas dans le
cerveau d'un journaliste à 38 francs par semaine,
du factotum d'un *Amtsblatt* allemand. Dans la
bibliothèque de l'Université, on voit un grand
nombre de journaux provenant de toutes les
parties de l'Allemagne ; mais le mystère qui entoure
ces articles bien faits s'obscurcit encore pour moi,
quand j'observai que ces articles apparaissaient
et réapparaissaient à différents moments et à
différents endroits. Sans l'ombre d'un doute, ils

étaient mis en circulation par quelque **bureau**
central comme le Bureau officiel de la presse **ou**
la Ligue navale allemande et leurs auteurs pouvaient être des hommes d'État ou des amiraux,
en tout cas des hommes de talent.

C'est ainsi que les autorités allemandes ont
toujours une porte ouverte par laquelle leurs
idées peuvent pénétrer dans presque tous les
intérieurs, car, outre la contrainte morale qui
oblige presque tout homme à acheter ces journaux, leur prix est ridiculement bas.

Deux exemples suffiront à montrer cette
modicité des prix. Le *Amtsblatt* de Nuremberg
est la *Fränkischer Kurier*, l'organe du parti
national libéral ; il a treize éditions par semaine, deux par jour en semaine, et une édition plus développée le dimanche matin. Les
abonnés paient 4 fr. 65 par trimestre, y compris
les frais d'envoi. A Erlangen, il y a le *Erlanger
Tagblatt*, avec une édition quotidienne coûtant
0 fr. 60 par mois (1).

Très peu de journaux allemands sont payés
10 centimes, excepté quand des exemplaires
sont vendus séparément dans les gares de
chemins de fer. Les annonces sont aussi extraor-
dinairement bon marché, et il n'est pas douteux
que ces prix soient déterminés, comme ailleurs,
par l'importance du tirage.

Les Allemands patriotes furent profondément

(1) Les journaux allemands sont pris à l'abonnement. Je n'ai
vu de journaux vendus dans les rues qu'à Berlin. Il n'y a pas
d'affiches.

blessés du rapport de leur propre commissaire sur
la section allemande de l'exposition de Chicago,
où ce dernier parlait des objets manufacturés allemands exposés comme étant « de peu de valeur
et laids ». Il est depuis longtemps évident que
les Allemands ont beaucoup fait pour corriger
ce défaut, mais il dépare toujours la presse allemande. Même au xxe siècle, celle-ci est revêtue
d'une couche épaisse de moisissure académique,
que le progrès moderne n'a pu entamer. Sa lour-
deur, son manque de style littéraire, ses sarcasmes
caustiques, son amour des personnalités et de
la polémique, feraient triste figure, comparés au
journalisme anglais du temps de Defoë et des
pamphlétaires.

Il y a cependant un moyen de réparer les
attaques personnelles : la loi oblige les directeurs
de journaux à accepter et à publier une réponse
si la victime le désire, mais la loi ne peut l'empêcher d'ergoter des semaines au sujet du ton et de
la forme de cette réplique.

Les capitalistes allemands ne semblent pas
considérer le journalisme comme un placement
de premier ordre, ce qui explique probablement que les services télégraphiques et télépho-
niques soient si arriérés, et qu'il y ait si peu de
gens d'une réelle valeur qui **entrent** dans le journalisme. Il leur offre de trop rares occasions de se
distinguer. En outre, un directeur de journal peut
aisément obtenir d'être logé et nourri aux frais
du public (mis en prison) ou se trouver dans l'obligation d'avoir à se battre dans une série de duels.

Ces conditions ont développé un talent spécial pour les insinuations et les lâches attaques voilées, dont nous chercherions en vain d'autres exemples ailleurs.

Quant au propriétaire et aux actionnaires, si exaspérés qu'ils soient des liens qui entravent la liberté de la presse, ou quelque désir qu'ils aient de réformer quelque chose « dans ce royaume pourri de Danemark », on les empêche facilement d'agir par la menace du danger, très fréquent, d'avoir leur matériel d'imprimerie et de publication saisi et confisqué par la police.

Il n'y a peut-être pas de meilleur miroir que la presse pour observer la vie courante d'une nation ; et la presse allemande reflète très exactement le caractère national : elle est querelleuse, vaine, pleine d'ostentation, vulgaire, par-dessus tout malpropre. J'ai déjà fait mention des rapports obscènes des procès, mais si ce point avait besoin d'une confirmation, on la trouverait dans les colonnes d'annonces, cet heureux terrain de chasse pour les hommes et les femmes qui cherchent une liaison, pour les dames qui désirent une tranquille retraite, et pour différents autres sujets nauséabonds sur lesquels il est inutile de s'étendre ici (1).

(1) L'Allemand de la classe moyenne, en s'établissant dans une ville, fait généralement paraître une annonce dans le journal local pour demander à faire la connaissance d'une jeune fille qui l'accompagnerait dans ses promenades et excursions dominicales. Par suite de l'intervention de la police, ces annonces sont maintenant mises sous cette forme : « Un monsieur cherche

On peut trouver une autre source de cette
immoralité nationale ou plutôt un autre débouché
pour elle dans les journaux soi-disant humoristiques. La conception d'un *Punch* (1) n'a pas
encore été réalisée et il serait difficile de trouver
un journal comique allemand qu'une famille
décente osât introduire chez elle. Parmi ces journaux, le plus populaire (fait qui en dit long sur
le goût allemand) est le journal hebdomadaire
de Munich *Simplicissimus*, dont le professeur
Geiger d'Erlangen me disait un jour *es ist ein
Volksgift* (c'est un poison national). Cependant
on le trouve dans des milliers de familles riches,
dans les restaurants, les cafés, les bibliothèques
publiques, chez les coiffeurs ; on peut aussi l'acheter dans toutes les bibliothèques de gare de
l'Empire, et cela jusqu'au moment où il offensa
l'État par des caricatures du Kronprinz et du roi
de Bavière. La plus grande partie du personnel
de ce journal a fait connaissance avec les prisons
allemandes.

La caricature du roi Ludwig était parfaitement
inoffensive. Tout le monde sait que ses uniformes
ne vont jamais bien et cependant on considéra
comme un délit criminel de l'avoir caricaturé avec
son pantalon tout froissé et plissé, et d'avoir mis
sous ce dessin une plaisanterie suggérant la ressemblance avec un accordéon. Ce journal fut

à se marier », ou « Un monsieur désire échanger des leçons
d'anglais avec une dame ». Le but et le résultat sont les mêmes,
mais la forme est devenue plus particulièrement allemande.

(1) Célèbre journal satirique anglais. (N. d. l. t.)

banni des gares de chemin de fer de l'État à cause de cette facétie, et non à cause des innombrables gravures atroces qui ont été publiées depuis 1902 sur les familles royales d'Angleterre, de Russie et de Serbie.

Simplicissimus représente mieux que quoi que ce soit la vulgarité allemande, ce que confirment les applaudissements provoqués par ses efforts. Pendant la crise marocaine, un de ses dessins excita l'hilarité de millions de Teutons. Il représentait l'aigle allemand planant à une distance respectueuse au-dessus du lion britannique. Comme ce dernier levait sa tête alourdie de sommeil, le valeureux aigle lui crachait dans les yeux. Ni l'artiste, ni ses admirateurs n'ont réfléchi que le fait de cracher, bien que ce soit là un acte caractéristique des Allemands et des Allemandes dans les endroits publics, n'est pas, après tout, le moyen de combattre et de tuer un lion.

Un autre dessin, paru juste avant la guerre actuelle, montrait le Michel allemand endormi. Il était couvert de rats ; l'horizon entier figurait la Russie, d'où venaient des rats innombrables, représentant des Russes qui fourmillaient sur Michel. En dessous on lisait la légende : « Quand se réveillera-t-il et tuera-t-il cette vermine ? »

Il serait tout à fait impossible de réunir des exemples de l'*humour* « suggestif » allemand sans attirer sur cet ouvrage un boycottage bien mérité de la part du public anglais et des cabinets de lecture.

Parmi les quelques rares bonnes choses qui parurent dans *Simplicissimus*, il y eut les articles réalistes de Ludwig Thoma faisant le portrait du paysan bavarois, montrant son ignorance, sa superstition, sa nature essentiellement querelleuse, et, par-dessus tout, sa brutalité.

Qu'il suffise de dire que les journaux humoristiques allemands sont, dans leur ensemble, dirigés sans aucun égard pour ménager l'idéal du bon goût, politique, social et moral. Ce qu'il y a de plus malheureux est qu'ils sont extrêmement populaires, et vraisemblablement le resteront jusqu'au jour où l'opinion d'un public plus moral et plus sain prévaudra et les rendra impossibles.

En parlant de *Simplicissimus* avec des Allemands, j'en ai trouvé qui déploraient son existence, mais plus nombreux sont ceux qui le considèrent comme le plus brillant journal humoristique du monde; par contre, quelques personnes assurent que ce n'est pas un journal allemand. On dit qu'il est entre les mains des Juifs qui dirigent entièrement sa politique. Je ne puis ni confirmer, ni combattre cette affirmation (qui est la seule excuse présentée par certains Allemands vraiment honteux de ce journal); mais il reste incontestablement évident que d'innombrables Allemands achètent « ce poison national », le lisent, et dévorent son contenu. Quelqu'un a dit : « Dites ce qu'un homme lit et je vous dirai ce qu'il est », *quod erat demonstrandum.*

CHAPITRE XII

L'ENVERS DE LA *Kultur.*

Le 12 janvier 1915, plusieurs quotidiens de Londres publièrent les lettres suivantes écrites par un professeur à l'Université de Berlin ; elles parurent d'abord dans une revue néerlandaise et furent traduites en anglais par le professeur Alexander Souter, pour l'*Aberdeen Free Press.*

Berlin, 29 septembre 1914.

Mon cher ami,

Depuis des mois je n'ai pas écrit à un seul étranger ; un étranger est un ennemi jusqu'à ce qu'il ait prouvé qu'il ne l'est pas. Personne ne peut rester neutre dans ses relations avec l'Allemagne et avec le peuple allemand. On doit ou considérer l'Allemagne comme la plus parfaite création politique que l'histoire ait connue, ou approuver sa destruction, son extermination ; un homme qui n'est pas Allemand ne connaît rien de l'Allemagne.

Nous sommes moralement et intellectuellement

15.

supérieurs à tous et sans égaux. Il en est de même de nos organisations et de nos institutions.

Guillaume II, *deliciæ generis humani*, a toujours protégé la paix, le droit et l'honneur, quoiqu'il eût été possible pour lui d'anéantir toute chose par sa puissance. Plus son succès a été grand, plus il est devenu modeste. Son chancelier, Herr von Bethmann-Hollweg, le plus éminent des hommes de notre temps, n'a pas de plus grands soucis que ceux de la vérité, de la loyauté et du droit. Notre armée, telle qu'elle est, est l'image en miniature de l'intelligence et de la moralité du peuple allemand.

Nous devons sacrifier les meilleurs et les plus nobles parmi nous, dans une guerre contre les brutes russes, les mercenaires anglais et les fanatiques belges. Les Français sont ceux qui sont le plus semblables à nous.

Nous n'aurons pas de paix aussi longtemps que ces trois intrigants de l'Europe ne seront pas abattus. Nous désirons la paix et la sécurité et nous la garantirons aux autres ; nous souhaitons pouvoir continuer notre travail de civilisation... Nous faisons du bien à tout le monde.

L'Angleterre a une politique qui nous rappelle celle des États européens au XVIIIe siècle. L'Allemagne, au contraire, a appris au monde à se servir de sa conscience comme d'un guide dans la diplomatie, et à faire la guerre avec un esprit de loyauté. L'Angleterre va à sa ruine. La France peut encore être sauvée. Quant à la Russie, elle ne doit plus être notre voisine. Cette fois-ci nous nettoierons l'ardoise complètement. Malheur à vous, Albion ! Dieu est avec nous et défend notre juste cause !

Adolf Lasson.

Berlin, 30 septembre.

Cher ami,

Permettez-moi de vous donner quelques autres indications sur ce que pensent actuellement les Allemands cultivés.

Aujourd'hui la Hollande peut penser ce qu'elle veut ; mais toute action hostile à l'Empire allemand aurait les plus sérieuses conséquences. Pour cette Hollande d'aujourd'hui, nous, Allemands, avons peu de respect et de sympathie. Nous respirons à pleins poumons le large souffle de l'histoire, et nous ne savons rien de cette existence d'infortunés bourgeois !

Nous n'avons pas d'amis. Tous nous craignent et nous considèrent comme dangereux, parce que nous sommes intelligents, actifs et moralement supérieurs. Nous sommes le peuple le plus libre du monde, car nous savons obéir. Notre loi est la raison. Notre force est la force de l'intelligence, notre victoire sa victoire. C'est pourquoi nous pouvons lutter contre des ennemis nombreux, comme le fit autrefois Frédéric II.

La conspiration européenne a tissé autour de nous un réseau de mensonges et de calomnies. Quant à nous, nous sommes véridiques, notre caractéristique est l'humanité, la douceur, la conscience, les vertus du Christ. Dans un monde de

perversité nous représentons l'amour, et **Dieu**
est avec nous !

Adolf Lasson.

Malheureusement, le professeur Lasson n'a
pas expliqué sa conception de la *Kultur*; il prétend simplement que les Allemands sont les pro-
duits de la plus haute culture que l'histoire ait
connue jusqu'ici. Le savant philosophe, même
dans cette modeste revendication, n'est pas le
moins du monde original, car j'ai entendu des
centaines de Teutons exprimer la même prétention (1). Nous devons aller vers d'autres sources
pour découvrir ce que représente la *Kultur*.
Récemment le Kaiser répondait à un journaliste
américain que cela signifiait la plus profonde et
la plus large conception de l'univers et de tout
ce qu'il contient, en d'autres termes *Kultur* veut
dire lumière et connaissance.

Un des sujets du Kaiser (2) en a donné une
définition plus large encore : « Dans la conception
de *Kultur* nous comprenons tout ce qui distingue
l'homme de l'animal ». Un Anglais, dans le journal
l'*Evening News*, parlant de ce sujet, définissait la
Kultur « un système complet de choses organisées
selon l'idéal ou le point de vue allemand. La
Kultur comprend des actions telles que aller dîner

(1) Un Français qui a passé de nombreuses années en Allemagne a souvent dit à ses amis : « Ce peuple (les Allemands)
parle de la *Kultur*, mais il n'a pas la plus petite idée de ce que
la *Kultur* signifie réellement.

(2) Dr Paul Michaelis, dans son livre *Von Bismarck bis Bethmann* (Berlin, 1911, p. 273).

en ville et écouter des conférences, elle établit
des lois pour les colonies et un programme de lecture, elle met de l'ordre dans le salon, dans la
classe et dans les émotions. Elle encourage l'orgueil national, et la préparation nationale des
choux ; elle dissuade de la pitié, de la courtoisie
et de la légèreté de touche, aussi bien dans la cuisine que dans la littérature ». Je n'ai aucune critique à faire à ces trois interprétations ; j'ajou-
terai seulement à la dernière qu'elle comprend
l'ordre et la ponctualité, spécialement en ce qui
concerne les chemins de fer (1). Rien ne montre
mieux la grossièreté innée des Prussiens qu'une
faute contre la déesse ponctualité. Les chemins
de fer et différentes autres choses ne fonctionnent
pas en Bavière avec autant d'exactitude qu'en
Prusse ; aussi les Allemands du Nord voyageant
en Bavière n'hésitent-ils pas à donner leur opinion à ce sujet. J'ai entendu un Prussien exaspéré
déclamer au sujet de *diesen bayrischen Saustall* (2),
quand un train était cinq minutes en retard. Sa
Kultur ne lui avait pas appris à respecter les sentiments des voyageurs bavarois, mais sa doctrine
de revendication personnelle lui permettait de
parcourir l'Europe, tyrannisant les autres peuples

(1) Dans le premier chapitre du livre du Dr Karl Peters sur
l'Angleterre, il y a un discours lugubre sur le manque de
ponctualité des trains anglais et le contraste qu'ils offrent avec
les entreprises prussiennes dans ce domaine. Peters est un
écrivain intéressant, mais comme il comprend le sadisme dans
sa notion de la culture individuelle, nous n'avons pas lieu
d'être irrité de ses critiques.
(2) Oh ! cette porcherie bavaroise !

dans leur propre pays, acceptant avidement leur hospitalité et, en même temps, blessant leurs susceptibilités.

Après avoir sali de ses crachats les pavés des rues en Italie, les parquets des musées et les dalles des cathédrales, l'Allemand retourne dans sa Prusse bien-aimée pour y chanter *Ich bin ein Preusse* (1) et y discourir sur *die dreckischen Italiener* (les Italiens malpropres). Ni le professeur Lasson, ni les plus humbles sujets du Kaiser Guillaume ne possèdent assez d'humour pour se rappeler le proverbe concernant l'éloge de soi-même, dont l'équivalent allemand est : *Eigenlob stinkt* !

Après tout, la définition de la *Kultur* n'est pas si importante que l'application de l'idée qu'elle cache. Ici, les notions anglaises et allemandes sont diamétralement opposées. Selon ces dernières, la *Kultur* n'a pas pour objet de rendre l'homme plus noble, ni de l'affiner, ni de rendre plus élevée sa conception du caractère ; elle n'a aucun rapport non plus avec sa conduite envers ses semblables.

Les Anglais sont vieux jeu en s'imaginant qu'un homme cultivé et éclairé aura forcément un mode de vie plus noble et des mœurs plus pures. Le savoir et la *Kultur* doivent être obtenus pour eux-mêmes ; ils n'ont pas à transformer l'individu et l'individu n'a pas à se les assimiler pour se rendre lui-même et pour rendre ses semblables, grâce à eux, meilleurs et plus heureux. Il semblerait, cepen-

(1) « Je suis Prussien ». Ce sont les premiers mots d'un hymne national prussien.

dant, que l'Angleterre ait décidé de conserver
ses idéals démodés, et ceci m'encourage à discuter l'envers de la *Kultur*, bien que je sache d'a-
vance qu'au point de vue allemand les considérations suivantes n'ont aucun rapport avec la
question.

La *Kultur* implique des trains exacts, un bon
service de tramways, de magnifiques théâtres
municipaux, de brillants restaurants, des hommes à la stature raide en brillants uniformes,
mais avec des cœurs de païens, de gros agents
de police portant sabre et revolver, et qui trai-
tent le peuple comme une meute de chiens. En
outre, elle suppose des organisations sanitaires
malsaines dans les maisons allemandes, mais,
ceci n'étant pas chose extérieure, peut être passé
sous silence. Le mot « extérieur » a laissé échapper
le secret : car la *Kultur* consiste dans l'extérieur,
et n'a aucune relation avec les choses qui sont
cachées sous la surface. Ensuite la facilité à parler
de Nietzsche et de Kant, ou à sourire niaisement
devant les dernières extravagances de la musique
de Strauss, donne une indulgence spéciale pour
l'amour libre ; tandis que les uniformes élégants,
de bonne coupe, donnent le droit de piétiner toutes
les idées de justice humaine.

La *Kultur* n'est vraiment qu'une chose extérieure, c'est un blanchiment, et c'est cet extérieur qui cache les horreurs du sépulcre national
allemand. Comme telle, elle n'inspire pas notre
admiration, ni n'excite notre envie. En fait, nous
préférerions la passer sous silence, mais les tenta-

tives des Allemands pour le blanchiment du monde à l'aide de leur *Kultur* nous obligent à en dire quelques mots en passant.

Je me suis déjà occupé dans un autre chapitre de la question de la moralité en Allemagne. J'ai donné de nombreuses preuves de l'étendue de l'immoralité : le *Verhältnis System* ne fleurit pas en vain ; chaque année le nombre d'enfants illégitimes équivaut presque à un corps d'armée. Pour être précis, le nombre d'enfants nés de femmes allemandes non mariées durant la période de 1901 à 1910 est en moyenne de 178 115 par an (1).

Dans tous les pays civilisés, le *home* est considéré comme la base de l'existence nationale et sociale. Quand la sainteté de l'institution de la famille se perd, on remarque généralement que les forces immorales dominent. L'accroissement de la prospérité matérielle n'a pas amené un nombre plus élevé de mariages, en Allemagne, mais les divorces augmentent chaque année. Voici les chiffres :

Nombre de ménages demandant le divorce :

1906.	1907.	1908.	1909.	1910.	1911.
17 600	18 290	19 889	20 746	22 334	23 174

Nombre de divorces accordés :

1906.	1907.	1908.	1909.	1910.	1911.
12 202	12 803	13 478	14 586	14 858	15 815

(1) Tous les chiffres cités dans ce chapitre sont pris dans les publications du Bureau de statistique impériale de l'Empire allemand à Berlin.

Le paragraphe 172 du code pénal allemand déclare que l'adultère est punissable d'un emprisonnement qui peut aller jusqu'à six mois. La poursuite n'a lieu que lorsque l'adultère est officiellement dénoncé à la police.

J'ai entendu parler de duels qui étaient le résultat d'adultères, mais je n'ai jamais entendu parler d'emprisonnement. Les procès de divorce sont toujours jugés à huis clos et aucun compte rendu n'en est donné dans la presse.

Les procès pour rupture de fiançailles ne sont pas admis par la loi allemande et on ne peut réclamer des dommages et intérêts en compensation d'un ménage brisé par un adultère. Les Allemands considèrent que les dommages et intérêts tels qu'ils sont accordés par les cours anglaises pour le divorce sont une preuve que les Anglais n'ont pas le sens de l'honneur personnel. Quelques moyennes suffiront à indiquer à quel chiffre s'élèvent les autres formes d'immoralité. Entre les années 1897 et 1907, il y eut 5 734 personnes condamnées pour incestes, 8 411 individus condamnés pour mœurs contre nature. Pendant cette même décade, il n'y eut pas moins de 93813 hommes et jeunes gens paraissant devant les tribunaux pour viol.

Ces chiffres deviennent vraiment effrayants, si l'on réfléchit que « la bête blonde » (1) viole 9 381 (2) femmes ou jeunes filles de son propre

____

(1) C'est ainsi que Nietzsche dénomme l' « énergique » race allemande. (N. d. l. t.)

(2) Ces chiffres ne comprennent pas les crimes qui n'ont pas

pays par an, et cela en temps de paix, sans y être incitée par la guerre et l'effusion du sang. Quand on s'est pénétré de ces faits, il n'y a pas besoin de beaucoup d'imagination pour comprendre la vérité des rapports officiels publiés par les gouvernements français et belges relatant les atrocités perpétrées dans leur pays durant la guerre actuelle.

Néanmoins, nous avons le triste spectacle de MM. Keir Hardie et Ramsay Macdonald qui hochent la tête et disent : « Il n'y a pas de preuves ». Ces messieurs auront-ils la témérité de douter des preuves données devant les cours de justice allemandes? Il est dur pour eux d'admettre qu'ils ont été les chefs aveugles d'une bande d'aveugles, mais il est encore plus amer pour eux de voir des myriades de leurs *Genossen* (camarades) de leur « terre promise », pénétrés des enseignements de la *Sozialdemokratie,* donnant libre cours à leur brutalité latente contre les femmes et les jeunes filles de Belgique et de France. Le militarisme n'est pas entièrement responsable de ces horreurs ; le militarisme allemand et la *Sozialdemokratie* allemande se partagent la culpabilité. Le militarisme a fait l'entraînement et l'éducation militaire du tigre humain ; Bebel, Marx, Liebknecht et Cie l'ont libéré de toute responsabilité devant Dieu et devant les hommes. Les atrocités de Belgique sont aussi bien les fruits des

provoqué d'arrestation. Pendant l'été 1914, trois petites filles furent violées à Erlangen et la police fut incapable de trouver les criminels.

doctrines *Sozialdemokraten* que du militarisme, et je donne la première place aux amis de M. Keir Hardie.

L'Allemagne est devenue la terre classique de ces deux forces : le militarisme et la *Sozialdemokratie* athée et immorale ; on a pu remarquer que les Allemands de 1870 étaient loin d'être aussi brutaux dans la guerre qu'ils ne le sont dans la lutte actuelle (1).

Pendant les quarante-quatre dernières années, les enseignements de Bebel, Engel et Marx ont poussé de profondes racines en Allemagne ; j'ai passé des années à observer le résultat du levain d'envie de Bebel, et j'affirme que les basses classes allemandes, représentées par 4 millions un quart d'hommes, qui votèrent en 1912 pour la *Sozialdemokratie*, sont brutales et recouvertes d'un simple vernis de *Kultur* ; les statistiques de la criminalité allemande confirment d'ailleurs cette assertion.

Il serait injuste d'accuser les *Sozialdemokraten* allemands de tous les crimes en temps de paix et de toutes les atrocités en temps de guerre, mais on doit compter avec ce fait que des milliers de soldats du Kaiser sont membres de ce parti qui n'a rien apporté de bon, ni en religion, ni en morale, ni dans les affaires courantes de l'Allemagne moderne.

(1) Je donne dans l'appendice la statistique des crimes dans l'armée allemande et dans la marine. Je considère qu'elle tend à prouver que le militarisme allemand a moins contribué à la criminalité allemande que les doctrines *Sozialdemokraten* pendant les quarante dernières années.

Le 30 juillet 1914, ma femme me dit que la domestique désirait nous quitter aussitôt que la guerre éclaterait, afin de retourner chez ses parents. Ce départ nous plaçant dans une position gênante, je demandai des raisons. La jeune fille, âgée de vingt-cinq ans, intelligente et expérimentée, me dit qu'elle serait effrayée de rester à Erlangen par crainte des *Sozis*. J'eus la preuve, par ses réponses à d'autres questions, qu'elle était réellement effrayée et qu'elle craignait d'avoir à subir des violences sur sa personne de la part de quelques individus des basses classes, qu'elle désignait sous le nom générique de *Sozis*. Elle parlait de gens de son propre niveau; sa crainte n'était donc pas l'effet d'une imagination féminine. Cette peur est partagée par toute la société ; les dames allemandes ne se promènent jamais dans les belles forêts ou à la campagne sans être escortées.

Il est instructif, quand on parle des outrages contre les jeunes filles, de noter la durée de la peine à laquelle le code pénal condamne les coupables. Le paragraphe 182 déclare : celui qui séduit une jeune fille au-dessous de seize ans est passible d'un emprisonnement qui peut aller jusqu'à un an ; la poursuite n'a lieu que si les parents ou le tuteur dénoncent le coupable à la police. La ruse légale que révèle la seconde partie de la phrase mérite la plus sévère condamnation ; en pratique, cela signifie que la majorité de ces crimes n'est jamais connue et que le criminel reste impuni.

D'après les enseignements de Herr Bebel, le désir sexuel doit être satisfait, c'est une jouissance qui concerne l'individu seul ; en outre, la chasteté est chose sans importance ; les parents qui, pour la plupart, sont imprégnés de cette doctrine sont capables de laisser acheter leur silence, et si je puis croire ce qui m'a été dit en Allemagne, c'est justement cette méthode que choisit le coupable pour empêcher une dénonciation à la police.

Avant de quitter ce sujet, voyons quelques autres articles du code pénal : le châtiment encouru pour avoir frappé un monarque est ou la mort ou la servitude pénale pour la vie ; la pénalité minimum fixée pour insultes au Kaiser, au Kronprinz, ou à un des membres des autres familles régnantes, est de deux mois d'emprisonnement. L'insulte ou la diffamation est punie d'une amende qui peut aller jusqu'à 750 francs, ou de l'emprisonnement pendant un an. Le faux témoignage est considéré comme une faute très grave, la pénalité maximum est de dix ans. D'un autre côté, pour avoir blessé sérieusement quelqu'un, le criminel ne peut pas être condamné à plus de cinq ans de servitude pénale.

Bien des cas que nous considérerions en Angleterre comme des homicides sans préméditation ou des meurtres sont classés en Allemagne parmi « les blessures sérieuses ayant occasionné une issue fatale » ; le juge condamne à quelques années d'emprisonnement, en moyenne quatre. Les statistiques de la criminalité contenues dans ce paragraphe (n° 224) méritent d'être citées tout au long :

Attaques ayant causé des blessures légères.

	1907.	1908.	1909.	1910.	1911.
Nombre de personnes accusées...........	35 226	34 453	32 999	31 775	30 466
Nombre de personnes condamnées........	27 418	26 803	25 677	24 668	23 745

Attaques ayant causé des blessures graves.

	1907.	1908.	1909.	1910.	1911.
Nombre de personnes accusées...........	119 841	123 313	118 881	117 864	115 950
Nombre de personnes condamnées........	94 471	97 235	93 175	92 193	90 881

Assassinats et homicides sans préméditation.

	1907.	1908.	1909.	1910.	1911.
Nombre de personnes accusées...........	326	338	350	365	375
Nombre de personnes condamnées........	280	300	292	303	322

A peu d'exceptions près, la condamnation à mort pour meurtre est commuée en servitude pénale pour la vie. Les crimes violents méritent une sérieuse attention, ils sont caractéristiques de l'Allemagne et ont suscité des commentaires de la part de Treitschke et de ses adversaires du parti de la paix. L'apôtre de la guerre écrit (1) : « Il y a des épidémies de crimes qui sont un très sérieux danger pour une nation. Jusqu'en 1860, il semblait certain que les crimes violents diminuaient, et que seuls les vols et délits augmentaient en temps de paix. Depuis, l'habitude des

(1) *Die Politik*, II, p. 425.

coups de couteau s'est développée tout à coup. Dans les classes ouvrières, on se mit à porter sur soi des couteaux, sortes de poignards, et les crimes de brutalité si nombreux de notre temps ont continuellement augmenté.

« La manière dont l'effusion du sang (*Blutleckerei*) s'étend, comme une épidémie, est vraiment effrayante, et l'État doit prendre contre elle des mesures de précaution. Il en est de même de la terrible augmentation des attentats à la pudeur (viols, etc.). »

Les mesures de précaution prises par l'État sont consignées dans le paragraphe 224 du code pénal allemand. Ce sont de pures mesures pénales de répression, et le châtiment n'est pas assez sévère pour le délit. L'adversaire de Treitschke, *Pfarrer* Umfrid, attribue franchement l'augmentation de tous les crimes au militarisme. Son argument est que lorsqu'un homme est entraîné à se servir obligatoirement d'armes, il se sert naturellement d'une arme pour régler ses querelles.

J'admets que le militarisme puisse être une des causes de ces crimes, mais je suis enclin à en ajouter quelques autres. Premièrement, la brutalité innée de la nation allemande entière, et son culte de la force brutale. Deuxièmement, l'Allemagne n'a pas connu, pendant le xixe siècle, de grand mouvement humanitaire, qui eût pu répandre en elle un idéal plus élevé d'action humaine et inculquer l'idée que la vie humaine est sacrée. Troisièmement, la large diffusion des doctrines de la *Sozialdemokratie* a coïncidé avec cette terrible augmentation de la criminalité.

Bebel et son école ont libéré l'individu du respect dû à Dieu et à l'homme et ouvert les écluses de la haine de classes. Il n'est donc pas surprenant que le peuple en Allemagne, après qu'on lui a enseigné qu'il n'est responsable ni devant Dieu ni devant les hommes, se fasse justice à lui-même. En tout cas, un fait est certain, c'est que l'Allemagne tient, parmi les nations civilisées et avec une moyenne de plus d'un corps d'armée, le record des hommes blessés annuellement, en temps de paix !

La *Kultur* apprend aux classes riches à terminer leurs querelles par un duel, mais il n'y a pas de code d'honneur par lequel l'ouvrier puisse arranger ses différends ; aussi se saisit-il du couteau, du revolver ou du bock de bière, et obéit-il à ses instincts.

Ce n'est certes pas une vue édifiante que celle de deux ouvriers anglais se battant à coups de poings, mais c'est un tableau d'une culture sociale qui est en avance de plusieurs siècles sur celle des classes ouvrières allemandes, en dépit de leur universelle acceptation de la « fraternité humaine ».

Les Anglais sont loyaux dans leurs luttes, peu de mal en résulte et une lutte loyale est un code d'honneur. Parmi les Allemands, il n'y a pas de lutte loyale : dix hommes peuvent en attaquer un ; si ce dernier tombe, on peut le frapper à coups de pied, alors qu'il gît à terre.

L'idéal exprimé par la phrase populaire *fair play* (lutte loyale) n'a jamais lui dans l'esprit

d'aucune partie du public allemand. Les idées
de loyauté d'une part, et de brutalité de l'autre,
n'ont pas d'équivalent dans la langue allemande.
L'esprit allemand n'a pas encore conçu ces notions, donc la langue allemande n'a pas appris à
les exprimer. Selon les idées allemandes, si vous
êtes obligé de combattre, vous pouvez donner des
coups de pied, égratigner, mordre ou poignarder ;
le seul but est d'être vainqueur.

La guerre actuelle met seulement en évidence,
sur une plus large échelle, l'idéal des Teutons ou
plutôt leur absence d'idéal, et il est inutile de
récriminer à chaque acte de piraterie ou à chaque
« coup en dessous de la ceinture ». La *Kultur* ne
reconnaît pas « de ceinture ». La même chose
s'applique aux écoliers : s'ils se battent, les méthodes sont les mêmes, seulement les armes ne
sont que des bottines, des cannes et des pierres.

La brutalité perce dès les jeunes années, ainsi
qu'on peut le prouver en se référant aux statistiques des tribunaux pour jeunes criminels.
En 1912, les crimes suivants furent commis par
des garçons de douze à dix-huit ans : viols, 952 ;
meurtres et homicides sans préméditation, 107 ;
blessures, 8 987 ; dégâts causés à la propriété,
2 938 ; incendies volontaires, 148. Le crime a
progressé par sauts et par bonds ; en 1897, le nombre des crimes de toutes espèces réclamant l'attention des autorités était de 559 007. Dix ans
plus tard, le nombre s'en était élevé à 643 396.

Un homme brutal est généralement vindicatif,
prêt à la vengeance, et le couteau n'est pas la

seule arme que les criminels allemands emploient dans leur désir immodéré de revanche et de destruction. S'il est trop dangereux de blesser son ennemi, la meilleure façon de satisfaire sa vengeance semble être de détruire ses biens. L'avantage est que cet acte lâche peut être accompli la nuit et les chances de découverte sont réduites ainsi au minimum. J'ai déjà signalé la crainte des paysans allemands d'avoir un ennemi qui incendie leurs granges et leurs meules.

Les chiffres suivants justifient cette crainte, quoiqu'ils ne donnent qu'une faible idée des crimes contre la propriété, la difficulté de découvrir le criminel étant grande dans un pays où victimes et témoins ont une crainte très réelle de la vengeance future :

Dégâts causés à la propriété.

	1907.	1908.	1909.	1910.	1911.
Nombre de personnes accusées............	26 393	26 325	25 719	25 605	24 756
Nombre de personnes condamnées........	19 919	19 865	19 579	19 492	18 895

Incendies volontaires.

	1907.	1908.	1909.	1910.	1911.
Nombre de personnes accusées...........	620	608	667	546	600
Nombre de personnes condamnées........	431	434	446	395	435

Menaces et contraintes par la force.

	1907.	1908.	1909.	1910.	1911.
Nombre de personnes accusées...........	17 471	17 534	16 665	16 119	16 183
Nombre de personnes condamnées........	13 128	13 319	12 535	12 180	12 201

Il y a de nombreuses preuves que les Allemands eux-mêmes sont fatigués de la vie qu'on mène dans la pure atmosphère de l'incomparable *Kultur* du professeur Lasson. Le nombre de suicides augmenta de 11 836 en 1901 à 14 181 en 1911. Le nombre moyen des suicides pour ces onze années est de 12 356. « L'augmentation des suicides n'est pas due, seulement, aux névroses produites par la lutte pour la vie, mais surtout au matérialisme qui prévaut et à la perte du sens des proportions qui en résulte. Le succès dans la vie est trop estimé et on attache trop d'importance à tout échec (1). »

Malgré cette peinture décourageante des résultats de la *Kultur,* le « Seigneur de la guerre » allemand regarde l'avenir avec optimisme. Dans un discours prononcé à Münster, le 31 août 1907, il disait : « Dans cet esprit, les provinces anciennes et nouvelles, les citoyens, les paysans, les ouvriers, se soutiendront et travailleront avec une fidélité et un amour égaux pour la patrie. Alors notre peuple allemand deviendra le rocher de granit sur lequel Dieu continuera à bâtir et à perfectionner son œuvre de culture dans le monde. C'est alors que la prophétie du poète s'accomplira : Le monde sera régénéré par le caractère allemand (*Wesen*). »

Un des généraux de l'empereur n'est pas tout à fait aussi confiant que son maître : « Le progrès de la civilisation générale est évident, mais il est plus douteux que nous ayons

(1) *Moral und Gesellschaft,* par Fritz Berolzheimer.

gagné en culture intérieure. Le mode de vie a changé, mais les hommes sont restés les mêmes (1). »

Une troisième citation de source allemande suffira pour compléter cette esquisse de l'envers de la *Kultur* (2) : « Bulow acclamait son pays, devant un monde étonné, par ces mots : « L'Alle-« magne à la tête du monde ». C'était une exagération. Regardez la *Kultur* de la plus grande Prusse du côté que vous voudrez, elle présente partout un tableau de décadence et de dégénérescence. L'esprit est depuis longtemps parti, il n'en reste plus que les humeurs. Les hourras patriotiques ont remplacé l'amour de la patrie et l'hypocrisie l'esprit d'indépendance.

« L'orgueil de la pauvreté et des besoins simples ont fait place à l'orgueil de l'argent et à l'avidité pour l'or. A la place de l'amour de la vérité, il y a la « correction » perfide ; au lieu de la franchise, de la parole loyale, il y a des tentatives timides, pleines de crainte afin de ne pas offenser les gens au pouvoir. Ce qui nous manque c'est la volonté d'être vrais. »

Pour appuyer mes dires au sujet de la brutalité native des Allemands et pour montrer que leur *Kultur* n'est qu'un simple vernis intellectuel, je donne à l'appendice II, un tableau comparé des crimes de brutalité commis en Angleterre et en Allemagne.

(1) *Krieg und Politik in der Neuzeit*, par le général Freytag Loringhoven, Berlin, 1911.
(2) *Von Bismarck bis Bethmann*, par le Dr Paul Michaelis, Berlin, 1911, p. 273.

CHAPITRE XIII

Bauernfängerei.

Robert Browning fit connaître le *Rattenfänger
von Hamelin* (1) au public anglais, mais il y a un
type plus important du genre « attrapeur », c'est
der Bauernfänger. Selon la vieille légende, le *Pied
Piper* entraîna les rats et les enfants d'Hamelin à
l'aide du pouvoir séducteur de la musique. Le
Bauernfänger est en premier lieu un chevalier
d'industrie, un aigrefin, qui fréquente les foires
à la campagne, et, au moyen d'un langage per-
suasif, attrape les rustres campagnards ou, en
d'autres mots, les escroque. Moses, dans *le Vicaire
de Wakefield*, fut victime de ce type d'homme.

Le *Bauernfänger* est celui qui obtient quelque
chose pour rien ; il induit ses victimes à faire ce
qu'il veut, mais celles-ci ignorent ses motifs,
jusqu'à ce que l'escroquerie soit un fait accompli.
Il connaît mieux que personne le côté faible de
l'humanité, et sait profiter de la vanité et de la

(1) *Pied Piper of Hamelin*, ou, plus littéralement, l'Attrapeur
de rats d'Hamelin.

crédulité des hommes. Le dictionnaire traduit *Bauernfänger* par fourbe et sa science occulte *Bauernfängerei* est appelée fourberie.

Pendant des années, j'ai entendu dénoncer l'Angleterre comme un Tartuffe qui sait inspirer une grande confiance, mais, dans ce chapitre, j'espère retourner l'opinion à notre profit et montrer, à mes ci-devant amis, que les artifices du fourbe ne sont pas inconnus à l'État allemand.

Un des honneurs qu'on peut obtenir dans l'armée allemande et qui mérite d'être mentionné ici est la croix de fer. Cette décoration fut créée le 10 mars 1813 (anniversaire de naissance de la reine Louise) pour récompenser les actes de courage pendant la guerre de libération. Si on en croit les comptes rendus allemands, le Kaiser a été prodigue de cet honneur convoité. En supposant que cela soit vrai, l'empereur continue simplement à appliquer pendant la guerre une coutume établie depuis longtemps en temps de paix, en distribuant à la volée de vains honneurs pour attraper et tromper la foule. C'est la méthode traditionnelle qu'emploie l'autocratie allemande pour faire avaler et supporter le système à la nation. En temps de paix, les honneurs répandus sont des titres, médailles et autres décorations.

Le 1er janvier, les journaux bavarois contenaient environ huit colonnes de noms imprimés assez fin avec les nouveaux titres (1) qui venaient

---

(1) Pendant ces dernières années, beaucoup de journaux ont refusé de sacrifier de la place pour imprimer ces listes qui vont toujours en augmentant.

d'être attribués à leurs propriétaires. La Bavière
a une population d'environ 7 000 000 d'âmes et
possède un bureau officiel pour la distribution
des titres. L'anniversaire du roi Ludwig et le
1er janvier sont les jours principaux pour ces
distributions en gros de décorations au peuple.

Au moment de l'assassinat de l'archiduc héritier d'Autriche, le roi de Bavière faisait son premier voyage royal, répandant des titres à pleines
mains dans toutes les villes qu'il visitait. En 1910,
Son Altesse Royale le prince Ludwig visita Erlangen et lut, à l'hôtel de ville et à l'Université, de
longues listes de nouveaux titres. J'étais présent
à cette dernière cérémonie, et je me rappelle
combien le prince dormit profondément pendant
le discours patriotique de bienvenue. Je me sou-
viens de la joie secrète causée dans les milieux
universitaires, parce que la Faculté de philosophie avait conféré un doctorat honoraire à un
ennemi personnel du prince. Probablement que
ce dernier ne sut jamais que son hôte le vice-
chancelier, le professeur Lenk, s'était senti profondément insulté parce qu'il avait reçu « la médaille
du prince Luitpold » en argent, honneur que Son
Altesse Royale avait accordé une heure avant à
un sergent de police. Le savant professeur pensa
refuser la médaille, mais il réfléchit que « la dis-
crétion est la meilleure partie de la vaillance ».

Voici quelques exemples des titres qui pleuvent
annuellement sur cette terre altérée : *Kommer-
zienrat* (conseiller commercial) ; quelques années
après, ce titre est précédé du mot « privé », et un

titre plus élevé encore est celui de « conseiller
commercial royal privé ». Ces trois degrés sont
une véritable mystification, car il n'existe pas de
conseil commercial, où ces hommes puissent se
rencontrer et discuter du commerce ou de toute
autre chose. C'est un moyen à bon marché de
rendre un homme important aux yeux de ses
concitoyens. Cependant le mot bon marché est
inexact, car l'heureux élu paie cet honneur
de 20 000 à 37 500 francs.

Un homme de loi devient *Herr Justizrat* ; les
médecins, professeurs, bourgmestres, etc., acquièrent les titres pompeux de *Herr Geheimrat*
(conseiller privé) et, plus tard, le préfixe « titulaire »
est ajouté : *Wirklicher-Geheimer-Hofrat* (conseiller
privé en titre de la Cour) ; toutefois la Cour ne demande jamais aucun avis à cette armée de conseil-
lers royaux privés de la Cour, qui ornent les villes,
les Universités de l'État et les écoles. Mais ces
messieurs ont gagné en importance, l'État les a
amicalement encouragés et leur a dit : « Quels
bons et fidèles petits garçons vous êtes ! »

Le nombre des titres distribués dans l'Allemagne du Sud est peu important en comparaison
des myriades de titres accordés en Prusse, d'où
cette coutume est originaire.

Cependant, il serait injuste d'affirmer que tous
les Allemands l'approuvent. J'ai souvent entendu
divers hommes de grand mérite critiquer sévè-
rement ce système. Quelques-uns ne permettent
pas à leurs amis d'employer leur titre en leur
adressant la parole.

Les ouvriers et autres salariés, y compris les domestiques, reçoivent une médaille de bronze après vingt-cinq ans de service dans la même maison, mais, à leur mort, la médaille doit être retournée au *Hofmarshallamt* (l'office départemental qui règle la circulation des titres, ordres et médailles). Si les parents désirent garder la médaille, l'État leur présente la modeste note de 1 fr. 85, qui en couvre le prix.

Personne mieux que l'État allemand ne comprend la faiblesse et la vanité du caractère de ses sujets ; il joue de cette vanité et s'en sert comme d'un atout qui fait accepter au peuple l'idée autocratique. Les titres, les décorations, les médailles aident à consoler leurs possesseurs de l'absence de vraie liberté, et les attachent au pouvoir régnant. Le suffrage universel de Bismarck rentre dans cette catégorie. Comme je l'ai indiqué ailleurs, tout homme ayant accompli sa vingt-cinquième année a le droit de vote. C'est un privilège vide de sens, car, lorsque le Reichstag est élu, il n'a pas d'influence sur les affaires nationales ; les ministres qui dirigent la politique intérieure et extérieure ne sont pas responsables devant le Parlement. Lorsque, le 29 novembre 1881, Bismarck s'adressa au Reichstag, il dit : « Messieurs, ne vous imaginez pas que je vous serve. Je sers l'empereur seul ». Et, cependant, il avait établi le suffrage universel. C'était un énorme trait de fourberie, un suffrage universel, mais sans valeur. Fidèle à la politique de Treitschke, l'État allemand n'avait jamais eu l'intention de remettre le pouvoir entre les mains du peuple.

Le système est ouvertement du style *Bauern-fängerei*, c'est le genre d'éloquence persuasive qu'un charlatan emploie quand il impose une marchandise sans valeur à des paysans.

C'est en 1903 que le juge Baldwin, consul américain à Nuremberg, attira mon attention sur l'amour que les Allemands ont pour les titres. M. Baldwin étant mort depuis, je suis libre de raconter bien des conversations que j'ai eues avec cet ami si estimable. En parlant des titres, le juge Baldwin exprimait l'opinion que l'Allemand moyen vendrait son âme pour un titre, et il citait un cas qui prouvait la vérité de son dire. Jusqu'en 1901, aucun consul britannique n'avait été nommé à Nuremberg. Beaucoup de négociants locaux étaient désireux d'obtenir cet honneur, car le titre est un grand avantage au point de vue du commerce et des affaires. Parmi les candidats était un Juif nommé Herr Ehrenbacher. Comme il avait été précédemment naturalisé Américain, le Foreign Office anglais hésitait à le nommer. On fit un compromis : Herr Ehrenbacher renoncerait à être citoyen américain et reprendrait sa nationalité allemande. Il fut vice-consul britannique honoraire et garda ce poste jusqu'à sa mort en 1914. Les papiers pour la naturalisation passèrent au consulat du juge Baldwin, et le consul américain trouva cet exemple caractéristique du désir ardent qu'a tout Allemand de posséder des titres : le fait d'être citoyen américain ne valait pas le titre de *Herr Consul.*

Il y a quatre ans environ, M. Winston Churchill vint à Nuremberg et fut l'hôte de Herr Ehrenbacher ; après le retour de M. Churchill en Angleterre, notre vice-consul américain-germano-britannique fut promu consul anglais. Il me dit que sa nomination avait été faite sur la recommandation de M. Churchill. En même temps, un des employés du bureau de Herr Ehrenbacher, Herr Simon, reçut le titre de vice-consul britannique et, si je m'en rapporte à ce que le consul et le vice-consul me dirent, Herr Ehrenbacher avait obtenu du Foreign Office sa nomination par l'influence d'amis Juifs en Angleterre (1).

Les considérations précédentes suffisent à montrer qu'il y a une méthode dans cette apparente folie de l'État allemand qui répand à profusion les honneurs pendant la paix et les croix de fer pendant la guerre !

Il est facile de comprendre que les habitants des villages allemands soient émus à la vue de la croix de fer placée sur la poitrine d'un vigoureux enfant du pays. Je ne veux aucunement déprécier l'acte de courage qui a mérité cet honneur, mais seulement montrer que la *Victoria Cross* n'est accordée que pour de remarquables exploits de bravoure, tandis que la croix de fer allemande est donnée pour des actes que nous considérons comme faisant partie des devoirs journaliers du

(1) La question des consuls britanniques d'origine germanique en différents pays est discutée à fond page 381.

soldat. Par cette méthode, le ministère de la Guerre de Berlin reconnaît les services individuels, incite à l'effort personnel et exerce une influence morale sur le peuple. C'est une exploitation astucieuse de la nature humaine, genre dans lequel l'État allemand est passé maître. Cela réussit dans le pays même et a été intensivement employé dans les relations de l'Allemagne avec l'Angleterre. On peut énumérer dans cet ordre d'idées les comités d'entente, les conférences de la Haye, les visites de délégations représentant l'Église allemande, les interviews avec les correspondants du *Daily Telegraph*, l'hospitalité donnée à des délégués anglais en Allemagne, et tous les autres genres de duperie dont certaines personnes de ce pays attendaient une paix durable et une amitié entre la Grande-Bretagne et l'Allemagne.

L'État allemand savait qu'en Angleterre, tout autant qu'en Allemagne, il y a des gens mal informés, prêts à courir après tout fantôme ou à défendre toute idée germée dans une cervelle fêlée, pourvu que cela transforme leur insignifiance naturelle en une sorte d'importance publique.

Pendant les dix dernières années, l'État allemand a joué un air de flûte pour cette partie du public anglais, et celui-ci a dansé. On peut leur pardonner ce qui arriva à cause de leur ignorance en temps de paix, mais que ces égarés continuent, en temps de guerre, à danser sur le même air, c'est une autre affaire.

Dans ce parti, je comprends les pacifistes qui affirmèrent à l'Angleterre que l'Allemagne dési-

rait la paix ; je comprends parmi eux les membres
du Parlement qui visitèrent l'Allemagne, sans
pouvoir dire un mot d'allemand, ce qui fit que
leur voyage à travers l'Allemagne fut une farce.
Ce n'est pas un crime de ne pas savoir l'allemand,
mais c'est du charlatanisme de la pire espèce que
de se poser comme une autorité, quand on ignore
tout d'un pays.

En 1907, je fus invité par le bourgmestre de
Nuremberg à certaines fêtes en l'honneur d'une
réunion de membres du Parlement anglais. Un
seul parmi eux parlait allemand, c'était sir John
Gorst. Ces messieurs furent extrêmement bien
reçus dans plusieurs villes allemandes, on leur
porta de nombreux toasts, on les fêta, et leurs
hôtes allemands se moquèrent d'eux ! Ils jouaient
au jeu appelé *Bauerfängerei*, et ils firent quelques
nouvelles victimes. Depuis cette date, M. Chiozza
Money s'est posé dans le *Daily News* comme une
autorité en ce qui concerne l'Allemagne, et cependant en 1907 il ne savait rien ni de la langue ni
de la nation allemande. Un autre membre du
Parlement se vantait d'avoir été le premier à se
servir du pain noir allemand et des saucisses comme
d'un appât pour son élection. Quelques années
avant, un ami lui avait envoyé ces articles ali-
mentaires, et il les avait exposés à une des fenêtres de sa circonscription. Il avait été élu, bien
entendu, et, après avoir pratiqué le *Bauernfängerei* sur les Anglais, il visita l'Allemagne, et
les Allemands purent s'amuser au même jeu à ses
dépens.

En outre, il est intéressant pour les électeurs de savoir que les candidats aux honneurs parlementaires parlent couramment de l'Allemagne, pour soutenir la cause du libre échange ou du *tariff reform*, sans avoir étudié l'Allemagne, excepté dans des rapports consulaires envoyés en Angleterre par des consuls britanniques d'origine germanique.

En temps de paix, ces Anglais avaient fait croire à une grande partie du public qu'ils comprenaient le problème allemand, la guerre a montré leur véritable caractère : ce sont des charlatans.

Depuis le début de la guerre, un petit contingent du parti de ces charlatans continue ses efforts pour induire en erreur le public britannique. Un argument de leur propagande (dont le but est d'exciter la sympathie pour l'Allemagne) consiste à plaider la générosité pour le peuple allemand et la haine pour l'armée allemande. Là encore, les motifs sont bons, mais l'ignorance est effrayante.

MM. Keir Hardie et Ramsay Macdonald sont du nombre de ce contingent et M. Bernard Shaw semble en faire partie en dépit de ses dénégations. J'exprime toute ma sympathie à M. Shaw parce que tous les théâtres allemands de troisième et de quatrième classe qui jouaient ses œuvres, entre autres *Mrs Warren' profession*, sont maintenant fermés. La guerre a supprimé, au moins pour le moment, ce qui devait être un bon débouché pour les marchandises de M. Shaw. Est-ce pour cela que ses sympathies sont de l'autre côté de la mer du Nord? La sympathie et l'intérêt per-

sonnel seraient-ils identiques? Cependant ce doit
être une consolation pour M. Shaw que de constater que les journaux allemands l'appellent
« l'homme au cœur droit ». Il y a longtemps que
les Allemands admirent notre auteur dramatique
Sozialdemokrat !

J'ai entendu plus d'un Allemand déclarer que
l'Angleterre n'avait produit que trois écrivains
depuis l'année 1800 : lord Byron, Oscar Wilde et
G.-B. Shaw. En tout cas, les trois noms bien placés forment *ein Schönes Keeblatt* (une jolie feuille
de trèfle).

Depuis plus de dix ans, Oscar Wilde et M. Shaw
ont eu l'honneur de voir leurs œuvres jouées dans
des théâtres allemands de troisième et de quatrième
classe plus souvent que celles des autres auteurs
dramatiques anglais. Ces pièces sont jouées dans
des théâtres comme l' « Intime Théâtre » à Nuremberg, un affreux petit théâtre, dans une vilaine
petite rue, où l'on joue de sales petites pièces pour
la plus grande joie des lieutenants allemands en
civil, sortis pour la soirée avec une *Verhältnis.*

Mais il y a toute raison de croire que ces obscurs
théâtres se rouvriront après la guerre ; donc si
M. Shaw a subi quelques pertes, elles ne seront que
temporaires, et les pertes individuelles ne sont
pas des motifs suffisants pour avoir des sympathies
pro-allemandes, ou des sentiments anti-anglais.

Revenons maintenant à la question de l'armée
allemande et de la nation ; il est curieux de noter
que quelques Anglais les connaissent et les comprennent mieux que les Allemands eux-mêmes.

Ces Anglais déclarent : « Vous devez distinguer l'armée allemande du peuple allemand, aimer l'un et haïr l'autre ». Les Allemands n'admettent pas cette distinction ; les Teutons soutiennent que l'armée et le peuple ne sont qu'une seule et même chose.

Il est intéressant de savoir ce que disent quelques Allemands sur ce point. Le professeur Delbrück écrit dans *Das preussische Jahrbuch* en 1912 (p. 169) : « Aujourd'hui l'armée est le peuple et le peuple est l'armée ».

Le comte Freytag-Loringboren, actuellement quartier-maître général des armées de l'ouest du Kaiser, et que les Allemands considèrent comme leur plus grand écrivain militaire, écrit dans les *Principes fondamentaux du succès militaire* (Berlin, 1914) : « Une guerre moderne doit être populaire. Quand tout le monde, jusqu'au dernier homme de la nation, sera convaincu que l'honneur et l'existence de la patrie sont en jeu, alors l'armée, qui est la nation en armes, fera des merveilles. »

Herr von Bulow, qui était à ce moment-là chancelier, s'adressant au Reichstag, en 1901, disait : « Dans aucun pays du monde l'armée et le peuple ne sont si étroitement unis qu'en Allemagne. Quand nous disons que l'armée est la patrie allemande en armes, ce n'est pas une phrase vide, mais la pure vérité. Il en faut donc nécessairement conclure que celui qui insulte l'armée allemande insulte le peuple allemand ».

Toute une littérature, y compris beaucoup de

livres populaires illustrés, a été publiée en Allemagne sous le titre : *Das Volk im Waffen* (la Nation en armes). Les Allemands se réjouiraient bien de voir les essais que l'on fait pour séparer l'armée du peuple, et cependant les hommes que j'ai déjà nommés et les correspondants du journal le *Christian World* se sont efforcés, pendant les mois derniers, de convaincre l'Angleterre que l'armée allemande et le peuple allemand n'étaient pas une seule et même chose. Ayant dansé au son de la musique du *Bauernfängerei* allemand avant la guerre, il ne leur suffit pas, même maintenant, d'avoir été dupés et de duper les autres ; ils inventent rapidement de nouvelles phrases pour couvrir leur honte, et ils commencent à crier « guerre à la guerre », la « destruction du prussianisme » ; cependant, il n'y a pas de preuves qu'ils se soient informés eux-mêmes de la nature du prussianisme. Avant la guerre, ils agissaient par ignorance, et c'est encore par ignorance qu'ils recommencent à faire des dupes.

Il serait suffisant de répondre aux sentimentalistes qui voudraient voir aimer le peuple allemand : le crime de cette guerre d'agression n'est pas seulement le fait du Kaiser; la nation allemande, individuellement et collectivement, est coupable du sang versé dans la bataille et des meurtres et des viols commis dans les villes et villages de Belgique, de Pologne et du nord de la France.

La liberté de parole est un bijou de prix dont les Anglais sont justement fiers, mais on peut en

abuser, et on n'en a jamais fait un plus mauvais
usage que depuis une douzaine d'années, pendant lesquelles des Anglais ont parlé d'un grand
pays (l'Allemagne) sans s'être donné la peine
d'étudier les premiers éléments d'une question
dont ils parlaient si facilement. Leur ignorance,
leur charlatanisme et leur abus de la liberté de
parole ont eu pour résultat que des milliers, peut-
être des centaines de mille d'Anglais dorment
leur dernier sommeil dans les champs ensanglan-
tés de l'Europe. Comme d'ordinaire, les charlatans sont en sécurité et inventent quelque nouvel artifice, pendant que les victimes de leur
Bauernfängerei contre la guerre tombent percés
de balles ou tués à coups de baïonnette pour
réparer le mal causé par une combinaison fatale
d'ignorance et de liberté de parole.

Il y a un autre détail du *Bauernfängerei* à
discuter, c'est l'unité du peuple allemand dans
cette lutte mondiale. Cette unité est l'œuvre du
prince du *Bauernfängerei*, du Kaiser allemand.

Dans la citation donnée plus haut de l'ouvrage d'un général allemand, l'auteur pose en principe que la nation, jusqu'au dernier homme, doit
être convaincue de la justice de sa cause. Cette
condition est remplie par la nation allemande
d'aujourd'hui ; elle est unie et enthousiaste en
faveur de la guerre.

Pendant des années le Kaiser a eu l'astuce de
se donner la réputation d'être un monarque religieux et ami de la paix. La nation allemande
croyait que c'était son véritable caractère, et

c'était simplement une *Bauernfängerei*. La nation allemande était, par conséquent, prédisposée à penser que le Kaiser ne commencerait jamais la guerre ; les Allemands croyaient donc leur empereur quand il disait qu'il ne désirait pas la guerre et que l'Allemagne n'était pas l'agresseur. Des fenêtres du palais impérial, le Kaiser dit à son peuple d'aller à l'église et de prier (31 juillet 1914). Depuis cette date, on a invoqué la Divinité dans de nombreuses occasions et on a assuré maintes et maintes fois au peuple allemand que Dieu était de son côté. Plutôt que de discuter ce point, je préfère laisser au Kaiser le soin de le décider avec le Tout-Puissant lui-même ; la religion est une question de conscience individuelle.

Il faut cependant noter que les Allemands acceptent les assurances de leur monarque.

Le Kaiser les a convaincus que leurs foyers et leurs *homes* couraient le plus grand péril, mais il leur a caché que c'est lui-même qui les a mis en danger. Ils sont préparés à les défendre parce qu'ils croient à la parole de leur souverain. Celui-ci leur a dit que l'Angleterre avait machiné cette guerre pour anéantir l'Allemagne ; mais le Kaiser est coupable aussi de *suppressio veri*, car il a négligé d'informer ses sujets que l'Angleterre offrit à l'Allemagne son amitié (1) et que le gouvernement actuel dépassa

(1) Le Dʳ Paul Michaelis, dans son ouvrage *Von Bismarck bis Bethmann* (Berlin, 1914), écrit (p. 129) : « Nous ne devons pas négliger le fait que le gouvernement anglais a maintes fois étendu vers nous une main amicale, pour arriver à un accord ».

peut-être les limites du sens commun dans ses
efforts pour garantir la paix du monde. Les sujets
du Kaiser le croient implicitement et sont unis
pour une cause injuste qui est le triomphe suprême du *Bauernfängerei*.

Les agresseurs d'aujourd'hui sont persuadés
qu'ils sont attaqués, les brutaux se considèrent
comme les champions d'une culture supérieure,
les adorateurs de la guerre sont convaincus
qu'ils sont des agneaux injustement déchirés par
les chiens de la guerre, et enfin la nation païenne
et matérialiste se rend un culte à elle-même
comme étant l'instrument de Dieu. Rien n'aurait
pu accomplir un tel chef-d'œuvre d'hypocrisie, si
ce n'est la personnalité magnétique du Kaiser
Guillaume II.

Ceux qui emploient des moyens douteux à la
poursuite de fins plus douteuses encore accusent
souvent l'autre partie d'user des mêmes méthodes; il n'est donc pas surprenant de voir que les
offres anglaises d'amitié furent appelées *Bauernfängerei* par les Allemands. Les essais de M. Churchill pour se concilier l'Allemagne, au sujet de
la question navale, furent considérés par elle
comme « d'habiles machinations ». Dans le numéro d'avril de *Das preussische Jahrbuch*, il est
dit ouvertement que les Allemands considéraient
les efforts de M. Churchill comme *Bauernfängerei*.

Je suis convaincu que tout le cabinet anglais
désirait la paix, et fit humainement tout ce qui
était possible pour éviter un conflit, mais il ne
trouva aucun Allemand, ni grand ni petit, qui

partageât son opinion. En Angleterre, aussi
bien que dans d'autres pays, l'État allemand a
persuadé à l'opinion que les Allemands aimaient
la paix et n'avaient aucun autre désir. Le même
État a dit à ses propres sujets que l'Angleterre voulait la guerre et se servait des méthodes les plus
infernales pour amener le conflit. En Angleterre,
l'État prêcha la paix et trouva des dupes pour
lui faire écho ; dans les limites de son propre
territoire, l'Allemagne enseigna que la guerre
était le salut, et elle s'y prépara avec la plus
grande perfection.

L'annonce semi-officielle faite par la *Gazette
de Cologne*, le 1er août 1914, que l'Allemagne
n'avait aucune idée de violer la neutralité belge
est un exemple de cette fourberie, mais cet
exemple semble insignifiant si on le compare à la
tentative qu'on a faite auprès de l'ambassadeur
d'Angleterre à Berlin et auprès du prince Lichnowski à Londres (1). On promettait à l'Angleterre que, si elle restait neutre et si la France
était vaincue, l'Allemagne demanderait seulement des territoires en dehors de l'Europe, par
exemple des colonies françaises. En supposant
que l'Angleterre se fût laissé persuader et que
l'Allemagne eût vaincu la France, sans avoir

---

(1) Quand le prince Lichnowski fut nommé à la cour de
Saint James, les Allemands rirent de la ruse du Kaiser qui en-
voyait à Londres un homme ayant des sympathies anglaises. On
considéra que c'était un bon tour pour faire rester les Anglais
tranquilles jusqu'à ce que les préparatifs allemands fussent
plus avancés.

traversé la Belgique, comment l'Angleterre aurait-
elle empêché l'Allemagne d'annexer les provinces
françaises ou la Belgique et la Hollande? C'était
évidemment l'espoir de l'Allemagne, et, l'Angleterre intervenant, elle sentit que son espérance
immédiate de suprématie en Europe était vaine.
Le *Bauernfängerei* d'annexer les colonies françaises seulement n'avait pas réussi. L'Allemagne se
proposa de s'emparer des provinces françaises
y compris la Bourgogne.

L'auteur du rapport secret au Kaiser, publié
en entier dans le *Livre jaune français*, déclare
expressément qu'une fois la France vaincue, « nous
nous rappellerons que les provinces de l'ancien
Empire allemand, le comté de Bourgogne et
une grande partie de la Lorraine sont encore
entre les mains des Francs ; que des milliers de nos
frères allemands des provinces baltiques gémissent sous le joug slave. C'est une question d'intérêt national que de rendre à l'Allemagne ce
qu'elle possédait autrefois ».

Le programme n'est pas nouveau. Dans deux
occasions, en s'adressant au Reichstag, le prince de
Bismarck dit que dans la prochaine guerre avec la
France elle serait « saignée à blanc » (1). La France
devait être écrasée pour toujours et ses plus belles
provinces réunies à l'Empire allemand. Le 25 juil-

____

(1) Cette intimidation bismarckienne est citée dans *Das preussische Jahrbuch*, 1897, p. 475, comme un argument en faveur de
la construction d'une grande flotte allemande. Tous les Allemands instruits connaissaient la phrase, et tous attendaient
avec impatience le moment de « saigner à blanc » la France.

let 1914, je passai la soirée avec une demi-douzaine de professeurs de l'Université d'Erlangen. Parmi eux était le Dr Beckmann, professeur d'histoire. C'était ce soir-là qu'expirait l'ultimatum autrichien, et il régnait une grande surexcitation. Le professeur Beckmann considérait que l'ultimatum était rédigé en termes qui rendaient la guerre inévitable. L'Allemagne avait besoin de la guerre, le temps était enfin arrivé « de saigner à blanc ». Il avait raison dans ses suppositions. Ce sujet de la guerre prochaine avec la France avait souvent été discuté dans nos réunions hebdomadaires, et l'opinion unanime était que la Bourgogne et la Lorraine seraient prises à la France; mais on employerait des méthodes différentes de celles de 1870. « Nous expulserons tous les sujets français et nous les remplacerons par des colons allemands. Nous n'aurons pas alors une population difficile à gouverner, comme dans le cas des provinces annexées par Bismarck en 1870 ».

J'ai entendu exprimer les mêmes vues par toutes les classes allemandes, y compris les officiers. Heureusement que cette fourberie n'eut aucun succès auprès de sir Edward Goschen et du cabinet de Londres.

L'Allemagne a essayé son *Bauernfängerei* de l'autre côté de l'Atlantique. Cela commença il y a quelques années par la visite, aux États-Unis, du prince Henri, frère du Kaiser. On avait prodigué la politesse coutumière expansive et superficielle aux Américains de distinction, lorsqu'ils avaient visité Berlin. Les Américains étaient les bienvenus en Allemagne, parce qu'ils dépensent l'argent sans compter, et le Michel allemand aime l'argent.

Je doute cependant que les Américains soient plus sincèrement respectés que les Anglais ; les commentaires de la presse et les conversations avec le premier venu prouvent le contraire. Un humoriste munichois qualifia les Américains de *der zahlende Mob* (la foule payante) et cette grossière saillie empruntée à un journal comique munichois fut reproduite dans la moitié des journaux de l'Allemagne. Je l'ai entendu citer avec plaisir dans beaucoup d'occasions ; c'est en fait devenu le nom populaire de l'oncle Sam, de même que *Stock-Engländer* (Anglais obstiné, stupide) est la phrase employée tous les jours pour désigner les fils d'Albion.

Toutefois, au commencement de la guerre Herr Dernburg et Cie commençaient une autre campagne de *Bauernfängerei* aux États-Unis ; je puis en toute sécurité l'abandonner au juge-ment et au bon sens américains.

CHAPITRE XIV

Le Kaiser de la *Kultur*.

Ce n'est pas sans une certaine défiance de moi-même que je commence ce nouveau chapitre. Il n'est pas aisé d'apprendre quelque chose de nouveau en ce qui concerne le « très haut Seigneur de la guerre » (*Allerhöchster Kriegsherr*). Si le nom du Kaiser est mentionné en public, tous les yeux se tournent tout de suite vers celui qui en parle et les Allemands prennent en écoutant une attitude recueillie. L'empereur peut dire ce qu'il veut, des choses sensées ou des non-sens, la loi protège à la fois sa personne et ses paroles de toute critique acerbe. En même temps la loi interdit au citoyen, petit ou grand, de dire ce qu'il pense, quand ce qu'il pense n'est pas suffisamment flatteur pour Sa Majesté.

Je suis donc obligé de laisser surtout le Kaiser parler de lui-même ou de citer des opinions tirées des ouvrages de Teutons influents. Seul, un épisode d'un caractère intime est parvenu à mes oreilles.

Au retour d'une visite en Angleterre, l'empereur était à la chasse dans la Prusse orientale.
Un des personnages de sa suite fit tomber acciden-
tellement un petit drapeau anglais qu'il avait rap-
porté d'Angleterre. Le Kaiser le remarqua et,
frappant dessus avec son pied, il dit dans un
accès de rage : « *Eines Tages werde ich wirklich
auf diese verfluchte Flagge treten* » (« Un jour je
piétinerai réellement ce maudit drapeau »). Je
ne peux affirmer la vérité de l'histoire, mais je
puis assurer qu'elle a cours dans la bonne société
et qu'elle est le reflet des véritables sentiments
qu'a l'empereur pour la patrie de sa mère !

L'ostentation de ses protestations d'amitié était
considérée dans tous les milieux comme une
pose diplomatique (*Bauernfängerei*), et était
tolérée comme telle. Mais si cette pose prenait
un air de trop grande sincérité, elle provoquait
aussitôt une clameur nationale. L'histoire elle-
même prouve que le Kaiser hait l'Angleterre.

Il n'y a aucun doute quant à la popularité de
Guillaume II en Prusse. Dans ce pays réactionnaire, il n'est plus un simple homme, mais un
Apollon, un dieu envoyé par le grand Dieu.
Aucun observateur ne peut nier que Sa Majesté
ne soit un homme extrêmement intelligent, in-
constant et charmant. Il est l'incarnation du
caractère national, et possède d'une façon remarquable les traits d'une personnalité éblouissante,
fascinante et superficielle. Il est la perfection
au point de vue extérieur ; les Allemands vivant
pour les choses extérieures, l'extérieur impérial

a captivé l'imagination populaire. Le centre de l'univers du Kaiser est le Kaiser lui-même, et sa nature romantique et ardente l'a amené à s'imaginer qu'il est *le* centre de *l'*univers. S'il n'en était pas ainsi, beaucoup de ses paroles seraient mystiques et obscures à l'extrême.

Comme je l'ai dit plus haut, il est impossible de rien connaître de ses convictions ou de ses mouvements personnels. Nous ne pouvons que le dépeindre comme il se présente lui-même aux yeux du public ou comme il permet qu'on le représente dans la plupart des occasions, c'est-à-dire avec l'épée et le casque, ou, comme il le dit lui-même, *in schimmern den Wehr* (revêtu de sa brillante armure). Nous pouvons seulement deviner ce qu'est l'homme intérieur en nous représentant ses relations et son attitude dans les grandes questions et les grandes réalités de la vie.

Pour l'empereur la réalité la plus certaine est la haute situation qu'il occupe, il n'a pas l'ombre d'un doute qu'il ne soit l'homme qui convient à cette situation.

Dans un speech prononcé à Königsberg, il déclara à ses auditeurs : « C'est ici que mon grand-père plaça la couronne de Prusse sur sa tête, faisant ressortir par là, une fois de plus, qu'elle lui était donnée par la grâce de Dieu seul, et non par les Parlements, assemblées nationales, comités nationaux. Il fit ainsi connaître au monde qu'il se considérait comme un instrument choisi par le Ciel pour remplir les fonctions de roi et de monarque. Paré de la couronne royale, il alla

sur le champ de bataille et y ajouta la couronne
impériale ». L'empereur est fidèle à la doctrine
du droit divin, et il a fait beaucoup d'efforts pour
convaincre ses sujets de la sainteté de sa personne et de l'origine divine de sa mission.

« C'est une tradition dans notre maison que
de nous considérer comme placés sur le trône par
Dieu », s'écriait-il dans une autre occasion. La
même année (1890), il écrivait dans le livre d'or de
Munich : « *Suprema lex regis voluntas* ». Dans le
Livre d'or impérial il écrivait le 19 novembre 1899 :
« Le roi est roi par la grâce de Dieu, donc il n'est
responsable que devant Dieu. Il peut ne choisir
sa voie et ses devoirs qu'à ce point de vue. Il est
roi par droit divin. Aucun homme, aucun ministre, aucun Parlement, aucun peuple, ne peuvent
le libérer de ses devoirs et de ses soucis qui ne
cessent jamais et durent éternellement ; et il en
assume la terrible responsabilité devant le Créateur seul ».

Le Kaiser paraît avoir vivement conscience des
devoirs de sa haute charge, car il en parle souvent.
« Je suivrai ma voie, qui est d'être dévoué au
bien-être et au développement pacifique de notre
patrie. Me considérant comme l'instrument de
Dieu, je ne ferai aucune attention aux vues et aux
opinions du jour. » (Königsberg, 25 août 1910.)

« Je considère mon pays comme un « talent »
qui m'a été confié par Dieu et qu'il est de mon
devoir de faire fructifier. Je compte le cultiver
comme le bon laboureur, et j'espère y ajouter
plusieurs autres « talents ». Ceux qui m'aideront

dans ce travail seront les bienvenus, quels qu'ils soient ; quant à ceux qui s'y opposeraient, je les écraserai ». (Banquet de la diète provinciale du Brandebourg, 5 mars 1890.)

Ce dernier discours est d'un grand intérêt au moment où le Kaiser a ajouté le Luxembourg, la Belgique et une partie de la Pologne à son pays. Trois « talents » ajoutés, temporairement ! De plus, il a tenu sa parole royale et il a écrasé la Belgique qui s'était opposée à ce procédé « d'adjonction ».

Il y a un quart de siècle, il semblait que les pensées du Kaiser fussent déjà dirigées vers l'acquisition des provinces françaises ou des colonies françaises pour l'expansion allemande.

Toujours et partout l'empereur proclame avec persistance sa parenté spéciale avec Dieu. Cette question ne fait pas de doute. Les affirmations du Kaiser assurant que Dieu l'a nommé sont simplement un reflet de sa conscience intérieure et peuvent être le résultat ou de *Grössenwahn* (excès d'orgueil et vanité satisfaite) ou de *Bauernfängerei* (fourberie) ou d'une sincère conviction. Je suis incapable de vérifier aucune de ces hypothèses et je préfère les laisser ainsi ; cependant, il y a un côté intéressant qu'on ne doit pas négliger.

Nous avons par ces paroles impériales la mesure de l'estime que le Kaiser a pour lui-même, nous sommes libres de l'accepter ou de la rejeter. Mais ses sujets ne peuvent pas en faire autant, ils doivent accepter l'évaluation qu'il donne de lui-même.

Nous pouvons classer les prétentions du Kaiser au droit divin à côté des prétentions de Smythe-Piggot ; mais les Allemands sont obligés de les admettre ou tout au moins de garder un silence discret. Il est si facile de faire connaissance avec une prison allemande ! Les *Sozialdemokraten* ont fait une bonne œuvre en exposant, par un travail prudent, cet insigne non-sens que Dieu avait choisi les Hohenzollern, etc., *ad nauseam*. Des prétentions aussi révoltantes forcent seulement « le vulgaire » à reviser ses idées sur l'intelligence d'un Dieu qui a pu faire un tel choix.

L'Angleterre n'a pas le droit de jouer le rôle d'Olivier Cromwell sur le territoire allemand. Mais quand de telles idées sont employées pour exciter l'enthousiasme de millions de brutes formées par la *Kultur* et pour donner la sanction divine aux crimes du Kaiser contre l'humanité, il est grand temps alors que cette suprême prétention du droit divin des rois soit écrasée, au point de vue international, de la même façon que les Puritains la détruisirent dans les limites de leur nation.

Une doctrine qui a été un fléau pour un peuple en devient un bien plus grand quand il inspire les mobiles d'un monarque et de ses sujets dans leurs relations internationales.

Le Kaiser a lui-même posé les limites de la liberté nationale : elle est aussi grande que celle qui est accordée aux Hottentots, en Afrique, et infiniment moindre que celle qui est donnée par les États-

Unis à leurs sujets noirs. « La liberté de pensée, de religion, de recherches scientifiques, voilà la liberté que je souhaite au peuple allemand, et je lutterai pour la lui obtenir ; mais non la liberté de se gouverner lui-même mal ou comme il le veut. » (Discours prononcé à Görlitz, 28 novembre 1902.)

On peut remarquer que l'empereur exclut soigneusement la liberté de parole et la liberté politique.

Le paysan bavarois accorde aux porcs qu'il engraisse pour le marché le même degré de liberté ; le pourceau, dans la porcherie, peut penser à ce qu'il veut, agiter la boue en vue de « recherches scientifiques », mais là prend fin son activité jusqu'au moment de l'abattoir. Le Kaiser a gardé ses sujets à ce même niveau, jusqu'à ce que le moment du carnage international fût arrivé.

En plus d'une occasion, il demanda à ceux qui n'étaient pas contents de cet état de choses de quitter un pays que Dieu lui a donné à lui seul. « Le monde appartient aux vivants, et les vivants ont raison. Je ne tolérerai pas les pessimistes, ou les hommes incapables de travailler. S'ils le veulent, ils peuvent aller à la recherche d'un pays meilleur. » (9 septembre 1906.)

Devant un tel langage on se demande ce qui serait arrivé à MM. Keir Hardie, Ramsay Macdonald et G.-B. Shaw si le sort avait bien voulu permettre qu'ils fussent nés sujets allemands. Seraient-ils devenus en grandissant des Allemands débonnaires et passifs, sujets du Kai-

ser, avec des instincts de brutes contre leur prochain, comme leurs camarades les *Sozialdemokraten* allemands? Ou bien tous trois réunis en
un auraient-ils suffi à faire un Olivier Cromwell
allemand? Je doute que cette dernière hypothèse
se soit réalisée, parce que ces messieurs sont surtout des orateurs, à condition qu'aucun cheveu
de leur tête ne soit en danger, tandis qu'Olivier
Cromwell se montra toujours homme d'action
au milieu des plus grands dangers.

Bien que le Kaiser, suivant ses déclarations,
tienne sa couronne directement de Dieu, il a, en
vérité, peu de confiance dans la volonté du Tout-
Puissant pour maintenir ses droits. Le droit de
gouverner est d'origine divine, mais les moyens et
les méthodes sont terrestres. Une couronne divine
ne reste pas suspendue dans les airs, aussi le Kaiser
compte-t-il sur son armée pour la soutenir. Ce ne
fut pas le hasard, mais la sagacité qui conduisit
l'empereur allemand, après son accession au
trône, à adresser ses deux premières proclama-
tions à l'armée et à la marine ; son troisième discours fut adressé au peuple allemand.

Dans ses efforts pour convaincre l'armée du
droit de son autorité, le Kaiser ne recule devant
rien. A maintes reprises il montre la nécessité
pour un soldat d'être pieux et de répéter ses *Pater
noster* ; mais, en dépit de tout cela, il doit, au
commandement du Seigneur de la guerre, se battre avec une obéissance aveugle, et si sa mère,
son père, son frère ou sa sœur sont contre lui,
il ne doit pas hésiter à les tuer pour l'honneur du

Seigneur de la guerre. A Potsdam, le 23 novembre 1891, le Kaiser, s'adressant à de jeunes soldats qui venaient de prêter le serment de fidélité, leur dit : « Vous m'avez juré fidélité, cela signifie, enfants de ma garde, que vous êtes maintenant des soldats, et que vous devez m'être soumis, corps et âme. Pour vous il n'y a qu'un ennemi, c'est mon ennemi ; il se peut, avec l'agitation socialiste présente, que j'aie à vous commander de tirer sur votre famille, sur vos frères, même sur vos parents, ne plaise à Dieu, mais alors cependant vous devrez obéir à mon commandement. »

Voici encore comment il s'épanchait dans un autre discours, la même année : « C'est le soldat et l'armée qui font l'Empire allemand, non les majorités parlementaires. Ma confiance repose dans l'armée (1). »

Voici une autre citation tirée d'un discours aux recrues, prononcé le 16 novembre 1893 : « J'ai besoin de soldats chrétiens qui disent l'oraison dominicale. Le soldat ne doit pas avoir de volonté personnelle, vous ne devez avoir tous qu'une volonté qui est la mienne. Il n'y a qu'une loi et c'est ma loi. »

L'alliance du Kaiser avec son armée, si clairement définie par ces paroles, montre un des autres maux essentiels qui ont amené la guerre actuelle. Un autocrate qui se considère comme l'instrument choisi par Dieu a sous son suprême commandement une nation en armes qui peut proba-

____

(1) Mais pas en Dieu en cette occasion.

blement envoyer 10 millions d'hommes sur le champ de bataille.

Ce monarque croit qu'il est soumis à une seule loi, sa propre volonté. Il a annoncé qu'il considérait comme un devoir sacré d'ajouter plusieurs «talents» à celui que Dieu lui avait confié : l'Allemagne. Nous ne discutons pas la question : « Qui a donné au Kaiser un pouvoir illimité? » Nous pouvons lui accorder que Dieu lui donna ce pouvoir, mais, d'un point de vue humain, ce qui nous intéresse c'est de savoir comment il l'emploie. Dans l'intérieur de son Empire, il s'en est servi pour faire prévaloir l'esprit féodal et une grossière injustice. C'est là une question qu'il appartient aux Allemands seuls de discuter avec lui. Mais, en outre, il a usé de son pouvoir pour s'emparer des « talents » des autres nations, dans la guerre actuelle d'agression.

On sait que l'Allemagne est responsable de l'ultimatum à la Serbie ; il a été prouvé que le gouvernement allemand, seul, a empêché la Russie et l'Autriche de s'entendre. Quand la crise devint aiguë, le Kaiser faisait un voyage en Norvège ; les Allemands instruits, y compris les officiers, exprimèrent l'opinion qu'il n'y alla pas en aveugle, mais afin d'augmenter dans son peuple l'impression qu'il n'avait aucune part à cet ultimatum.

Le 25 juillet, le Dr Spuler, professeur d'anatomie à l'Université d'Erlangen et officier de réserve, me dit qu'il avait reçu son ordre de mobilisation et que la guerre était certaine. A ce moment l'ultimatum à la Serbie n'était pas expiré. Le roi Louis de Bavière devait venir à Erlangen le 27 juillet ; la visite fut ajournée par télégramme en date du 25 juillet.

Le dimanche 26 juillet, les soldats de la garnison d'Erlangen eurent une permission de vingt-quatre heures pour aller dire au revoir à leur famille. Les jours suivants les réservistes commencèrent à arriver en foule vers les casernes, mais de façon à échapper à l'observation. Les hommes avaient l'ordre de se présenter à diverses heures du jour ; ils vinrent individuellement et, à partir du lundi soir 27 juillet, personne n'eut la permission de quitter la caserne. Je tiens ce renseignement d'amis habitant en face de ce bâtiment, et ce fait est corroboré par une correspondance que j'ai eue avec un des sergents de la caserne.

Le 27 juillet, à 10 heures du soir, je vis un officier de réserve en tenue de campagne se rendant à la caserne, et le jeudi matin je rencontrai un ancien étudiant d'Erlangen (Hans Schlund), homme marié, habitant Cobourg. Il m'informa qu'il appartenait à l'*Ersatz-Reserve* (réserve supplémentaire, environ la quatrième ligne de réserve), et qu'il devait être à la caserne à 10 heures du matin. C'était un homme de plus de trente ans et ce fait est une preuve frappante que la mobilisation de l'Allemagne était fort avancée le 30 juillet, autrement il aurait été ridicule pour un homme de cette classe de rejoindre son régiment. En outre, il ne faut pas oublier qu'il avait fait un fort long voyage, ce qui montre que l'ordre de mobilisation lui avait été envoyé plusieurs jours avant.

En même temps, la presse était pleine de rapports alarmants concernant la mobilisation russe, et le mercredi 29 juillet deux éditeurs berlinois furent mis en prison pour avoir dévoilé la mobilisation des 16e et 17e corps d'armée. Tout cela prouve que le Kaiser était à la recherche de « talents supplémentaires ».

M. Asquith a dit que l'épée ne serait pas remise dans le fourreau jusqu'à ce que le militarisme prussien fût brisé. Nous espérons voir ce but atteint, mais la meilleure leçon que l'on puisse tirer de la lutte présente est que les forces armées de l'Allemagne doivent être placées, dans l'avenir, sous le contrôle populaire, et non sous le contrôle d'un Kaiser de droit divin. Il ne doit plus être possible à nouveau pour un empereur allemand de déclarer la guerre, puis de réunir le Parlement.

Olivier Cromwell a **donné** à son pays une grande leçon, et c'est le devoir impérieux de l'Angleterre d'enseigner cette leçon à l'Allemagne et, autant que possible, aux autres autocraties existantes.

Je ne crois pas que cette guerre soit la dernière, mais je crois que si les armements sont sous le contrôle du peuple, les guerres seront réduites au minimum.

Un autre principe que nos hommes d'État devraient s'efforcer d'établir est que ceux qui ont provoqué la guerre devraient en être rendus personnellement responsables. Les criminels sont punis pour que justice soit faite et pour que de semblables tendances soient réprimées chez les autres. Si l'autocratie allemande, y compris le Kaiser et le Kronprinz, recevait un châtiment mesuré à ses crimes, cela agirait comme un épouvantail sur les gouvernants autocrates des générations à venir, peut-être pour toujours.

L'histoire prouve que généralement ce sont les masses qui ont à supporter les plus dures épreuves de la guerre ; mais si, grâce à cette guerre, on établit le principe que les monarques qui ont dégainé l'épée sous la bannière du droit divin peuvent être appelés à la barre de l'humanité, alors le sang n'aura pas été répandu en vain !

Ce n'est pas le moment d'user de périphrases ; le Kaiser et le Kronprinz, aidés et encouragés par l'état-major de Berlin, sont coupables du plus perfide crime de l'histoire, et s'ils ne peuvent pas personnellement être rendus responsables et punis, il aurait mieux valu pour l'Angleterre ne pas faire la guerre, accepter le déshonneur, et attendre d'être finalement absorbée par l'Empire allemand, comme un des autres « talents » du Kaiser.

J'ai montré dans un chapitre précédent que le Kaiser exclut tous les membres du clergé de l'arène politique ; une autre citation suffit à expliquer son attitude vis-à-vis de la religion. S'adressant à une assemblée au monastère de Beuron en novembre 1910, il parla en ces termes : « J'attends de vous que vous m'aidiez dans mes efforts à conserver la religion pour la nation.

Le gouvernement des princes chrétiens ne peut être conduit que selon les enseignements de Dieu. Ils aideront à fortifier les sentiments religieux qui sont innés chez les Allemands, et à augmenter le respect pour l'Église et le trône. Tous deux ne peuvent être séparés. »

Le grand parti des « lumières » et de la liberté (?) excita la plus vive colère du Kaiser. Ce dernier aime généralement à **exprimer** ce qu'il ressent, et ses attaques contre le parti *Sozialdemokrat* contiennent quelques-unes de ses plus violentes diatribes.

Je suis tout à fait d'accord avec certaines des critiques impériales au sujet de ce parti, quoiqu'elles me semblent déplacées sur les lèvres d'un monarque.

En mai 1889, s'adressant à une députation de mineurs, l'empereur dit : « Tout socialiste est, à mon sens, un ennemi de l'Empire et de la patrie. Ce sont des sans-patrie et des ennemis de l'ordre divin des choses. » L'empereur a été singulièrement malheureux dans ses prophéties ; car, en 1899, il exprimait l'opinion que la *Sozialdemo-kratie* n'était qu'un phénomène passager. Chaque élection depuis cette année a été une preuve de la folie de cette prophétie. Sur la tombe de feu Herr Krupp, il accusa le parti socialiste du meurtre de Krupp (1).

(1) La presse *Sozialdemokrate* accusa Herr Krupp de vice contre nature. On annonça officiellement que ces diffamations hâtèrent sa mort. Des comptes rendus annoncèrent qu'il se suicida afin que sa façon de vivre dans sa villa italienne ne fût pas dévoilée devant les tribunaux.

Une autre députation d'ouvriers fut reçue par le Kaiser à Breslau, le 12 décembre 1902, et eut à écouter la harangue suivante : « Depuis des années vous et vos frères allemands êtes entre les mains des agitateurs socialistes, et cela parce que vous croyez follement que, si vous n'apparteniez pas à ce parti, vous ne seriez pas respectés et ne seriez pas en position d'être écoutés quand vous formulez vos justes demandes pour l'amélioration de votre condition. C'est un vil mensonge et une erreur. Au lieu d'être vos représentants désintéressés, ces agitateurs ont seulement fomenté des conflits entre vous et vos patrons, les autres classes sociales, le trône et l'autel. En même temps, ils vous ont exploités sans scrupule, terrorisés, asservis pour augmenter leur pouvoir. Vous ne devez plus avoir rien à faire avec de tels hommes et vous ne devez pas vous laisser conduire par eux. Envoyez de simples camarades de votre milieu au Parlement et ils seront les bienvenus. »

Les méthodes du Kaiser à l'égard de la noblesse sont d'un genre très différent. Sa politique a consisté à traiter l'armée comme le premier pilier soutenant son pouvoir, et les *Junkers* comme le second pilier. Tout différend entre lui et l'aristocratie a toujours été réglé comme une querelle de famille. Le Kaiser dit un jour que, de la part de ce parti, être opposé à son roi était une absurdité. Il leur demandait de ne pas se jeter dans les oppositions politiques, mais de s'approcher de lui avec confiance. « Ma porte est toujours ouverte à tous mes sujets, et je suis heureux de les écouter. Désormais agissez de la sorte et tout ce qui est arrivé jusqu'ici, je le considérerai comme effacé de ma mémoire. » C'est un autre ton que celui qu'il emploie avec ses adversaires.

Pour les Anglais, l'aspect le plus intéressant des idées de l'empereur est son attitude dans la question navale, car c'est pour nous une question vitale. Le développement complet de l'expansion navale a été commencé et mis en œuvre par l'empereur Guillaume. Que la flotte allemande apporte fortune ou infortune au peuple allemand, il devra en remercier son Kaiser. Ce fut lui qui convertit à ses plans les *Junkers* d'abord, et les *Sozialdemokraten* ensuite. Son insatiable vanité et son aveugle ambition ont été les principales forces qui ont amené le conflit avec l'Angleterre. « Ce n'est pas une exagération que d'assurer que le Kaiser Guillaume II avait déjà pris, lorsqu'il monta sur le trône, la ferme résolution de doter l'Empire allemand d'une grande flotte (1). » Ces mots ne sont pas un compliment vide de sens fait par un satellite impérial, mais des paroles graves dues à la plume d'un écrivain politique et naval.

Quand le Kaiser monta sur le trône, le comte Caprivi, qui n'était pas du métier, était à la tête de l'amirauté. Le premier acte du nouvel empereur fut de remplacer Caprivi par un officier de marine, le vice-amiral comte Monts. La poli-

---

(1) *Deutschland's Auswärtige Politik* (La politique étrangère de l'Allemagne, 1888-1913), par le comte Reventlow, p. 57.

tique de son prédécesseur avait eu pour but de défendre les côtes de l'Allemagne. Le nouveau ministre brisa cette tradition. Son premier acte, selon les ordres du Kaiser, fut de présenter au Reichstag un projet pour demander quatre navires de haute mer ; l'idée de défense côtière de Caprivi fut définitivement abandonnée, et on s'engagea dans la voie de la construction d'une flotte allemande.

Le 14 juillet 1888, le Kaiser passa la revue de la flotte à Kiel ; c'était la première fois dans l'histoire qu'on voyait apparaître l'empereur allemand, roi de Prusse, en uniforme d'amiral.

Ainsi que le remarque le comte Reventlow, il y eut plusieurs obstacles qui empêchèrent la réalisation immédiate des plans impériaux : le Reichstag, avec le grand nombre de ses partis et leur incompatibilité ; l'ignorance et même l'incompréhension de la question navale par la nation ; et enfin les discours maladroits des ministres du Kaiser, au Parlement. L'empereur batailla contre tous ces obstacles avec vigueur et persistance. Mais l'année du jubilé de la reine Victoria amena une crise.

Le prince Henri, frère du Kaiser, fut envoyé à Londres pour représenter l'Allemagne à ces fêtes. Le navire qui devait amener le prince jusqu'à la côte anglaise était, de l'avis de l'empereur, indigne de la circonstance et de l'Allemagne. Le 4 avril 1897, le Kaiser télégraphiait à son frère : « Je regrette énormément de ne pouvoir mettre un meilleur navire à votre disposition pour cette

cérémonie, étant donné surtout que les autres
pays sont représentés par leurs plus beaux navires
de guerre. C'est une triste conséquence des ma-
nœuvres de ces mauvais patriotes qui ont empêché la construction des vaisseaux de guerre,
même les plus nécessaires. Mais je ne prendrai
pas de repos tant que je n'aurai pas placé notre
marine de pair, quant à la force, avec notre
armée. »

Cette habile attaque contre ses ennemis fut
suivie, la même année, de deux décisions d'une
bien plus grande importance. Premièrement, le
Kaiser fit faire des cartes marines et des statistiques comparant les flottes du monde, et il les
envoya dans toutes les grandes villes allemandes.
Deuxièmement, l'amiral von Tirpitz fut nommé
ministre de la Marine le 15 juin 1897 et une nouvelle ère commença. La politique du nouveau
ministre est exprimée par le mot : *Risikogedanke*,
qui implique le principe suivant : la flotte allemande doit être si forte qu'aucune autre puissance,
même la plus grande, n'ose l'attaquer sans courir
les risques les plus graves.

C'est un autre trait de fourberie teutonne, une
manière diplomatique d'exprimer son ambition
de suprématie navale. En effet, si la flotte allemande doit être assez forte pour constituer, à
l'égard de l'Angleterre, un « risque grave », c'est
qu'elle sera presque sur un pied d'égalité avec
elle et il deviendra alors facile d'arriver à l'égalité et finalement à la supériorité.

La phrase de von Tirpitz : « une politique de ris-

que grave » était donc simplement un terme de diplomatie officielle pour endormir les suspicions
de l'Angleterre, l'Allemagne ne pouvant pas employer de termes plus explicites pour définir ses
projets navals. Car des termes plus exacts auraient
été nécessairement une menace ouverte à l'Angleterre, et les Allemands en connaissaient fort
bien les conséquences. Mais ce que von Tirpitz
omit de dire dans sa fiction diplomatique (fiction
destinée à calmer les adversaires de l'expansion
navale, autant qu'à aveugler les Anglais) d'autres
Allemands le dirent pour lui. La Ligue navale
allemande, les agitateurs pangermanistes, une
grande partie de la presse allemande, et même
le vulgaire disaient tout à fait ouvertement :
« Nous sommes décidés à faire tous les sacrifices
pour obtenir la suprématie navale ; car sans cela
notre commerce est à la merci de l'Angleterre,
perspective honteuse et humiliante pour une
nation en tout point supérieure à l'Angleterre. »

Reventlow (1) écrit ces mots, en ce qui concerne l'Angleterre : « Le désir et la détermination
du Kaiser de pourvoir l'Empire allemand d'une
grande flotte sont basés sur une idée éminemment
politique. L'empereur pensait que jusqu'à ce que
l'Allemagne possédât une grande flotte, nous, Allemands, devions nous efforcer de garder de bonnes
relations avec l'Angleterre, et que, dans ce but,

____

(1) *Deutschland's Auswärtige Politik* (p. 60) du comte Reventlow.

il était nécessaire de faire des concessions à l'occasion (1). »

Dans certaines limites, cette politique était
facile à comprendre. Le Kaiser lui-même a exprimé les pensées qui occupaient son esprit et
dirigeaient ses actions. Le 18 janvier 1896 (25e anniversaire de l'Empire allemand), il dit : « Un
Empire mondial est sorti de l'Empire allemand.
C'est votre devoir solennel, messieurs, de m'aider
à unir cette plus grande Allemagne au pays
natal ». Le programme du Kaiser est le meilleur
moyen d'obtenir le développement de l'Empire
allemand. Il fut tracé et exécuté.

L'empereur a prononcé de nombreux discours
pendant son règne, et il serait surhumain que
quelques contradictions apparentes ne s'y fussent
pas glissées. Pendant qu'il s'agitait pour la création d'une grande flotte, en 1901, il remarquait :
« Nous avons gagné notre place au soleil, quoique
nous n'ayons pas la flotte que nous devrions posséder ».

Généralement la nécessité d'une grande flotte
était renforcée par l'argument qu'elle était nécessaire pour procurer à l'Allemagne une place au
soleil. Dans le même discours, il indiquait à l'Allemagne sa devise maintenant célèbre : « Notre
avenir est sur l'eau. »

L'écho de la domination mondiale apparaît à

(1) L'Allemagne essaierait d'avoir des relations amicales avec
l'Angleterre jusqu'à ce qu'elle ait une grande flotte. Après
avoir obtenu cette flotte si désirée, dans quels termes l'Allemagne vivrait-elle avec l'Angleterre ?

l'occasion dans les déclarations impériales, ainsi à Brême, le 23 mars 1905 : « En raison de mon expérience et de ma connaissance de l'histoire, j'ai juré de ne jamais lutter pour une domination stérile du monde. L'Empire mondial que j'ai imaginé consistera en ceci que, par-dessus tout, le nouvel Empire allemand jouira de la confiance illimitée de tous. L'Allemagne sera considérée comme un voisin tranquille, honnête, pacifique, en sorte que si un futur historien parle jamais de l'Empire mondial allemand, ou de la domination des Hohenzollern, il dira qu'il n'a pas été fondé par l'épée, mais par la confiance mutuelle entre les nations visant un même but. Chaque navire de guerre allemand que nous lançons est une nouvelle garantie pour la paix du monde ; nos ennemis seront moins inclinés à nous attaquer et nous deviendrons les plus désirables des alliés ».

On peut regretter que les faits qui renforceraient ces mots éloquents soient remarquables par leur absence dans la vie du Kaiser. Leur place a été prise par le cliquetis du sabre et une attitude de bravache vis-à-vis des voisins des Allemands. Celui qui souhaitait fonder un Empire mondial basé sur la confiance aurait dû montrer lui-même de la confiance, mais, au lieu de la placer dans ses voisins, l'Allemagne a constamment prêché la doctrine : « Confiez-vous seulement dans la force de votre bras ».

Pour prouver d'une façon concluante que le Kaiser est le père de la flotte allemande et que son peuple le considère bien comme tel, on peut

encore donner trois citations de source allemande :
« Le souvenir du travail infatigable par lequel
l'empereur a créé la flotte allemande vivra dans
l'histoire. Le Kaiser reconnut d'abord l'aurore
de la *Weltpolitik* et en tira les véritables consé·
quences pour l'Allemagne. Innombrables sont les
discours dans lesquels il a rappelé à son peuple :
l'accroissement de notre nation, la plus grande
Allemagne, notre avenir sur l'eau, et la nécessité
d'une grande flotte. Ses travaux n'ont pas été
vains (1). »

« Depuis la fondation de l'Empire ce furent les
efforts systématiques et l'incessante énergie de
l'empereur actuel qui conduisirent la politique alle·
mande dans des voies nouvelles et splendides (2). »

L'année 1913 marqua l'anniversaire de la vingt·
cinquième année du règne de l'empereur alle·
mand. Pour célébrer cet événement on publia
un imposant ouvrage (3) en souvenir de l'œuvre
du Kaiser pour la construction de la flotte. Les
auteurs en sont G. Wislicenus, haut fonctionnaire
de l'amirauté, et le professeur Stöwer, qui fit
l'introduction et les illustrations. Stöwer est un
peintre maritime, ami personnel du Kaiser, qu'il
accompagna dans ses voyages annuels depuis
1904. Beaucoup de ses tableaux appartiennent à
l'empereur, et beaucoup d'autres à l'amirauté.

(1) *Annuaire des intérêts maritimes de l'Allemagne*, par Nauti·
cus, p. 134, Berlin, 1902.
(2) *Politik und Seekrieg* (La politique et la guerre navale),
par Rudolph von Labres, p. 32.
(3) *Le Kaiser Guillaume II et la marine* (1913) par Stöwer
et Wislicenus.

Dans son introduction, il écrit : « Prévoyant l'avenir, le Kaiser créa cette flotte puissante, ambitieuse, digne de respect, ce fut son œuvre personnelle (*ureigen*) et immortelle ; tous les Allemands doivent remercier leur Kaiser d'avoir fait de leur patrie une grande puissance navale. »

Il serait intéressant de connaître les pensées secrètes des autres princes régnants sur la situation que l'empereur occupe dans l'Empire. Il a pris sur lui le droit de parler pour tous les Allemands, et dans ses harangues impériales il ne fait jamais aucune mention de ses pairs royaux ! Le but du Kaiser a été d'évincer les autres princes de la scène politique allemande et il a agi en cela d'une façon véritablement allemande.

Avant la guerre, il n'était populaire ni en Bavière, ni en Wurtemberg, ni en Saxe. Les sujets des monarques de ces différents États se demandaient quel était le rôle de leurs rois, quand le Kaiser proclamait ses droits à une désignation spéciale de Dieu. Bien souvent, j'ai entendu les Allemands appartenant aux trois royaumes dont je viens de parler condamner couramment et avec force l'idée du Kaiser qu'il est le seul monarque de l'Allemagne ayant le droit de parler pour tout le pays. Mais il est à remarquer qu'ils ne parlent jamais contre l'Empire allemand. Tous les États formant l'Empire se soutiennent les uns les autres, dans leur intérêt personnel. L'attitude du Prussien moyen vis-à-vis des autres associés de la confédération est une attitude de tolérance et de condescendance. Sa tête est si pleine de *unser Kaiser* qu'il est doucement surpris quand il entend mentionner le nom du roi de Bavière. De son sommet élevé, il jette un regard sur *der dumme Bayer* (le stupide Bavarois). Un ouvrier prussien lui-même considère le paysan ou l'ouvrier d'usine bavarois comme des êtres essentiellement inférieurs et toute la doctrine fraternelle des *Sozialdemokraten* n'a pu faire disparaître ces préjugés mutuels. Ce serait cependant une erreur d'y attacher une importance politique ; ce sont seulement des haines locales. Mais le Kaiser a, en plus d'une occasion, excité le mécontentement et l'amertume, en intervenant dans des affaires purement bavaroises.

En 1912, la diète de Bavière se refusa à voter un crédit pour les Beaux-Arts ; sur quoi le Kaiser s'exprima ainsi dans un télégramme au prince régent : « J'arrive de voyage et j'ai lu avec la plus grande indignation que le crédit pour les Beaux-Arts avait été repoussé. Je me hâte d'exprimer ma colère pour l'impudente ingratitude que cette action dénote à la fois pour la maison de Wittelsback et pour votre sublime personne. Vous vous êtes toujours fait spécialement remarquer pour ce qui concerne les progrès de l'art, aussi je vous offre la somme nécessaire sur ma cassette personnelle. Guillaume ».

Un noble et riche Bavarois paya la somme requise, et l'offre du Kaiser fut poliment déclinée, à la grande joie de l'Allemagne du Sud ! Mais il n'en reste pas moins que, dans les desseins impériaux, tous les autres rois et princes de l'Empire allemand sont de simples satellites de la Prusse.

Dans la notice nécrologique de Treitschke écrite par Paul Bailleu, conservateur des archives de l'État, dans la *Revue allemande* (1), on remarque ce paragraphe : « Ce fut Hegel qui résolut le problème de plusieurs siècles et détruisit l'antithèse entre la liberté et les obligations vis-à-vis de l'État ; il enseigna que la volonté qui obéit à la loi obéit seulement à elle-même, et que la loi n'est rien autre que la liberté se déterminant elle-même. Fichte exprime une pensée semblable que Treitschke cite pour appuyer sa théorie de l'État : « L'individu voit dans sa patrie la réalisa-« tion de son immortalité terrestre. »

Quand j'ai parlé de la doctrine de Treitschke sur l'État, j'ai montré que l'État allemand actuel consiste en une coterie à la tête de laquelle est le Kaiser. Il est même permis de considérer celui-ci à lui seul comme l'État. A ce point de vue, suivant Hegel, il est la somme et le total de l'Allemagne moderne. En tout cas, il reflète et reproduit en lui-même les caractéristiques de la nation entière.

On ne trouve rien de typique dans l'Allemand moyen qui ne se trouve reproduit, à un plus haut degré, dans le Kaiser, excepté peut-être la moustache. Mais il représente, à un degré remarquable, la vanité et l'orgueil allemands. Il est passé maître dans l'art de faire croire au peuple ce qu'il désire qu'il croie, et il est esclave du côté extérieur des

(1) *Deutsche Rundschau,* octobre 1896.

choses, autant que ses sujets. Il distribue la flatterie, les mots mielleux et les compliments, mais toujours avec une arrière-pensée. L'amitié du Kaiser est synonyme d'utilité et manque de sincérité. Il a proclamé le non-sens moyenâgeux du droit divin, jusqu'à ce qu'il fût probablement lui-même victime de cette illusion ; l'arrogance boursouflée de ses déclarations sur l'Allemagne prouve qu'il adhère à la doctrine de Treitschke, à savoir que l'État doit avoir une dose suffisante de vanité.

Le règne du Kaiser a été marqué par une prospérité matérielle extraordinaire, et on croit qu'il en est le bon génie. Il a constamment placé les bénéfices de la prospérité allemande dans les armements, et, poursuivant son chemin, il a contre-carré tout essai, à la fois sur son territoire et au dehors, pour amener dans les conflits internationaux un mode d'arrangement plus noble qu'un appel aux armes.

Dès les premières années de son règne, il a été possédé de la manie d'augmenter son unique « talent » de plusieurs autres, ce qui fut sans doute le principal motif de l'accroissement de ses armements. Il provoqua la guerre actuelle et joua depuis le rôle de Pecksniff déplorant « les attaques des brutes et des barbares contre la *Kultur* allemande ». S'il avait désiré la paix, la marche de son gouvernement aurait été tout à fait autre qu'elle ne l'a été et, dans le cas où la Triple-Entente l'aurait brutalement attaqué, ce n'eût pas été, même alors, une justification pour subjuguer et dévaster la Belgique.

Quand l'histoire prononcera son jugement sur ce dernier crime, je crois que son verdict montrera que les villes ne furent pas détruites seulement pour des motifs de brutalité, mais par politique, de façon que des villes allemandes et la *Kultur* pussent s'élever à leur place.

Il y a encore des personnes en Angleterre qui croient que le Kaiser est un *gentleman* anglais comme caractère et qu'il est la victime d'un parti militaire brutal. Je ne partage malheureusement pas cette opinion ; d'un autre côté, je me vois obligé de considérer l'empereur allemand comme l'incarnation de la duplicité nationale, comme la somme totale des affirmations brutales allemandes, de l'égoïsme et de l'indifférence pour les autres, avec, en outre, beaucoup d'autres qualités superficielles qui aident à la formation de ce placage intellectuel connu dans le monde sous le nom de **caractère allemand.**

CHAPITRE XV

LE CRESCENDO NAVAL.

Dans les affaires navales, l'Allemagne a probablement des griefs justifiés contre l'Angleterre ;
ils existent depuis si longtemps, qu'ils ne peuvent
pas cependant être comptés parmi les causes
qui ont amené la guerre actuelle. Pendant les
xɪɪ⁰ et xɪɪɪ⁰ siècles, les marchands allemands des
anciennes villes hanséatiques avaient une grande
partie du commerce intérieur et du commerce
extérieur de l'Angleterre entre leurs mains. Les
rois anglais leur accordèrent des droits et des privilèges, leur permettant d'établir un dépôt à
Londres dans l'ancien Steelyard, d'où ils partaient
pour voyager d'un bout à l'autre du pays.

Dans ce temps-là, leurs agents se rendaient à
toutes les foires et marchés anglais. La reine Élisabeth porta un coup mortel à leurs florissantes
entreprises en supprimant ces privilèges et le
Navigation Act d'Olivier Cromwell compléta la
ruine de leur commerce.

Un grief contre l'Angleterre qui est souvent

mentionné par les écrivains navals allemands
est un incident qui eut lieu en 1848. Il semblerait
que lord Palmerston eût donné l'ordre que tout
navire portant le drapeau impérial allemand, noir,
blanc, rouge, fût coulé comme pirate. Je n'ai
découvert aucun récit de ces faits dans les sources anglaises, et je ne puis donner aucune raison
authentique à l'action de lord Palmerston. Je
suppose cependant que l'ancien ministre anglais
refusa de reconnaître le drapeau d'un pays non
existant. Si quelques abus avaient été commis
sous le pavillon allemand, on se demande quel
gouvernement aurait pu en être rendu responsable.

Lorsque les divers États allemands furent
réunis en 1871 pour fonder l'Empire allemand,
alors les mers furent libres pour les navires portant le drapeau de l'Empire. On comprend que
les Allemands, qui désiraient atteindre leur unité
nationale, eussent aimé voir le symbole de leur
union flotter sur les navires allemands, mais
avant 1871 c'était un anachronisme et une absurdité internationale. Il est intéressant de constater que cet événement insignifiant a été exploité pour prouver la tyrannie anglaise ; autrement les agitateurs auraient été obligés d'inven-
ter de toute pièce des récits sur l'envie et la haine
anglaises pour justifier leurs allégations.

Ce ne fut pas avant le xixe siècle, alors qu'un
certain degré de stabilité intérieure avait été
atteint par les différents États allemands, que
les ambitions teutonnes furent de nouveau sou-

levées et que les yeux allemands se tournèrent vers la mer. Ces aspirations en elles-mêmes étaient parfaitement légitimes, tant qu'elles visaient la défense nécessaire de l'Allemagne et tant qu'elles étaient un moyen pour augmenter son bien-être et développer ses intérêts particuliers sans porter atteinte aux droits établis de ses voisins. Nous verrons, cependant, que cet idéal équitable a fait place à des plans intolérants et inconsidérés d'agrandissement. La libre atmosphère de la mer, au lieu d'apporter avec elle le courage, la force et le respect des autres, y compris le respect de leurs droits et de leurs aspirations, a seulement avivé le feu dévorant de l'ambition qui poussait l'Allemagne à acquérir un pouvoir mondial.

En 1841, on publia un poème destiné à célébrer le congrès annuel de la Ligue hanséatique (*Hansabund*). Pendant les soixante-quatorze années suivantes, c'est à peine si les écrivains allemands ont avancé en faveur de la défense de la grande flotte allemande quelques opinions qui n'aient déjà été exprimées par le rimeur anonyme de 1841. Le titre du poème est : *La flotte allemande; une exhortation au peuple allemand*, et son auteur assure que l'Allemagne doit gouverner le monde. En quatorze vers de sept lignes, il demande à la nation de saisir le trident et avec lui le gouvernail de l'histoire du monde. Quand l'unité allemande sera atteinte, quand un Kaiser unique gouvernera tous les peuples de l'Allemagne, alors ce pays dominera le monde. Le navire anglais est pourri, ce pays a pesé trop longtemps les destinées de l'Europe dans sa « balance de colporteur ». L'Allemagne est la bergère des nations et elle sera la régénératrice du monde. Un passage fait penser à une des expressions fameuses du Kaiser Guillaume. Le voici :

« Et dans le sillon tracé par Colomb
L'avenir de l'Allemagne se trouvera. »

Il est impossible de déterminer l'influence que le poète exerça sur ses contemporains. Sept ans plus tard parut une brochure dont les propositions étaient d'une nature beaucoup plus pratique. Elle portait le titre suivant : *Note concernant la construction d'une flotte allemande et soumise au Congrès maritime d'Hambourg par le comité de Kiel*, mai 1848.

La flotte de l'Allemagne moderne date de cette année. Dans l'introduction, les auteurs exposent le but poursuivi en ces termes :

« 1º Prouver qu'il est nécessaire, pour l'avenir comme pour le présent de l'Allemagne, qu'une flotte allemande surgisse autour de ses côtes, que le profit gagné soit équivalent ou non à la dépense et aux efforts.

« 2º Poser les principes que nous devons suivre pour la création d'une flotte.

« 3º Proposer un plan général et en préparer l'exécution. »

Il serait superflu d'entrer dans le détail des modestes propositions faites par le comité de Kiel, sinon pour mentionner que les raisons sur lesquelles on insistait le plus pour les justifier étaient la nécessité d'une défense côtière, aussi bien que celle d'une arme pour l'attaque. « Les victoires danoises furent obtenues seulement parce que nous n'avions pas de force navale suffisante. » C'est en ces termes qu'il est fait mention de la question de Sleswig-Holstein.

Un autre passage frappant est celui où il est parlé de la nécessité d'une flotte allemande, entretenue aux frais de tous les États allemands, comme un symbole de leur unité nationale. Leurs armées de terre ne peuvent être soudées en un tout homogène à cause des frontières politiques existantes, mais, sur mer, les navires allemands pourraient et devraient n'avoir qu'un seul drapeau, montrant ainsi que les Allemands ne sont qu'un par le cœur. Et voilà pour l'intervention de lord Palmerston !

En Prusse, le mouvement réussit grâce à des souscriptions privées et officielles. De l'argent provenant de ces deux sources rendit les débuts possibles, mais la petite flotte de frégates qui fut construite était essentiellement prussienne. En même temps, on fonda une société de propagande dont le but était d'obtenir l'unité allemande.

Cette société (*der Nationalverein*) se vit obligée, en 1861, de protester contre la prussianisation de la jeune flotte. Un ouvrage (1) qui parut cette même année déclarait que la flotte était un rêve prussien et une nécessité allemande. La cause immédiate de cette protestation était que la

_____

(1) *Die deutsche Flotte, ein Traum Preussens und eine Forderung Deutschlands*, Leipzig, 1861.

Prusse avait fait circuler une liste de souscriptions dans les différents États afin d'obtenir des fonds pour l'augmentation de la flotte.

L'auteur, au nom de la Société Nationale, condamna ce moyen d'obtenir l'argent nécessaire, argent qui servirait seulement à l'agrandissement de la Prusse : il rappela les raisons pour lesquelles l'Allemagne avait besoin de navires de guerre, il plaida pour l'État universel de préférence à des subventions fournies par l'initiative privée, et il insista pour que le mouvement devînt une entreprise nationale allemande.

Jusqu'après la guerre franco-allemande, il se passa peu de choses importantes. Vers 1880, commença un mouvement qui donna à Treitschke une occasion de déverser ses flots de haine contre l'Angleterre.

Le Reichstag accorda quelques sommes insignifiantes, mais le mouvement ne prit forme qu'à partir du moment où l'empereur actuel monta sur le trône, en 1888. Ses rapports avec la flotte allemande ont été étudiés longuement dans le chapitre précédent. Aussi pouvons-nous arriver tout de suite à l'année 1891 ; à ce moment parut un ouvrage anonyme intitulé : *Notre marine à la onzième heure* (1).

L'auteur de ce livre fait un compte rendu intéressant des intérêts maritimes de l'Allemagne, une histoire de la flotte jusqu'à cette année et donne une description détaillée de la vie du marin.

(1) *Unsere Marine in der Elften Stunde*, 1891.

19.

Comme conclusion il ajoute que son but a été
« d'appeler l'attention sur la marine, de faire
connaître à ses lecteurs la vie sur mer, le développement et les progrès de la marine jusqu'à
maintenant, de décrire son organisation, la guerre
navale et enfin d'éveiller dans la nation un véritable et sérieux intérêt pour la flotte ».

L'auteur de cet ouvrage remplit sa tâche avec
compétence et il relate dans ses pages une anec-
dote de Frédéric le Grand qui est digne d'être
répétée. L'ambassadeur que Frédéric avait à
Londres se trouva dans l'impossibilité de représenter son royal maître d'une façon correspondant à
sa grandeur. Il fit un appel au roi de Prusse,
se plaignant que l'aristocratie anglaise se moquât
de son habit râpé, et il faisait valoir qu'il fallait
plus d'éclat pour remplir ses fonctions diplomatiques. Les fonds de l'Ambassade ne lui permettaient pas d'avoir sa voiture : « Eh bien, marchez
alors, répondit Sa Majesté, et si quelqu'un se
rit de vous, dites-lui que vous avez 200 000 soldats prussiens derrière vous. — Oui, répliqua
l'ambassadeur, cette idée réussirait bien à Paris,
mais, l'Angleterre étant une île, il faudrait que
je pusse ajouter que ces 200 000 soldats savent
nager. »

Pour ne perdre de vue aucun des facteurs qui
aidèrent à l'accroissement de la flotte allemande, il
faut revenir à 1890, car cette année fut marquée
par un événement qui rendit possible l'expansion
navale de l'Allemagne, ce fut l'acquisition d'Héligoland. Il y avait des années que les Allemands

avaient jeté leurs yeux avec regret sur cette île,
maintenant célèbre. Treitschke avait écrit sur
ce sujet dès 1875 et des Allemands ayant autorité
pour cela assurent que le Kaiser Guillaume avait
l'idée fixe d'obtenir la possession de cette île
à quel que prix que ce fût.

Durant les premières années de mon séjour en
Allemagne (1902-1907), j'ai entendu les déclarations les plus acerbes au sujet de l'avidité anglaise
qui voulait obtenir un énorme morceau de l'Afrique en échange d'une petite île rocheuse « inutile ». Pendant ces dernières années, la petite
île a été transformée en une forteresse impre-
nable (?) et l'opinion des Allemands a changé en
proportion, à mesure que l'astuce du Kaiser
se faisait jour dans leur intellect massif.

L'accomplissement de l'affaire, qui rencontra
une hostilité considérable à la Chambre des Communes, est maintenant attribué à la stupidité
de l'Angleterre et à son manque de prévoyance
quant aux possibilités navales et militaires d'Héligoland.

J'ai souvent dit à mes relations allemandes que
la cession de cette île est une des nombreuses
preuves de la bonne volonté que le gouvernement
avait montrée à l'égard de l'Allemagne ; c'était,
en vérité, un témoignage frappant que l'Angleterre n'avait aucun désir d'occuper une terre d'où
elle pourrait menacer l'Allemagne et dominer les intérêts maritimes allemands. Bref, c'était une preuve
manifeste que l'Angleterre n'avait aucune objection à une juste expansion navale de l'Allemagne.

Inutile d'ajouter que de tels arguments étaient considérés avec mépris ; l'Angleterre n'a jamais été et ne sera jamais magnanime.

Je n'ai pas pu examiner les motifs secrets des hommes d'État anglais en l'année 1890, mais comme j'ai observé beaucoup d'essais semblables faits par des ministres anglais de 1900 à 1914, et que je les ai vu considérer en Allemagne comme des fourberies anglaises, je préfère croire que lord Salisbury savait qu'il confiait à l'Allemagne une arme possible contre l'Angleterre, quand il lui céda Héligoland. Quels que fussent ses motifs, il n'en est pas moins vrai que cette arme a été dirigée contre la poitrine de l'Angleterre, procédé que je suis bien forcé de reconnaître comme particulièrement allemand.

En outre, l'incident d'Héligoland trahit un autre signe caractéristique de l'esprit allemand : il fut employé à exciter et à nourrir la haine contre l'Angleterre, dans les cœurs teutons.

Pendant que le gouvernement allemand fortifiait l'île pour une agression contre l'Angleterre, les hommes d'État et les publicistes donnaient Héligoland comme un exemple de la brutale avidité anglaise.

Il est intéressant de noter l'opinion d'un écrivain dont le nom est mentionné presque journellement dans la presse anglaise (1). Dans son étude sur la politique étrangère allemande de 1888

(1) *Deustchland Auswärtige Politik*, 1888-1913, par le comte Reventlow (publié au printemps de 1914).

à 1913, le comte Reventlow écrit à la page 42 de son ouvrage : « Salisbury n'a pas eu assez de génie pour comprendre la valeur future d'Héligoland ». Discutant les raisons de la politique de lord Salisbury, le comte ajoute : « Au point de vue militaire, la naïveté de ses déclarations peut seulement nous faire secouer la tête. Nous sommes étonnés que l'amirauté britannique n'ait pas réfléchi aux conséquences possibles, militaires et politiques de cette cession. Mais le point essentiel est qu'elle ne s'est point imaginé qu'un réel pouvoir naval allemand, capable d'inspirer le respect, une flotte de haute mer, pouvait être créée dans un espace de temps relativement court. On sait aujourd'hui, mais personne n'y avait alors pensé, excepté peut-être l'empereur allemand, qu'il était absolument nécessaire pour l'Allemagne de posséder Héligoland, si elle espérait pouvoir jamais devenir une puissance navale. A cette époque, une flotte de haute mer importante était une idée qui n'était chère qu'au Kaiser et à quelques officiers de marine. En outre, il ne faut pas oublier que l'Allemagne ne devait pas perdre de temps si elle désirait Héligoland. Aucun gouvernement anglais n'aurait vendu l'île pour quelque prix que ce fût, quand il aurait été évident que le Kaiser poursuivait énergiquement et jusqu'à leur conclusion logique ses plans pour la création d'une puissante flotte allemande. Au moment même où l'Angleterre aurait connu ces résolutions, la possibilité pour l'Empire allemand d'acquérir l'île eût été perdue à jamais. La future puissance maritime de l'Allemagne eût été ainsi détruite dans son germe (1) ».

Les Allemands ont un proverbe qui s'applique bien à ce cas ; le voici : *Die Schadenfreude ist die reinste Freude* (la joie malicieuse est la plus pure des joies). Depuis que l'imagination teutonne a compris la valeur d'Héligoland comme arme agressive contre l'Angleterre, il y a eu beaucoup de « joie malicieuse » en Allemagne.

Si lord Salisbury et l'Amirauté ont commis des bévues en 1890, leurs fautes doivent être réparées maintenant, de même que les erreurs de M. Gladstone au sujet de Majuba et de Khartoum. Si, d'un autre côté, la bonne foi et le traitement magnanime de l'Angleterre à l'égard d'un rival possible ont donné lieu à tant d'injures, on peut appliquer à ce cas la phrase bien connue : « Jamais plus ».

J'ai déjà montré que 1897 fut une année féconde en événements dans l'histoire de la flotte allemande, mais il reste encore autre chose à mentionner. La loi sur la marine marchande fut achevée cette année et présentée au Reichstag. Von Tirpitz était à la tête de l'Amirauté et une nouvelle politique commença. Jusqu'à ce moment la défense des côtes avait été le but de la flotte allemande depuis près d'un demi-siècle ; cette idée fut abandonnée et on adopta un projet qui donnait les plus grands espoirs. Cette année fut aussi marquée par l'apparition d'un grand nom-

____

(1) Ouvrage du comte Reventlow, p. 49 et 51.

bre d'ouvrages concernant la marine, œuvres qui, aujourd'hui, rempliraient une bibliothèque.

Dans ce livre, je ne puis que jeter un coup d'œil sur l'agitation considérable qui remua l'Allemagne pendant les dix années qui suivirent. Je me contenterai de citer, de-ci de-là, les écrivains notoires et ayant de l'influence. Une de ces sources est *Das preussische Jahrbuch* (Annuaire prussien), revue fort importante. Pendant des années, elle fut rédigée par Treitschke ; le professeur Delbrück lui succéda et a continué jusqu'à maintenant. Lorsque je me référerai à cette source, ce sera en employant les lettres A. P. Nous pouvons diviser cette littérature considérable en deux parties : celle qui est destinée aux lecteurs instruits et celle qui est écrite pour la masse. Je ne puis donner un compte rendu adéquat de la dernière, n'ayant aucun de ces livres à ma disposition. Mais pendant toutes ces dernières années les devantures des librairies allemandes n'ont pas manqué d'ouvrages sensationnels ayant trait à la guerre « inévitable » avec l'Angleterre.

Un livre de ce type très connu est *Seestern*, qui donne une peinture effrayante d'une attaque traîtresse de l'Allemagne par l'Angleterre. J'ai lu beaucoup de ces livres : ils se terminent généralement par la destruction de la suprématie navale anglaise, qui est remplacée par celle de l'Allemagne.

En 1914, un ouvrage semblable parut, et il était bien mis en évidence chez les libraires lorsque la guerre éclata. La couverture donne une idée de ses tendances. Une image voyante représentait une bataille entre la flotte anglaise et les zeppelins. Les navires de guerre anglais coulaient de tous côtés. Un nouvel explosif lancé d'un des dirigeables faisait ce travail de destruction. Mais les dirigeables étaient si près que tout marin eût pu les faire sauter au moyen d'une grenade à main. En lisant ce livre on découvrait que les Anglais avaient tenté l'attaque perfide dont on avait tant parlé et avaient détruit la flotte allemande, mais les dirigeables permettaient à l'Allemagne de prendre sa revanche et de faire disparaître la flotte anglaise. Grossières conceptions ! Cependant cet ouvrage eut une vente rapide ; d'ordinaire, l'Allemand dépense peu en livres, mais une peinture de la chute de l'Angleterre ne manque pas de délier les cordons de sa bourse. Ce type de livre porte généralement en légende : « Écrit par un officier de marine », déclaration qui peut être véridique, ou n'être qu'une ruse concertée de l'auteur et de l'éditeur pour augmenter la vente. Il n'y a pas de remarques à faire sur ces livres, sinon qu'ils conduisent l'imagination populaire dans une seule direction, celle que l'on désire !

Il n'y a aucune exagération à dire que l'anglophobie a de profondes racines dans le peuple allemand, qui, pendant des années, a attendu avec impatience le moment de croiser l'épée avec le colosse aux pieds d'argile. Les sources que j'ai l'intention de citer sont plus restreintes ; ce sont des œuvres qui méritent le plus grand respect du public allemand. Ce ne sont pas des auteurs alarmistes, mais des hommes responsables qui jouissent d'une réputation dans leur pays natal.

Ainsi que je l'ai dit plus haut, la loi sur la marine produisit un commencement d'agitation, qui devint un grand mouvement national (1). L'A. P. entra en lice d'une façon décisive dans le volume II, pages 176 à 188 (année 1897). Delbrück disait à ses lecteurs que l'Angleterre haïssait l'Allemagne, et que les Allemands auraient, en tout temps, à compter avec l'envie anglaise. «Aucune courtoisie diplomatique, aucune tactique politique ne pourra supprimer ce fait. »

Dans le même volume, il s'occupe des difficultés occasionnées par la Bavière au sujet du nouveau projet naval, et de l'opposition des différents partis du Reichstag. A ce moment, il ne mettait pas en question la supériorité navale anglaise, car nous voyons qu'il écrit, page 475 : « L'Angleterre, dont la supériorité sur mer est indiscutée, et qui la conservera, nous pouvons le prévoir, est hors de compte. Le commerce par mer peut être appelé la respiration pulmonaire d'un État. Tant qu'il ne cessera pas, le sang vital battra dans les artères de l'organisme. Mais quand le commerce par mer s'arrêtera, les autres fonctions cesseront bientôt. »

Ces déclarations sont intéressantes, comparées à celles que fait maintenant l'Allemagne lorsqu'elle assure que le blocus anglais n'aura pas raison d'elle. Les mêmes explications furent données autrefois

---

(1) De nombreuses brochures parurent ; l'une d'elles se vendit beaucoup : *La flotte allemande et le peuple allemand,* par le D<r> Rassow, Göttingen. Prix : 0,25.

pour effrayer Michel en vue de l'amener à voter
des crédits pour une flotte de guerre, tandis que
celles que l'on fait maintenant ont pour but de
soutenir son courage.

Un autre argument mis en avant dans le même
article est qu' « il nous faut des colonies, mais
nous ne pouvons les posséder qu'avec une forte
flotte allemande, car nous rencontrerons des
résistances obstinées de tous côtés. Nous serons
menacés, comme nous l'avons été au moment du
télégramme du Transvaal, par la mobilisation
d'escadres rapides. Cependant, il n'est pas nécessaire d'avoir une flotte égale à celle de l'Angleterre. A ceux qui sont effrayés de l'apparition de
la *Weltpolitik* (politique mondiale) inaugurée par
la loi sur la marine, nous pouvons dire qu'elle
nous permettra de nous protéger ».

Caprivi était alors chancelier et il réussit à faire
passer la loi maritime au Reichstag, en mars 1898.
Mais, afin d'y arriver, il était nécessaire de gagner
l'appui des Polonais ; certaines concessions leur
furent faites, et ils votèrent le projet, qui ainsi
devint loi. « Ce grand travail ne fut pas l'œuvre
d'une vague d'enthousiasme national, mais d'une
intelligente diplomatie. » (A. P.)

Caprivi fut bientôt remplacé par le prince de
Hohenlohe. L'Allemagne était définitivement
entrée dans une carrière de politique mondiale
et marchait sur le « plan incliné » (*schiefe Ebene*)
de l'expansion navale. Dans l'espace de deux ans,
les trompettes devaient de nouveau sonner, et
demander des navires, encore plus de navires.

CHAPITRE XVI

« A TOUTE VAPEUR » (1).

Nous avons déjà mentionné les difficultés qu'avait rencontrées le parti de l'expansion navale allemande, difficultés dues à l'ignorance du peuple pour toutes les choses maritimes. La société qui a fait le plus pour éclairer les Allemands, pour semer la haine contre l'Angleterre, et pour dresser les plans pour une grande flotte est le *Flottenverein* (Ligue maritime). Elle fut fondée en 1898 par quarante-quatre personnes. La souscription minimum était de 0 fr. 60. A la fin de la première année il y avait 114 345 membres et en 1914 plus de 3 millions. Le prince Henri de Prusse, frère du Kaiser, en accepta la présidence.

L'objet de cette société était de faire l'éducation de la nation quant à la question navale et d'exciter l'intérêt du peuple pour la jeune flotte

(1) *Voll Dampf voraus*, une des devises que le Kaiser a forgées pour stimuler l'agitation navale en Allemagne.

allemande. L'organisation consiste en sections locales (*Ortsgruppen*) réunies en districts, lesquels à leur tour sont affiliés à des groupes provinciaux, puis au groupe supérieur de chaque pays, par exemple de la Bavière, de la Prusse, etc. Un insigne spécial destiné aux membres a reçu la sanction du Kaiser.

La propagande a été universelle ; des sections ont été fondées à Valparaiso et à Londres. En Allemagne, rien de ce qui pouvait influencer l'opinion publique n'a été omis.

Le *Flottenverein* a publié de nombreux travaux sur la marine allemande, y compris de petits manuels pour ceux qui cherchent à se créer une carrière dans la marine de guerre ou la marine marchande. Cette société a répandu à la volée à travers le pays des brochures et des gravures. Ses cartes marines sont suspendues sur les murs des écoles et des diverses autres institutions publiques. Chaque année les groupes locaux envoient des circulaires imprimées à toutes les personnes résidant dans la ville, en les invitant à souscrire ou à devenir membre. Des machines automatiques placées dans les gares de chemins de fer distribuent des cartes postales navales et patriotiques portant la devise : « Notre avenir est sur l'eau ». Des conférences ont été faites dans les écoles, les Universités, les villages et les villes, par un personnel important de conférenciers, dont beaucoup étaient des officiers de marine.

J'ai souvent assisté à des conférences données pour le grand public, et j'ai entendu les dénonciations les plus amères, les plus fougueuses, contre l'Angleterre, surtout après la crise marocaine et durant la guerre des Balkans. On ne suggérait pas un compromis avec l'Angleterre, mais on disait au peuple : « Nous, Allemands, devons continuer à construire des navires jusqu'à ce que nous puissions parler à l'Angleterre à notre guise ». Cette phrase exprime exactement ce que la majorité des Allemands a le plus ardemment désiré pendant les dix dernières années.

Le *Flottenverein* publie un illustré mensuel, *Die Flotte* (la Flotte), organe qui sert les desseins des deux ligues navales affiliées, la société mère et le *Flottenverein im Ausland* (la Ligue navale à l'étranger).

La Ligue poursuit encore son travail d'éducation en organisant chaque année de nombreux voyages qui permettent aux professeurs, aux enfants des écoles et aux adultes, de visiter les navires de guerre, les villes côtières, les docks, Héligoland ; les habitants de l'intérieur des terres font partie de ces excursions qui sont extrêmement populaires.

Mais les grands événements dans l'histoire du *Flottenverein* ont été les projets de loi sur la marine présentés successivement au Reichstag.

Pendant les mois précédant les débats parlementaires, il y eut une grande activité afin de préparer l'esprit du public, et la propagande ne diminua que lorsque chaque nouveau programme fut voté devant le Parlement impérial. Un Allemand, au moins, s'est rendu compte du danger de cette agitation et a protesté, c'est *Pfarrer* Umfrid, de Stuttgart, dans son livre intitulé *Anti-Treitschke*.

Le *Flottenverein* a fait plus que qui que ce fût pour aigrir l'opinion publique contre l'Angleterre, et empêcher un arrangement pratique entre les deux pays sur la question de la marine; puis elle a entretenu l'espoir que l'Allemagne était destinée à régner sur la mer. Si une agitation semblable avait eu lieu en France pour rendre l'armée française égale à celle de l'Allemagne, cette dernière aurait considéré cela comme un *casus belli*, et aurait entrepris ce qu'elle appelle une guerre « préventive ». Mais les Allemands savaient bien qu'ils avaient affaire à la patiente Angleterre.

Beaucoup d'Allemands ont franchement admis devant moi que si l'Allemagne avait possédé la suprématie navale, si la question navale avait été pour elle une question vitale comme elle l'est pour l'Angleterre, et si, dans ce cas, l'Angleterre s'était efforcée, comme l'Allemagne l'a fait, d'obtenir une marine égale ou supérieure, elle aurait été immédiatement écrasée par une guerre préventive. Prévenir vaut mieux que guérir. Cette formule définit exactement l'attitude de l'Allemagne et cependant une partie du public anglais était prête à accepter que l'Allemagne construisît autant de navires qu'elle le souhaitait.

Dans sa politique intérieure, l'Allemagne est réactionnaire ; sa politique étrangère est un mélange d'anarchisme, de nihilisme et de *Sozialdemokratie*. Elle ne reconnaît aucun intérêt acquis, quand elle possède la force de s'emparer de ce qu'elle convoite. L'Anglais a horreur de l'idée de tyranniser, et il déteste qu'on le considère, même à tort, comme un tyran. L'Allemagne connaît parfaitement cette faiblesse et elle a adroitement tiré parti de ce côté du caractère anglais pour obtenir des concessions à La Haye et dans le traité de Londres ; mais il est inutile de chercher à apercevoir des signes de faiblesse en Allemagne, depuis le début de ses plans d'expansion navale.

Le 10 octobre 1899, le Kaiser dit à son peuple, dans un discours prononcé à Hambourg : *Bitter Not ist uns eine starke deutsche Flotte* (« Une flotte allemande puissante est une pénible nécessité »). Ce discours était l'un des épisodes d'une grande campagne préparatoire à la loi sur la marine (1900). Ce cri fut répété dans toute l'étendue du pays. Les professeurs dans les Universités, les auteurs, les officiers, les hommes d'État, les artistes, tous les Allemands, de quelque importance qu'ils fussent, au moyen de la parole et de la presse, luttèrent pour convertir le peuple. Sous Hohenlohe (1898-1900) on excita un certain enthousiasme national, mais les *Junkers* eurent à être gagnés de nouveau. On raconte qu'un des chefs du parti agrarien, le Dr Hahn, aurait dit : *Die grässliche Flotte wieder* (« Encore cette misérable flotte ! »)

Après la guerre hispano-américaine, le chancelier, prince de Hohenlohe, dit : « Nous ne devons pas courir le danger de souffrir de la part de l'Angleterre le même sort que les États-Unis ont fait subir à l'Espagne ».

On fit des efforts spéciaux pour convertir les *Sozialdemokraten* et le professeur Delbrück raconte dans l'A. P. qu'un des plus remarquables incidents de la campagne fut l'organisation de grandes réunions publiques pour les classes ouvrières. Les chefs du parti révolutionnaire discutèrent en public avec des adversaires experts le nouveau programme naval. Dix-neuf réunions publiques populaires eurent lieu à Berlin seulement ; à l'une d'elles, Delbrück discuta la question avec le chef *Sozialdemokrat* Herr Singer. On gagna l'aide nécessaire du parti et Delbrück écrivit dans l'A. P. (1900) : « Je suis certain qu'un grand enthousiasme pour la flotte anime même les *Sozialdemokraten* »,

En 1900, les projets de loi passèrent au Reichstag par 201 votes contre 103 ; cette loi doublait le total des navires de guerre allemands et faisait d'autres augmentations en proportion.

On ne saurait trop faire ressortir que l'Allemagne n'a jamais désiré l'amitié de l'Angleterre et tout effort fait par ce dernier pays pour une entente n'a rencontré qu'un mépris non dissimulé ou une violente suspicion.

Une des premières offres fut faite par feu M. Joseph Chamberlain dans un discours prononcé à Leicester, le 30 novembre 1899. Le comte Reventlow, à la page 145 de son livre sur la politique étrangère de l'Allemagne, écrit : « Les propositions de Chamberlain pour une entente ver-

bale entre l'Angleterre, l'Allemagne et l'Amérique
afin de garantir la paix du monde excitèrent
l'intérêt, mais n'obtinrent qu'un froid accueil en
Allemagne et le pays fut unanime à rejeter une
telle offre. On suspecta Chamberlain d'hypocrisie ».
Dans l'A. P. (1900), page 188, le professeur Delbrück rappelle que les Allemands considèrent
l'Angleterre comme un colosse aux pieds d'argile
et il se vante que « les Anglais leur tendent les
bras. Quant à la proposition d'alliance de Chamberlain, l'opinion publique refuserait toute chose
de ce genre ». Delbrück continue et discute la
chute prochaine de l'Empire britannique et il
ajoute : « Ce serait un malheur si l'Empire britannique se dissolvait maintenant parce que la
flotte allemande n'est pas encore assez forte pour
nous permettre de dire ce que nous avons à dire ».

Chamberlain semble avoir été vite guéri de
sa folie d'offrir son amitié à un pays qui rejetait
constamment avec dédain de telles propositions ;
dans un discours prononcé plus tard, il con-
seillait à l'Angleterre « de se servir d'une cuillère à
long manche quand elle dînait avec le diable ».
Il est fort à regretter que nous n'ayons pas
suivi cet avis ; Chamberlain alla jusqu'à défendre
l'armée anglaise contre les calomnies que
l'Allemagne fabriquait dans les bureaux de ses
journaux et il rappela aux Allemands leur
conduite en 1870-1871.

Reventlow admet (page 170) que depuis
deux ans les Allemands n'avaient fait que déni-
grer l'Angleterre et souhaiter sa chute ; néan-

moins « un ouragan de haine et de rage traversa
le pays après le discours d'Edimbourg. Quand
nous lisons la littérature très abondante de ces
années, nous trouvons presque à chaque page
la pensée, même l'espoir que nous serons un jour
capables d'écraser l'Angleterre ». Le chancelier
impérial lui-même parla sur ce sujet au Reichstag :
« Dans toute la nation allemande, dans toutes les
classes et dans tous les partis, ces accusations,
qui sont absolument sans cause, excitent la
plus âpre indignation ». L'incident montre une
fois de plus l'attitude des Allemands ; ils peuvent
calomnier et mentir, mais si on dit une simple
vérité au sujet de l'Allemagne, celle-ci montre une
sainte indignation (1).

En tout cas, il y a d'amples preuves que l'Allemagne projetait, même alors, la lutte navale
qu'elle désirait provoquer à son heure avec l'Angleterre ; elle s'était définitivement engagée dans
la voie indiquée par la presse officielle : « En ce
monde, seule la force compte. Seul le pouvoir
commande le respect en politique, et ainsi doit-
il en être, la force et encore la force ». (Fritz
Hœnig, dans *Allgemeine Zeitung.*)

Une autre source instructive d'information au
sujet du désir de maîtrise mondiale de l'Allemagne
est : *Das Jahrbuch für Deutschland's See-Interessen*
(l'Annuaire des intérêts maritimes de l'Allemagne)

---

(1) J'ai entendu, des lèvres de vieux soldats qui avaient fait
la guerre franco-allemande, des récits confirmant ces accusations. Ils admettent les brutalités, mais ils plaident les circonstances atténuantes.

par Nauticus, Berlin. Cet ouvrage, commencé
en 1898, donne un récit complet de l'expansion
navale allemande. Les meilleurs écrivains du
moment y contribuèrent ; étant donnée la grande
quantité d'informations techniques qui y sont
renfermées, on doit le considérer comme une
publication officielle. On y trouve les mêmes
développements que dans toute la littérature
écrite à ce sujet ; d'abord la défense des côtes, puis
la flotte de haute mer pour effrayer l'adversaire et
enfin le pouvoir mondial allemand.

Cet ouvrage est également intéressant à un point
de vue international, parce qu'il montre l'effet que
l'expansion navale de l'Allemagne a eu sur les
développements des autres flottes. C'est une réfutation allemande de l'assertion allemande qu'elle
a été conduite à la construction d'une grande
flotte par l'augmentation des autres flottes. Au
contraire, cet annuaire prouve clairement que la
création de la flotte allemande a donné libre cours
aux suspicions internationales et qu'elle a forcé les
autres puissances navales à agir de même. L'Angleterre seule a été capable de garder son avance
pendant la courte période de ce rapide développ-
pement naval dont l'Allemagne eut l'initiative
en 1900.

En outre, quiconque étudie la littérature maritime de l'Allemagne est frappé de ce fait que
jusqu'à 1902 des comparaisons étaient souvent
faites avec la France, mais, après cette année, le
Teuton considéra la lutte avec la France comme
terminée ; à partir de ce moment, seule l'Angle-

terre l'intéresse, et il discute constamment un
conflit naval avec ce pays.

Nauticus écrit sous ce titre : *Politique mondiale
et puissance navale*, 1902: « La transformation d'une
politique continentale en une politique mondiale
doit être basée sur une flotte puissante. Dans la
politique mondiale, l'État qui possède la plus
grande marine prend la préséance ».

Un an plus tard, le même ouvrage contenait une
étude détaillée de ce que l'Angleterre pourrait
faire contre l'Allemagne dans une guerre navale ;
il y a un sermon sur le « rival jaloux » et sur la
détermination bien arrêtée que l'Allemagne doit
continuer à marcher dans la voie de la politique
mondiale. L'envieuse Angleterre essayait déjà
de la leurrer ou de l'effrayer pour la mettre hors de
cette voie. La réponse doit être : des navires et
encore plus de navires de guerre.

Cependant l'Allemagne ne s'aperçoit jamais
que chaque page de cette propagande est souillée
par l'envie qu'elle exprime à l'égard de la puissante situation de l'Angleterre. En 1907 (page 17),
Nauticus écrit : « La Grande-Bretagne est plus que
jamais une puissance mondiale ; sa politique étrangère est une politique mondiale, parce qu'elle
peut atteindre tout ce qu'elle désire par sa flotte.
Reste à savoir s'il en sera toujours ainsi ».

Après cette confession sincère qui montre que
la flotte allemande a une autre mission que celle
de la défense, il est amusant de lire les explosions
de fureur annuelles de Nauticus parce que l'Angleterre prenait des mesures préventives. Lui aussi

méprise l'idée de l'amitié anglaise et il est étonné (1913, page 4) que l'opinion en Angleterre voie un danger dans la flotte allemande. « C'est tout à fait incompréhensible, car il ne nous est jamais venu à l'esprit de rivaliser avec l'Angleterre dans les armements navals ».

Dans le numéro d'octobre 1909 de l'A. P., Delbrück discute en détail la question de la flotte. L'article est intitulé : *Pourquoi l'Allemagne construit des navires de guerre*. Il réintroduit la France dans la discussion, et il affirme que les vaisseaux de l'Allemagne sont destinés à empêcher que la France n'interrompe le commerce allemand pendant la prochaine guerre. La flotte n'a en vue, ni de menacer ni d'écraser l'Angleterre (je trouve curieux que le peuple allemand ait toujours cru que cela était justement la mission de la marine allemande). Cependant le savant professeur déclare que, « sans les navires allemands, le monde serait aujourd'hui en voie de devenir anglais d'ici trente ans. Heureusement que la flotte allemande fait de cet espoir une simple fantaisie. Le but de notre flotte n'est pas de prendre des colonies, mais de permettre à l'influence allemande, à son capital, à son commerce, à sa technique et à son intelligence d'entrer en libre compétition dans ces pays qui sont en dehors de la culture européenne » (1).

(1) La propagande navale de l'Allemagne est pleine de contradictions et de subterfuges. Il y a un grand nombre d'arguments à l'usage du contribuable allemand, et beaucoup d'autres à l'usage des pacifistes anglais. Mais ce désaveu de toute inten-

Dans le même article, l'auteur admet que, si l'Allemagne pouvait écraser l'Angleterre, elle obtiendrait alors l'Empire du monde ; la rivalité entre les deux pays est naturelle, mais il n'est pas nécessaire qu'elle conduise à la guerre. Il sera suffisant que les deux pouvoirs se tiennent mutuellement en échec en développant leurs armements *ad infinitum*. « Ainsi la possibilité de la guerre peut remplacer la guerre même ».

Quelques mois auparavant seulement, Delbrück fulminait parce que « pendant que l'Europe était occupée, l'Angleterre avait pris trois provinces de plus au Siam. Ses politiciens sont-ils plus intelligents que les nôtres ? Non, ils ne le sont pas, mais c'est grâce à leur flotte. Bismarck refusa d'entreprendre une politique mondiale et de construire des navires de guerre ; mais nous n'avons pas l'intention d'être si modestes. Quoique le public soit parfois exaspéré de notre impuissance, notre mot d'ordre doit être : patience et travail ».

Deux ans plus tard, le même écrivain répète sa leçon sur la patience en ces termes : « Le temps est pour nous, et nous devons éviter tout ce qui pourrait hâter la crise avec l'Angleterre ».

Une lettre ouverte du professeur Delbrück

tion d'obtenir des colonies est unique. A. P., décembre 1913, page 574 : « Le rôle politique de l'Allemagne dans l'état actuel du monde ne peut être que de fonder un grand empire colonial, et d'interdire à toutes les nations de se créer où que ce soit des sphères d'influence, à moins que nous n'y participions ». Par cette citation nous pouvons juger de ses protestations d'innocence dans ses desseins contre l'Angleterre.

fut publiée dans la *Contemporary Review* d'avril
1911 ; le peuple anglais **y est informé** que la construction de la flotte allemande est la réponse à
l'imprévoyance de l'Angleterre et à sa politique
envieuse (1). Delbrück répète la phrase bien
connue, à savoir que l'Allemagne n'a pas l'intention d'attaquer l'Angleterre (ce que nous sommes
prêts à croire, parce que ses préparatifs n'étaient
pas terminés), mais il assure qu'il est impossible
d'empêcher la tension entre les deux pays. «La nation allemande insistera toujours pour avoir une
flotte qui inspire le respect aux Anglais, et nous
construirons d'autant plus que notre commerce
au delà des mers augmente continuellement. J'ap-
partiens à ceux qui n'attendent aucun succès des
traités d'arbitrage ni des limitations internationales d'armements. » Cette déclaration **mérite**
une attention spéciale parce qu'elle exprime, en
une forme brève, l'opinion de la nation allemande. Tous les Allemands qui réfléchissaient
étaient depuis longtemps convaincus que tout arrangement amical avec l'Angleterre était une
hypothèse qui ne se réaliserait jamais dans la
politique pratique.

D'un côté, on nous dit que l'envie de l'Angleterre a conduit l'Empire allemand à construire
une grande flotte, et, d'un autre côté, dans un

(1) Si l'on considère que Delbrück avait fait fi de l'amitié
anglaise offerte par M. Chamberlain (1898-1899) et plus tard
par M. Campbell Bannerman, il est difficile de comprendre ce
qui aurait apaisé les Allemands. Ils rejettent notre amitié et
nous accusent de les envier et de les haïr !

article paru plus tard (A. P., novembre 1913, page 363), on nous donne une version très différente : Delbrück admet alors que la méfiance et la jalousie de l'Angleterre (*Argwohn*) ont disparu et que la Grande-Bretagne est résignée à la rivalité allemande.

Il écrit : « La crainte que l'Allemagne ne se prépare à la guerre a évidemment absolument disparu. Est-il possible, dans ces circonstances, de diminuer nos armements navals? Non ! la continuation de la construction de nos navires ne gâtera aucunement nos bonnes relations avec l'Angleterre ». Il se demande alors : « Approchons-nous d'une période de paix et d'amitié générales, d'une ère de bien-être et de contentement? » et il répond par la négative : « Ce sera juste le contraire, car l'humanité ne se porte bien qu'au milieu des luttes ».

Ainsi, il est évident que rien n'aurait changé les desseins de l'Allemagne de rivaliser avec l'Angleterre sur mer. Ostensiblement, sa flotte devait la protéger de l'agression anglaise, mais, bien que les agitateurs allemands n'eussent jamais cessé d'effrayer leur public par cet épouvantail, les chefs responsables savaient qu'il n'y avait aucun danger à courir de la part de la patiente Angleterre, et même lorsqu'ils prétendaient que l'Angleterre avait été endormie jusqu'à obtenir le calme désiré, de nouveaux navires allemands devaient encore être construits. Le fait que l'Angleterre semblait s'être accoutumée à l'existence d'une grande flotte allemande près de ses côtes paraît avoir donné aux écrivains allemands une satisfaction considérable.

L'A. P. (mars 1912) rappelle que « les Allemands croient que les affaires internationales de l'Angleterre l'obligeront *nolens volens* à supporter la flotte allemande, et nos agitateurs recommandent qu'on saisisse l'occasion pour augmenter le programme naval ».

Plus d'une fois, on entend une note joyeuse, car on croit l'Angleterre fatiguée de la course. Reventlow écrit à la page 386 de son livre : « Les offres de Haldane et de Churchill montrent que la situation devient plus difficile pour l'Angleterre, au point de vue financier, militaire et naval. En outre, les Anglais ont beaucoup d'espoir dans le succès du mouvement pacifiste et internationaliste en Allemagne ».

Depuis plusieurs années, l'opinion s'était répandue que l'Angleterre se fatiguait de la course et qu'elle commençait à sentir l'épuisement de ses ressources. On disait que c'était le réel motif des vacances navales proposées par M. Churchill. Notre ardent désir d'un arrangement équitable n'était pas considéré comme une preuve que nous respections le droit de l'Allemagne d'exister et de prospérer ; les Allemands disaient, de tous côtés, que nous recherchions cet arrangement parce que l'Angleterre voyait que c'était le seul moyen qu'elle avait d'échapper à l'asphyxie graduelle ou à la grande attaque finale de l'Allemagne.

Les journaux donnaient (1913) des preuves

savantes établissant que l'Angleterre avait un fardeau d'impôts bien plus lourd que l'Allemagne. Quoique je sois incapable de citer les statistiques, je me rappelle le genre d'argument, qui était le suivant : Les impôts de la population entière des îles Britanniques sont de 56 fr. 25 par tête, tandis que ceux de l'Allemagne ne sont que de 31 fr. 25 par personne. Les astucieux agitateurs omettent le fait que tout Allemand dont le revenu est de 750 francs par an paie les impôts municipaux et les impôts d'État, tandis qu'en Angleterre les impôts ne commencent qu'à partir d'un revenu de 4 000 francs par an. En Allemagne, tout individu, même les domestiques, doit payer l'impôt sur le revenu, et les contributions sont calculées sur cette base ; par exemple, à Erlangen, une personne qui paie 5 fr.40 d'impôts sur le revenu paiera 7 fr. 05 d'impôts municipaux. C'est-à-dire que les impôts municipaux sont de 140 p. 100 du montant payé pour l'impôt sur le revenu. Le pourcentage des impôts municipaux varie ; à Munich il est de 200 p. 100. En Angleterre, il y a des millions d'hommes et de femmes qui ne paient pas les impôts directs ; en Allemagne, il n'y a pas un seul individu qui échappe au devoir de rendre à César ce qui lui est dû.

Pendant que lord Haldane était à Berlin, j'ai eu une conversation avec un ancien élève de Treitschke, le professeur Beckmann, de l'Université d'Erlangen. La question navale était le sujet de toutes les discussions, et je montrai que la suprématie navale était une question de vie ou de

mort pour l'Angleterre, car, en supposant que
l'Angleterre battît l'armée navale allemande, elle
serait encore incapable de menacer l'existence
de l'Allemagne. Il était donc absolument nécessaire pour les deux nations de conclure un arrangement par lequel les intérêts de l'Allemagne
seraient protégés et l'existence de l'Angleterre
assurée. La mer est, en effet, la veine jugulaire
de l'Angleterre, et si elle perd la maîtrise des
mers, sa veine jugulaire est coupée. « Tant mieux,
répondit le professeur B..., et nous, Allemands,
nous considérons que c'est notre mission prédes-
tinée que de couper cette veine. »

Il remarquait encore qu'aucun arrangement
de ce genre ne serait jamais ratifié par l'Allemagne : « Le gouvernement qui s'engagerait dans
cette voie causerait une révolution en Allemagne.
Nous considérons le trident comme notre apanage,
et si les choses continuent ainsi, le jour viendra
inévitablement où l'Angleterre se rendra volontairement ; si elle ne le veut pas, nous l'abattrons
par la force. En même temps, soyez assuré que
Berlin amusera lord Haldane, et s'amusera à ses
dépens, mais on ne fera rien qui puisse nous lier. »

Il est certain que, lorsqu'il fut évident que la
mission de lord Haldane ne réussirait pas, les
Allemands poussèrent un soupir de soulagement.
Ils avaient craint que « la ruse anglaise » ne réussît, en cajolant le Kaiser et son gouvernement,
à vendre l'apanage allemand pour un plat de len-
tilles, sous la forme d'un accord limitant l'accroissement des deux flottes.

Le comte Reventlow continue (page 389) :
« Les fruits d'un travail pénible et de grands sacrifices seront bientôt mûrs, mais ils ne peuvent
mûrir que si nous continuons à marcher dans le
chemin préparé. Nous devons procéder avec
calme et résolution, et ne pas nous laisser aveugler
par la pensée que la Grande-Bretagne a intérêt
à ce que l'Allemagne soit prospère. Quand le
peuple anglais verra que, ni le temps, ni le changement de politique, ni une politesse de pure
forme ne peuvent contribuer en rien à diminuer
la flotte allemande, alors il se résignera à l'inévitable. »

Le même écrivain exprime sa profonde satisfaction de ce que Herr von Bülow, pendant qu'il
était chancelier (1900 à 1909), et son successeur
Bethmann-Hollweg, résistèrent tous deux aux
« séductions » de l'Angleterre. Ces ministres ne
pouvaient pas agir autrement, car le Kaiser ne
désirait pas l'amitié de l'Angleterre. La politique
étrangère de l'Allemagne n'est que la politique
personnelle de l'empereur, et aucun chancelier
ne pourrait rester à son poste si sa politique internationale n'était pas d'accord avec les désirs du
Kaiser.

Reventlow, ainsi que d'autres écrivains, admet
que le refus de von Bülow de conclure un accord
avec l'Angleterre conduisit cette dernière à « l'entente cordiale ».

Il est difficile de voir comment l'Angleterre
aurait pu satisfaire l'Allemagne, car celle-ci ne
daigna pas accepter l'amitié que nous lui offrions

et elle était exaspérée de nos arrangements ami-
caux avec la France et la Russie.

Il y avait cependant des Allemands qui sen-
taient la nécessité impérieuse pour leur pays
d'arriver à une entente mutuelle avec l'Angleterre. « Un arrangement avec la Grande-Bretagne
en ce qui concerne les armements navals est le
levier d'Archimède avec lequel une politique
mondiale à grande échelle serait assurée à l'Empire allemand. Sans cette entente, nous aurons
toujours la crainte que notre avenir, qui est sur
mer, ne disparaisse un beau jour sous la mer (1). »

On peut citer un autre écrivain qui soutient
que l'Allemagne n'a jamais eu l'intention de
reconnaître la suprématie navale de l'Angleterre,
qui est inséparable de son existence même.
L'écrivain, qui est américain, n'est pas suspect
de partialité : « L'Allemagne est déterminée à
posséder une flotte de guerre si forte que, dans une
guerre contre elle, même la plus grande puissance navale courrait un danger tel qu'il rendrait sa position douteuse. L'idée que l'Angleterre puisse conclure un arrangement avec l'Allemagne et garder sa prépondérance sur mer ne
semble pas une impossibilité en Angleterre ; en
Allemagne, elle est regardée comme frisant l'im-
pudence (2). »

Pendant des années, il a paru à Berlin un an-

(1) *Von Bismarck bis Bethmann* par le Dr Michaelis, page 134,
Berlin, 1911.
(2) *Monarchical socialism in Germany*, par Elmer Roberts,
London et New-York, 1913.

nuaire semi-officiel de la flotte (*Taschenbuch der Kriegsflotten*). Le volume de 1913 commente ainsi la situation politique : « La période critique que l'Allemagne traversa en 1911, et qui amena dans le domaine des probabilités une attaque inattendue de l'Angleterre, aidée de la France, a ouvert les yeux de la nation allemande quant au danger qui la menaçait. L'exaspération nationale causée par cette pensée s'exprima dans une vigoureuse demande faite par les journaux quotidiens, par la presse spéciale, par la société de défense nouvellement fondée (*Wehrverein*), par la Ligue navale allemande et par d'autres sociétés patriotiques, pour l'augmentation de la sécurité impériale contre ce genre d'hostilités soudaines. En février 1912, le discours du trône annonça une autre loi pour l'armement (*Wehrvorlage*) qui donnait les moyens d'augmenter l'armée et la marine et qui levait bien haut l'étendard de la préparation à la guerre ; le 21 mai, la loi fut votée par le Reichstag avec une unanimité digne de louange. »

On ne dit pas que l'Allemagne seule provoqua la crise de 1911, mais les mesures défensives prises par l'Angleterre et la France contre les essais d'intimidation de l'Allemagne pour détruire, cette année-là, l' « entente cordiale » furent immédiatement exploitées en Allemagne pour obtenir plus de navires. Le Reichstag accorda une augmentation de huit vaisseaux de guerre, quatre grands croiseurs et six petits croiseurs, avec un nombre correspondant en hommes, etc.

Le même écrivain dit encore : « La politique

navale de l'Angleterre en 1912 montre, de la façon la plus claire, sa tendance anti-allemande ». Les propositions de M. Churchill sont citées avec un mépris moqueur. « Ses déclarations remarquablement franches étaient évidemment à l'adresse du peuple allemand et du Reichstag, qui attendaient une nouvelle loi sur la marine. La façon joyeuse avec laquelle cette loi fut acceptée quelques mois plus tard a dû causer quelque désappointement, étant donné le retentissement du discours de Churchill. »

Le *Taschenbuch* déplore le fait « qu'à l'automne de chaque année, sur tous les navires allemands, on renvoie les réservistes, c'est-à-dire presque un tiers de l'équipage. Ils sont en grande partie remplacés par des recrues appartenant à la population agricole. La préparation de la marine de guerre s'en trouve ainsi diminuée pour un temps considérable ».

Il y a un autre livre qui mérite d'être cité dans ce chapitre, et c'est probablement le plus important de tous, car il est écrit par un haut fonctionnaire de l'Amirauté allemande, et illustré par un ami personnel du Kaiser (1). Des hommes occupant des situations comme celles de Stöwer et Wislicenus et des hommes ayant des relations personnelles avec l'empereur allemand n'oseraient jamais écrire une chose qu'ils ne sauraient pas, de source sûre, être d'accord avec les opinions de

(1) Voyez page 322.

leur maître impérial. Le travail en question (1) est une publication reconnue officiellement et qui a été faite en l'honneur de la vingt-cinquième année du règne du Kaiser; elle a été beaucoup lue dans toute l'Allemagne. Ce qui suit est un choix fait parmi les opinions de l'auteur :

« Pour les Anglais, tout navire de guerre non britannique est un luxe. Mais les revendications britanniques, quant à la suprématie sur mer, sont en dehors du domaine de la logique et de la morale, au moins selon les sentiments allemands de l'honneur » (*Ehrgefühl*, la vieille histoire, voyez page 117). « Aucun Anglais compétent ne craint une attaque allemande, mais beaucoup parmi les Anglais aimeraient attirer le jeune Siegfried (l'Allemagne) dans un piège, passer un nœud coulant autour de son cou et l'étrangler, afin de l'appauvrir et de le rendre inoffensif pour les siècles à venir. Aussitôt que l'Angleterre en aurait fini avec ce rival, le sort de notre flotte serait également réglé. L'anxiété en ce qui concerne la question de suprématie est si grande qu'ils parlent même de danger et de menace. »

Wislicenus trouve que l'envie et la suspicion anglaises sont un sujet inépuisable, car maintes fois il évoque devant ses lecteurs le spectre de cette voleuse d'Angleterre qui attend le moment de fondre sur l'Allemagne sans déclaration de guerre. Comme tous les autres écrivains navals al-

---

(1) *Le Kaiser Guillaume et la marine,* par le professeur Stöwer et le conseiller de l'Amirauté G. Wislicenus, Berlin, 1913.

lemands, cet auteur tire gloire du fait que lord
Haldane fut incapable d'aboutir à une entente
limitant l'expansion navale allemande.

« Les provocateurs de querelles se servirent,
en Angleterre, de la question du Maroc pour inciter à la guerre. L'Angleterre désirait la guerre,
mais, malgré qu'elle eût ses dépôts de charbon tout
prêts sur la côte Est, ses espoirs furent déçus ».

En réponse « à la stupide menace d'intervention de l'Angleterre en 1911, l'écrasante majorité du Reichstag en faveur de la loi sur la marine
(1912) et l'absence d'opposition montrèrent clairement que l'Allemagne possède, en dépit des menaces anglaises, une volonté inébranlable et in-
vincible de s'affirmer comme une puissance navale,
d'être armée contre tous les envieux, afin de protéger la marine et le commerce allemands, et la
liberté des mers ».

Étant donné le fait historique que l'Angleterre a établi, et cela depuis un siècle, la liberté
des mers pour tous, il est difficile de comprendre
à quoi tend la croisade moderne de Wislicenus.
Le commerce et la marine marchande de l'Allemagne sont simplement des résultats secondaires
obtenus grâce aux conditions créées par la flotte
britannique. Si cette dernière n'avait pas depuis
longtemps établi la liberté de l'océan, il est très
probable que le commerce allemand ne serait
jamais né.

« Friedrich List s'écriait il y a quelque soixante-
dix ans : « La force est la liberté de l'État ». Cette
maxime est devenue le mot d'ordre de tous les

Allemands sensés. En 1911, les menaces de guerre arrachèrent la casquette du Michel allemand, mais il se saisit de son casque et de son bouclier et montra les dents à ses ennemis ». (Traduction textuelle de l'auteur.)

La fureur de Wislicenus ne connaît plus de bornes quand il discute cette idée que la flotte britannique serait une nécessité et la flotte allemande un simple objet de luxe. « Les hommes d'État britanniques préféreraient déclarer, comme Palmerston en 1848, que les steamers portant le drapeau impérial allemand seraient traités comme des pirates ; ils auraient volontiers demandé que les navires de guerre ne pussent être construits qu'en Angleterre, et seulement pour la flotte britannique. Mais ils n'osent pas. Les Allemands ne sont pas des Hindous aux âmes d'esclaves, mais un peuple blond, vaillant, guerrier, et valant autant que les Anglais ».

En résumé, je tiens seulement à insister sur le fait que je n'ai cité que de hautes autorités responsables. Leur langage est suffisamment violent, mais leurs déclarations sont extrêmement polies en comparaison des opinions qui avaient cours dans la masse de la nation allemande avant la guerre, spécialement dans la presse reptilienne, dans les publications de la Ligue maritime et dans les histoires folles sur la future guerre avec l'Angleterre.

Des hommes d'État anglais ayant des conceptions politiques aussi différentes que Joseph Chamberlain, Campbell-Bannerman, Wiston Churchill et lord Haldane ont essayé de se concilier l'Allemagne, mais ils n'ont été accueillis que par l'arrogance, la diffamation et le mépris allemands. L'Angleterre a offert son amitié à l'Allemagne, et celle-ci l'a repoussée ! L'Angleterre lui a promis toute sécurité pour son jeune commerce, en retour d'une limitation mutuelle des armements, et l'Allemagne a rejeté cette offre.

L'Allemagne savait qu'elle avait déjà la sécurité pour son commerce, le sens de la justice et de la lutte loyale que possède l'Angleterre en sont de sûrs garants. L'Allemagne rejeta toutes les offres formelles à ce sujet, parce qu'elle aurait été obligée de renoncer à son ambition de suprématie navale et de domination mondiale ; c'est grâce à son ambition insensée que l'Allemagne est aujourd'hui l'ennemie de l'Angleterre et non son amie.

La cause de l'Angleterre est juste et l'est doublement, car elle a fait tout ce qui était humainement possible pour s'entendre avec un rival inconciliable, opiniâtre et arrogant.

Les textes allemands cités dans cet ouvrage montrent d'une façon concluante que l'Angleterre a évité de porter ombrage à l'Allemagne, qu'elle n'a pas cherché le conflit, mais que l'Allemagne le lui a imposé de gaieté de cœur.

CHAPITRE XVII

LA PAIX, LA GUERRE ET L'ARBITRAGE.

Le moment ne me semble pas opportun pour ouvrir des controverses ou pour assigner les responsabilités. Cependant, c'est un devoir impérieux de ne manquer aucune occasion de recueillir des faits, de les peser et de se former des opinions toutes prêtes pour la réorganisation universelle qui aura lieu après la guerre. J'espère qu'en Angleterre, quelques-unes des personnes influentes qui ont aidé à former et à conduire l'opinion publique seront descendues de leur piédestal d'ignorance.

Malheureusement, il y a des millions d'Anglais qui, il y a un an, parlaient d'une façon méprisante de notre armée et ne manquaient aucune occasion de la traiter sans égards. Il faut espérer que les événements de 1914 leur auront donné des opinions plus saines. Il y a cependant quelques individus qui semblent incorrigibles, comme l'a prouvé le Congrès des Églises libres tenu à Manchester.

Le *Daily Mail* du 12 mars rapporte qu'un délégué voulait envoyer les salutations fraternelles du concile national des Églises évangéliques libres à leurs frères d'Allemagne. Voilà bien un exemple d'ignorance grossière. Que sont les Églises libres en Allemagne? Je dois dire avec regret qu'elles ne sont rien et ne représentent personne dans l'Empire allemand. En 1910, il y avait 39 991 421 Luthériens ; 23 821 453 Catholiques romains ; 615 021 Juifs et 283 946 membres d'autres Églises chrétiennes. Ce dernier nombre comprend : les membres de l'Église grecque (les Russes qui appartiennent à l'Église grecque sont nombreux en Allemagne), les membres de l'Église anglicane (qui en *eut* un nombre considérable) et les membres des Églises libres (Méthodistes, Baptistes, Armée du Salut, etc.).

Les Églises libres, en estimant largement le nombre de leurs membres, ne peuvent pas revendiquer plus de 150 000 fidèles, parmi les 68 000 000 d'habitants de l'Empire du Kaiser. Ils sont méprisés socialement et ne possèdent pas la moindre parcelle de pouvoir politique. Cependant, le révérend F.-B. Meyer et autres de son école ont cru et ont enseigné que l'Angleterre et la cause du progrès avaient beaucoup d'espoirs à fonder sur les Églises libres en Allemagne.

Les chrétiens qui appartiennent à ces Églises ne sont libres que de nom. S'ils avaient osé donner cours aux sentiments que les fidèles des Églises d'Angleterre proféraient, il y a longtemps qu'ils auraient été fusillés.

21.

On ne doit pas oublier que ces 150 000 fidèles comprennent des hommes, des femmes, des enfants et que parmi les hommes aucun n'occupe une position importante. Et, au cas où le révérend F.-B. Meyer serait désireux d'obtenir certains renseignements, je me hâte de l'informer que les Églises libres en Allemagne ne sont pas « le petit levain qui fait lever la pâte ».

Depuis mon retour en Angleterre, j'ai été surpris bien souvent des conceptions terriblement erronées qui règnent (ou ont régné) parmi les Anglais en ce qui concerne la vie allemande. Un pasteur de l'Église libre a informé avec zèle ses fidèles que l'Allemagne est le pays le plus religieux du monde. J'ai eu le plaisir de causer avec ce pasteur et il m'a fait lui-même le récit de ses expériences.

Ce révérend pasteur avait assisté au Congrès des Églises libres à Berlin, quoiqu'il ne sût pas un mot d'allemand. A la fin de ce meeting, environ 2 000 délégués appartenant à toutes les parties du monde se tendirent la main et chantèrent le même hymne, chacun dans sa langue. Le pasteur m'assura que ce fut un des beaux moments de sa vie, et sous l'influence de cette impression artistique il conclut que les Allemands étaient le plus religieux des peuples de la terre. Ce qu'il y a de pire c'est que lui et beaucoup d'autres de ses semblables ont trouvé des Anglais capables d'admettre des conclusions aussi erronées.

Pendant la guerre des Boers, un Anglais était présent à un bal donné à Berlin. Il y avait là une réunion de personnages influents. Pendant la soirée, on reçut un télégramme annonçant une défaite anglaise dans l'Afrique du Sud et la compagnie déjà gaie devint folle de joie. Au milieu des démonstrations patriotiques qui suivirent, on remarqua un personnage solitaire, qui, évidemment, ne partageait pas la joie du moment. Les hôtes se rappelèrent alors qu'un Anglais était parmi eux et que leur conduite le blessait probablement dans ses sentiments. Quelqu'un proposa de chanter le *God save the Queen*, pour panser la plaie, et ces Teutons chantèrent notre hymne national avec une ferveur respectueuse !

Connaissant ce fait et beaucoup d'autres exemples de ce genre, j'ose conseiller au pasteur de l'Église libre de ne pas attacher trop d'importance aux manifestations théâtrales quand elles sont machinées par des Allemands. Le caractère teuton est toujours le même, qu'il soit caché sous le manteau de drap d'un méthodiste ou sous le brillant uniforme d'un officier allemand.

La littérature guerrière de l'Allemagne est encore plus volumineuse que celle que j'ai passée en revue dans les deux derniers chapitres. Il est seulement possible de donner une idée de sa direction générale, en citant les écrivains vivants. Le professeur Delbrück, qui succéda à Treitschke, écrivait dans l'A. P. (novembre 1910) une glorification de l'épée en cinquante pages. Elle est intitulée *In Wehr und Waffen* (Complètement armés et équipés), et elle commence par un vieux proverbe allemand :

Selig ist das Land und die Stadt
So bei Friedenszeiten den Krieg betracht.
(Bénis soient le pays et la ville
Qui pendant la|paix se livrent à l'étude des armes.)

Delbrück affirme que : « la civilisation moderne repose sur les grands États nationaux, et
l'existence de ceux-ci dépend de leurs armements.
L'abolition des armées produirait immédiatement
une guerre générale. La guerre et ses horreurs ont
été remplacées par une course mondiale aux armements, nommée la paix armée ».

Pour montrer que l'Allemagne n'a pas souffert
économiquement des grosses sommes d'argent
dépensées en armements, Delbrück déclare qu'en
1895 l'impôt sur le revenu fut payé sur 825 millions et en 1910 sur 1125 millions de francs.

« La partie la plus importante du mécanisme
industriel est et restera le canon ; et celui qui
transportera la *Kultur* à travers le monde est et
restera le soldat, qui crée la paix. Non seulement
l'armée extérieure doit être maintenue, mais aussi
l'armée intérieure, c'est-à-dire la force morale,
l'esprit guerrier, sans lesquels les armes les meilleures et les plus parfaites sont inutiles. L'esprit
guerrier ne veut pas dire la soif du sang et le désir
de la guerre pour la guerre, il devrait seulement
signifier et il signifie réellement aujourd'hui : avoir
une volonté solide et disposée à accepter la lutte,
avec toutes ses horreurs, quand cela est devenu
nécessaire ».

L'auteur de cet extrait néglige une considé·
ration essentielle : « Qui doit décider quand la

guerre est nécessaire? » Charles Ier réclama le droit de décider quand le « *ship money* » était indispensable, et le Kaiser Guillaume réclame le droit de décider quand la guerre est nécessaire.

En janvier 1912 le professeur Delbrück reprit ce thème, dans l'A. P. (page 169) : « Le danger d'une grande guerre, auquel nous avons juste échappé l'année dernière, a seulement disparu un moment. Il reste à l'horizon, menaçant, immuable, inévitable. La guerre crée des qualités morales d'une puissance illimitée, et le progrès humain est venu surtout des grandes guerres de l'histoire ! »

L'Allemagne d'aujourd'hui ne pourrait probablement que confirmer le tableau que Delbrück fait du grand régénérateur. « Pendant la guerre, le travail des champs est négligé, la terre n'est ni semée, ni moissonnée, les machines des usines se rouillent, car les hommes ont été appelés à se battre ; on entend le tonnerre des mines et des obus sur terre et sur mer ; les flammes dévorent ce que des générations ont bâti. Le propriétaire ne reçoit plus ses loyers, le créancier ne reçoit plus de payement, l'actionnaire de dividendes, l'État d'impôts. Cette guerre viendra à nous comme un voleur dans la nuit. « Les Allemands s'éveilleront « un matin, disait le ministre anglais Lee, il y a long- « temps, pour s'entendre dire qu'ils ont eu une « flotte ». Il y a quelques semaines seulement nous étions debout au bord du précipice, pendant que la flotte anglaise cherchait à tendre un piège pour conduire notre marine à un carnage, qui aurait

ouvert les portes de l'enfer pour en laisser échapper les horreurs sur l'Europe. De là le cri qui
fait écho à travers le pays : Renforcez notre
flotte ».

Tout le long de son article, Delbrück parle de
la prochaine guerre comme d'une chose absolument
certaine, ce qui contredit ses assurances précédentes que « la paix armée » doit remplacer la
guerre réelle.

C'est intentionnellement que je n'ai pas parlé
du général von Bernhardi dans cet ouvrage ; car
les principales contributions de Bernhardi à la
littérature de guerre sont accessibles à tous les
lecteurs.

Je ne diminue pas l'influence de Bernhardi ou
l'intérêt que ses écrits peuvent avoir pour les lecteurs anglais. Mais c'est cependant une erreur
de supposer qu'il a converti la nation allemande
à ses théories d'agression par la force brutale.
Au lieu de convertir la nation allemande, Bernhardi a seulement été son porte-parole. Il a
absorbé le germanisme, se l'est assimilé et l'a
donné au monde avec l'empreinte de sa personnalité. A l'égard de l'évangile de la force brutale,
Bernhardi occupe la même place que Herbert
Spencer à l'égard de la théorie de l'évolution. Il
a appliqué cet évangile en détail.

Les militaires allemands considèrent le principal ouvrage de Bernhardi comme *ein plumper
Verrat* (une trahison maladroite). Je doute qu'un
Allemand sur mille ait entendu parler de Bernhardi
avant la grande guerre. Certainement ceux qui le

lisent ne sont pas des convertis ; mais ils étu-
dièrent ses pages parce que Bernhardi exprime
nettement leurs propres sentiments et leur credo.

Pour prendre une comparaison dans le monde
végétal, on peut dire que Bernhardi est le fruit
qui pend du grand arbre du germanisme, avec
cette différence qu'il exerça quelque influence sur
l'arbre qui l'a produit, tandis qu'une pomme mûre
n'influence pas l'arbre qui la porte.

Il y a des raisons historiques, bien que peu
justifiées, qui expliquent pourquoi l'Allemagne
a accepté le militarisme comme un évangile qui
pouvait seul assurer son salut terrestre. Son
Empire fut fondé par l'épée, son expansion n'était
possible que par une politique de fer et de sang.
A part quelques exceptions insignifiantes, tous
les écrivains allemands ont inculqué cet enseignement. Il serait impossible d'écrire un seul chapitre en faveur de la paix et de l'arbitrage qui fût
basé sur des matériaux pris dans des sources
allemandes sérieuses.

Pour les Allemands, la paix n'est pas une fin
en elle-même, mais simplement une préparation
à la guerre. Logiquement, l'arbitrage est considéré
par l'école de la guerre comme une haute trahison
de la nature la plus lâche. En discutant le mouvement pacifiste (A. P., novembre 1910), le D^r Da-
niels déclare « qu'un des plus dangereux mouvements en faveur de la paix est le mouvement pacifiste populaire anglais ». L'histoire a prouvé que
cette déclaration était exacte ; non parce que
l'idéal des pacifistes est mauvais en soi, mais

parce que les pacifistes ont une connaissance trop peu profonde de l'humanité et des conditions de la politique internationale.

Il eût été sage de suivre l'exemple des anciens Juifs qui construisirent le Temple, en gardant leurs épées toujours prêtes à servir. Grâce à cette mesure de précaution, ils furent capables d'achever un travail glorieux. Les pacifistes anglais, au contraire, ont conseillé à la nation de rejeter l'épée, tandis qu'ils construisaient un grand temple à la paix. Si toutes les nations avaient été d'accord pour transformer l'épée en soc de charrue, l'avis de nos pacifistes eût été excellent. Mais étant donné qu'aucune nation européenne, y compris l'Angleterre, n'est mûre pour ce règne de la paix, leur avis ressemble fort à une perfide et à une lâche trahison.

Les efforts du parti de la paix n'ont rien accompli qui fût digne de louange ou désirable. Ce pays a été bercé par une fausse sécurité, et l'Allemagne a été amenée à croire que l'Angleterre ne voudrait pas combattre. Deux voix différentes ont été entendues en Allemagne, l'une qui pousse des cris en faveur du militarisme, l'autre qui demande la paix et l'amitié de l'Angleterre. L'une seulement de ces deux voix a été entendue par les hommes d'action, la première. Il convenait donc que l'Angleterre n'écoutât que celle-là. S'il en avait été ainsi, on eût pris les mesures militaires qui, selon toute probabilité, eussent évité la guerre.

Comme la question de la diminution des dé-

penses navales était le cri de guerre des pacifistes, il est bon de l'examiner de très près, pour
voir si elle a amené une véritable économie.
L'Allemagne dépensait annuellement 800 millions
de francs pour son armée, c'est-à-dire pour une
armée basée sur le service obligatoire. Supposons
que l'Angleterre ait accepté le service obligatoire en 1904; en mettant les dépenses annuelles
de son armée à 1 250 millions de francs (chiffre
bien plus élevé qu'en Allemagne), le pays aurait
dépensé 12 500 millions de francs jusqu'à juillet 1914, et aurait eu une armée prête et capable
de défendre la parole donnée par l'Angleterre au
sujet de la neutralité de la Belgique. L'Allemagne
aurait alors compris que la Grande-Bretagne
était à la fois désireuse et capable de protéger
son honneur.

Il y a encore un autre point qui mérite d'être
considéré. Qui paie les armements anglais? Il y a
en Angleterre des millions d'hommes appartenant
aux Églises libres et à la *Sozialdemokratie* qui ne
contribuent en rien aux impôts directs, et ce
qu'ils ont payé pour l'armée et pour la marine en
impôts indirects est quantité négligeable. Et
cependant leur voix fut la plus forte pour demander la diminution des armements. Aujour-
d'hui, ils sont probablement heureux que l'argent
des autres ait construit la flotte britannique qui
seule protège les Méthodistes, les Baptistes et les
Églises indépendantes, du sort qui a frappé les
Églises belges. En Allemagne, toutes les classes
ouvrières, hommes et femmes, ont aidé par des

impôts directs et indirects à construire la flotte allemande. En outre, les ouvriers ont sacrifié deux ou trois années de salaire à servir dans l'armée, et il est intéressant de constater que, dans le pays où les classes ouvrières ont fait des sacrifices lourds et réels pour les armements, c'est à peine s'il y a eu une protestation contre eux. Les ouvriers anglais ont-ils fait des sacrifices comme ceux-ci? Ont-ils le droit de protester contre les armements en temps de paix, et de menacer l'existence de la nation par des grèves et des perturbations en temps de guerre?

M. Lloyd George a déclaré qu'à la fin de cette année la guerre nous aura coûté 22500 millions de francs, sans compter les pertes infligées par l'ennemi, la diminution du commerce, et, ce qui intéresse plus que tout les pacifistes, les pertes de vies.

Un certain écrivain a essayé de prouver que l'argent dépensé pour les armements était *la Grande Illusion*; mais j'ose dire que c'est une grande erreur de ne pas dépenser d'argent pour empêcher la guerre. M. Norman Angell se vante dans *Woh's who* (1) du grand nombre des langues dans lesquelles sa *Grande Illusion* a été traduite, mais il omet de mentionner les pays qui, en pratique, l'ont appelée la grande farce. Pour le plus grand malheur de l'Angleterre, les dupes étaient toutes des Anglais, car c'est aux dépens de l'An-

(1) *Who's who* est le Bottin mondain anglais. (N. d. l. t.)

gleterre que cette illusion se propagea ! Cette
guerre doit continuer jusqu'à ce que l'Angleterre
soit victorieuse ; mais celui qui croit que l'Allemagne peut payer la note possède un tempérament
bien confiant.

Delbrück, dans le volume déjà cité, dit au sujet
du pacifisme en Allemagne : « Ce mouvement est
un danger pour la santé intellectuelle de notre
peuple et il est nécessaire de le combattre ».

Un autre écrivain (1) dénonce le mouvement
comme « une vague de démence cosmopolite et
humanitaire », et dans un autre ouvrage (2) il proteste contre « le mot détestable et retentissant de
militarisme, qui n'est pas applicable à l'Allemagne ». Après avoir passé en revue un
grand nombre de guerres récentes, le général
Loringboren dit : « Ce que j'ai écrit est une série
continuelle de réfutations de la doctrine de la
paix éternelle. Cette doctrine émane de natures
efféminées qui ont oublié ce que Treitschke a dit :
« L'histoire est faite de traits virils, elle n'est pas
« faite pour les femmes et les sentimentaux ». Le
pacifisme est au fond le pire matérialisme qui s'en-
veloppe de phrases inintelligibles sur l'idéalisme
et trompe ainsi les natures simples sur sa réelle
essence.

Un ouvrage (3) plus récent traite d'une façon

____

(1) Le comte Freytag-Loringboren dans *Les principes fondamentaux du succès de la guerre*, Berlin, 1914.
(2) *Guerre et politique dans les temps modernes*, Berlin,
1914.
(3) Comte Reventlow, *L'Allemagne et sa politique étrangère*,
Berlin, 1914.

complète la question de l'arbitrage. Reventlow
écrit (page 284) : « La conférence de La Haye
est une ruse de l'Angleterre pour paralyser l'Allemagne et pour empêcher sa flotte de se développer. L'opinion populaire en Allemagne à ce moment était que l'Angleterre, à la tête des autres
puissances, n'ayant pu nous submerger politique-
ment et diplomatiquement, essayait maintenant
d'affaiblir notre pouvoir défensif, la moelle de
notre existence nationale. Une grande vague d'inquiétude passa sur la nation ».

En ce qui concerne la deuxième conférence de
La Haye, Reventlow poursuit : « Le chancelier
de Bülow dit ouvertement en 1907 qu'il n'espérait rien de ces discussions, quoiqu'il eût
l'intention d'y prendre part. L'opinion publique, dans la presse et au Parlement, voulait
boycotter la conférence. Les propositions de
l'Angleterre pour la limitation des marines de
guerre peuvent avoir été honnêtes, mais elles
signifieraient la fin de la puissance maritime de
l'Allemagne, et elles auraient érigé une tutelle
internationale sous la direction anglaise ». Ce fut
le délégué allemand, le baron von Marshall qui
rejeta la proposition d'une Cour d'arbitrage
internationale. Selon Reventlow, le Portugal fut
prié par la perfide Albion de faire la proposition.

Le même historien raconte que la seconde
conférence de La Haye, en ce qui concerne l'Allemagne, tomba vite dans l'oubli. Elle n'eut que
peu ou pas d'importance et, sur tous les points
essentiels, l'Allemagne vit sa volonté acceptée.

Me voici arrivé à la fin de ma tâche, et je ne me propose pas de discuter les événements des huit derniers mois. Depuis des années, je croyais la guerre inévitable, et cependant, je ne pus jamais persuader à un seul Anglais que c'était là un danger menaçant. L'Angleterre a, maintenant, devant elle une grande tâche. Elle a essayé en vain par des concessions et par la persuasion de se concilier le Teuton obstiné, envieux, méfiant et intraitable. Un temps viendra où on répartira le blâme pour ces efforts mal compris. En tout cas, j'espère que l'Angleterre ne reprendra pas ce serpent pour le réchauffer dans son sein.

Lorsque je me décidai à habiter l'Allemagne, au moins pour un certain temps, j'allai faire visite au vice-consul britannique à Genève, et je fus étonné de constater qu'il était Allemand : Herr Stein. En arrivant à Nuremberg, je trouvai un Germano-Américain vice-consul d'Angleterre, et si le lecteur veut prendre l'*Almanach Whittaker* de 1914 (grande édition) il constatera que la Grande-Bretagne emploie des Allemands faisant fonction de consuls anglais d'un bout à l'autre de l'Allemagne et même en dehors de ce pays. Étant donnée la rivalité qui existait entre les deux nations, c'était un devoir impérieux d'avoir de véritables Anglais pour représenter leur pays. L'Angleterre avait besoin de rapports impartiaux sur les sentiments des Allemands, leurs aspirations nationales, leurs gains commerciaux, et on ne pouvait obtenir tous ces renseignements par des Allemands.

En 1914, le consul anglais à Nuremberg étant mort, une centaine de commerçants allemands, disait-on, se disputèrent sa succession. Ils n'agissaient aucunement dans le but de servir l'Angleterre, ni pour gagner de l'argent, car la position était honorifique, mais simplement pour obtenir le titre de *Herr Consul*, ce qui eût été pour eux un avantage précieux dans le monde et dans les affaires.

Un des candidats était un voyageur de commerce, et ses patrons lui offrirent de le prendre comme associé dans leur *firm* (c'étaient des marchands de houblon) s'il devenait consul anglais. Il ne fut pas nommé.

Le feu consul (Herr Ehrenbacher) était un juif, marchand de houblon, qui exportait ce produit dans les Iles Britanniques. Dans certains milieux anglais, on avait agité la question d'un tarif sur le houblon, alléguant que les grandes importations de Nuremberg ruinaient les producteurs de houblon anglais. Comment Herr Ehrenbacher pouvait-il fournir des rapports impartiaux sur ce commerce, quand ses rapports pouvaient amener un tarif hostile à ses propres affaires? Cet exemple pourrait se multiplier à l'infini, mais il suffit à prouver que notre système consulaire en Allemagne a été inutile et probablement pernicieux.

Chez nous, les Allemands ont enseigné dans nos écoles navales et militaires, ont examiné les candidats pour les deux carrières, ont enseigné dans nos Universités et nos écoles, ont eu des postes gouvernementaux, ont occupé d'autres fonctions publiques; en fait, les Allemands étaient partout dans la vie anglaise. Ils peuvent et doivent être remplacés par des Anglais qualifiés. Au lieu d'un internationalisme stupide, l'Angleterre doit cultiver le nationalisme ou bien la génération actuelle sera indigne de son splendide héritage.

En réponse à nos bons procédés et à nos ouvertures amicales, l'Allemagne n'a fait preuve que de basse ruse, de force brutale et de haine. La haine est naturelle, car les deux nations représentent chacune un idéal opposé, et quelles que soient leurs bonnes intentions, elles ne peuvent s'aimer l'une l'autre. L'Allemagne a proclamé devant le monde son amour de la paix, mais la conception teutonne de la paix est de faire tout ce que l'Allemagne désire, c'est-à-dire d'imiter dans la politique internationale les actes des chevaliers pillards. Sa *Kultur* est simplement la règle universelle du sergent instructeur.

La Grande-Bretagne a cherché la paix et a été surprise par la guerre, mais je crois qu'elle a le droit, la justice et l'esprit de progrès de son côté ; cependant, cela seul ne peut rendre victorieux en cette guerre. Je suis fermement convaincu, par ma connaissance même de l'Allemagne, qu'il sera nécessaire à la Grande-Bretagne d'user de toute sa force, si elle veut obtenir une victoire décisive.

La guerre actuelle est le résultat non seulement du conflit des intérêts matériels, mais du choc de deux grands systèmes : *Kultur* et culture. L'Angleterre combat pour un gouvernement populaire contre l'autocratie, pour l'idéal de justice anglais, pour les *homes* anglais et pour l'existence de l'Empire britannique. C'est un superbe enjeu, et une nation digne d'un tel héritage devrait être inspirée d'un enthousiasme national lui permettant de vaincre par ses propres efforts.

Les Alliés sont les bienvenus, mais les futures générations d'Anglais doivent pouvoir dire : « Nos ancêtres ont fait l'Empire, l'ont défendu contre l'agression allemande, et nous l'ont légué, grâce à leur puissance ». Laissons donc les Anglais compter sur eux-mêmes et non sur le « rouleau compresseur » d'une autre nation. Cette guerre a lieu contre un peuple de tigres humains bien entraînés et disciplinés dont la devise est « saigner à blanc ». Ils ont montré ce qu'étaient leur esprit chevaleresque et leur compassion, par leurs rires démoniaques en présence des efforts de non-combattants qui se noyaient. Si l'Allemagne était victorieuse, ses méthodes et ses principes ruineraient tout l'idéal humain que le christianisme a mis près de vingt siècles à développer. C'est la mission de l'Angleterre d'empêcher cette catastrophe et en même temps de maintenir parmi les nations les principes qu'elle fut la première à enseigner aux individus : les traditions de la lutte loyale.

APPENDICE I

Les crimes dans l'armée et la marine allemandes.

L'armée permanente en 1913 comprenait
790 778 hommes, officiers et soldats; dans la marine, il y avait 66 500 hommes, officiers et marins,
ce qui faisait pour les deux armées un total de
857 278 hommes sous les armes. L'Allemagne possède un code pénal spécial pour son armée et sa marine.

Voici quelques-uns des articles de ce code :

Article 124 : attaques contre un supérieur, pas
moins de trois ans d'emprisonnement ; si l'attaque
est commise avec une arme quelconque, la punition
minimum sera de cinq ans d'emprisonnement.

Article 100 : pour inciter à l'insubordination,
pas moins de cinq ans d'emprisonnement.

L'article 69 punit la désertion de six mois à
deux ans d'emprisonnement.

L'article 121 défend aux soldats d'accepter des
invitations contraires au règlement ; une infraction à cette loi est punissable d'un emprisonnement qui peut aller jusqu'à deux ans. Pour avoir
accepté des cadeaux ou emprunté de l'argent

à ses inférieurs, les sous-officiers peuvent être condamnés aux arrêts ou à un emprisonnement allant jusqu'à deux ans.

L'article 94 déclare que celui qui refuse d'obéir ou montre sa mauvaise volonté à obéir par un mot, un geste ou une action quelconque, sera puni d'un emprisonnement de trois ans.

La sentence pour mutilation volontaire (art. 81) afin d'échapper au service dans la marine ou l'armée est au minimum d'un an, au maximum de cinq ans d'emprisonnement.

Ceux qui sont soumis à la discipline militaire et qui se marient sans le consentement de l'officier commandant sont passibles (art. 150) de trois mois de forteresse; en outre, les officiers peuvent être chassés de l'armée. Les mauvais traitements infligés aux soldats ou aux inférieurs sont punissables d'une peine pouvant aller d'une semaine d'arrêts à deux ans de prison.

La force de l'armée allemande en temps de paix est de : infanterie, 515 216 hommes ; cavalerie, 85 593 hommes; artillerie, 126 042 hommes; génie, 24 010 hommes ; régiments de chemins de fer, 6 014 hommes; télégraphistes, 6 835 hommes; dirigeables et aéroplanes, 5 015 hommes ; divers services, 1 018 hommes ; train (artillerie lourde), 11 597 hommes ; service spécial, 3 825; officiers non enrégimentés (État-major général), etc., 5 551. Le corps entier des officiers se compose de 30 253 hommes sans compter les officiers de réserve.

En 1903, le budget allemand était de 825 millions pour l'armée, soit une dépense de 14 francs

par tête d'habitant. En 1912, le montant fut de
1 187 millions et demi ou 18 francs par tête. Les
chiffres anglais pour les mêmes années sont de
800 millions ou 19 fr. 35 par tête et de 710 millions ou 16 fr. 75 par tête.

Délits militaires.

	Total des condamnations.	Désertions.	Absence sans permission.	Manque de respect.	Désobéissance.
1911	16 691	647	1 669	892	1 803
1912	17 045	748	1 783	821	1 861

	Insultes aux supérieurs.	Résistance à l'autorité.	Attaques contre un supérieur.	Délits contre les sentinelles.	Insultes à des inférieurs.
1911	213	91	88	45	167
1912	220	105	86	69	184

	Mauvais traitements infligés à des inférieurs.	Manquement des sentinelles à la discipline.
1911	359	95
1912	306	96

Délits contre le code civil.

	Infractions à l'ordre public.	Viols.	Insultes.	Duels.	Blessures volontaires.	Vols.
1911	149	76	293	76	1 310	435
1912	173	75	272	75	1 226	428

	Fraudes, abus de confiance et faux.	Dommages à la propriété.
1911	598	112
1912	586	119

Je prétends que ces statistiques ne soutiennent
pas l'hypothèse que le militarisme a été la principale source du crime en Allemagne. En déduisant
100 000 hommes qui représentent les classes instruites (hommes ne faisant qu'un an de service
et officiers), il nous reste 750 000 hommes appartenant aux classes populaires allemandes. Leurs
délits en un an ne sont pas en nombre exagéré.

APPENDICE II

LE CRIME SOUS LE RÈGNE DE LA *Kultur* ET SOUS CELUI DE LA CULTURE.

La comparaison des statistiques criminelles entre l'Angleterre et l'Allemagne n'est pas faite ici dans un esprit pharisaïque. Mais il est intéressant de constater que dans le pays où le matérialisme et sa compagne la *Sozialdemokratie* fleurissent, nous trouvons un nombre effrayant de crimes brutaux contre l'individu et la propriété.

Afin de prévenir une objection possible, il faut admettre tout de suite que l'intempérance est plus répandue en Angleterre qu'en Allemagne. La consommation de l'alcool en Allemagne est beaucoup plus faible que la consommation des Iles Britanniques, où l'alcool (*whisky,* eau-de-vie, etc.) est bu en bien plus grande quantité que les *schnaps* en Allemagne.

Mon opinion sincère est que, quel qu'ait été l'idéal de vie, quels qu'aient été les sentiments de responsabilité vis-à-vis de Dieu et des hommes dans les classes populaires allemandes il y a cinquante ans, ils ont **été** sapés et bouleversés par les enseignements pernicieux de Bebel, Marx, Singer, Engel, Südekum, Liebknecht, Heine et autres Juifs et Gentils qui ont exploité l'envie innée dans les classes ouvrières allemandes. Ces chefs ont détruit l'idéal et les modèles d'honneur qui existaient autrefois, et ne les ont pas remplacés par d'autres, mais, à leur place, ils ont inoculé dans la foule l'athéisme et la haine des classes.

Les chiffres suivants donnent la moyenne annuelle pour les Iles Britanniques (population 45 000 000 d'habitants) et l'Allemagne (population 66 000 000 d'habitants) pour une période de douze ans de 1901 à 1912, inclusivement. Les sources allemandes consultées furent le *Vierteljahrshefte* publié par le bureau des statistiques impériales, à Berlin, principalement les volumes 247 (publié en 1912) et 267 (publié en 1914). On peut les consulter à la bibliothèque du *British Museum*, filigrane E. S. vii. b. Ce sont les seules sources qui donnent des statistiques complètes et dignes de foi du crime en Allemagne. Le *Jahrbücher* ne donne que des résultats résumés, ce qui amena M. Joseph Mc Cabe, le seul écrivain qui ait critiqué mes chiffres, à faire de sérieuses inexactitudes.

Dans les premières éditions de cet ouvrage, les statistiques allemandes citées donnaient pour chaque catégorie le nombre total des crimes dénoncés à la police, tandis que les chiffres suivants, pour les Iles Britanniques et l'Allemagne, repré-

sentent le nombre d'individus réellement condamnés. En outre, les chiffres allemands ne comprennent pas les crimes commis par les soldats et
les marins dans l'armée allemande et la marine.
Les statistiques britanniques comprennent toutes
les personnes condamnées dans ce pays, qu'elles
soient civiles ou militaires, de sorte que la
comparaison suivante est encore favorable à
l'Allemagne.

Bien que M. Mc Cabe déclare, sans la moindre
preuve, que le crime a diminué en Allemagne, les
autorités berlinoises le contredisent positivement.
Vierteljahrshefte, volume 247, section 2, page 1 :
« Si on considère le nombre proportionnel des
crimes, il devient clair que pendant cette période
(1882-1910) le nombre de ceux qui ont été condamnés a considérablement augmenté. En 1880,
par 100 000 habitants, il y avait 996 condamnations ; en 1910 le nombre s'est élevé à 1 173. »

De nouveau, dans le volume 267 (publié en
1914), les fonctionnaires de Berlin déclarent dans
l'introduction que « la criminalité a augmenté
parmi la population masculine, mais qu'il y a eu
dans la criminalité féminine une diminution de
53 p. 100 en 1912. »

La courbe représentant le crime parmi les
jeunes hommes (ayant moins de dix-huit ans)
est d'abord presque horizontale, mais depuis
l'année 1888 jusqu'à 1892 il y eut une terrible
élévation ; à partir de ce point il n'y a que des
variations sans importance jusqu'à 1904. Encore
une élévation, la courbe atteint son point le plus

élevé en 1906 ; après elle descend jusqu'en 1911, mais dans le rapport annuel (1912) elle a remonté jusqu'au niveau de 1907. Quand les statistiques n'ont pu être obtenues, la place a été laissée en blanc.

Nature du crime.	Iles Britanniques. Moyenne annuelle.	Allemagne. Moyenne annuelle.
Assassinats	80 en tout	91
Infanticides		142
Homicides sans prémédi-tation	216 en tout	193
Meurtres involontaires (1).		680
Avortements (2)	23	765
Blessures préméditées....	1213	125 386
Crimes contre la pro-priété	358	19 689
Incendies volontaires....	278	610
Faux témoignages	98	554
Chantage		716
	Iles Britanniques.	Allemagne.
Incestes	53	489
Crimes contre nature (3)..	122	648

(1) Par exemple, un homme en tue un autre en luttant. Devant la cour, il maintient qu'il n'avait pas l'intention de tuer. La grande majorité des homicides sans préméditation, en Allemagne, sont des cas dans lesquels on a tué sans intention ; ils seraient considérés en Angleterre comme des meurtres et punis de la peine de mort. En Allemagne, le criminel est ordinairement condamné à un emprisonnement de six mois à quatre ans.

(2) La fréquence de ce crime est épouvantable ; le nombre des condamnations s'éleva, de 457 en 1901, à 1318 en 1912. Pendant ces douze années, deux personnes seulement furent condamnées pour ce crime en Irlande.

(3) Les chiffres allemands pour 1912, volume 267, page 202, sont les suivants : actes d'immoralité commis avec des hommes : 611 accusations, 536 condamnations ; actes d'immoralité commis avec des animaux : 390 accusations, 319 condamnations;

	Iles Britanniques.	Allemagne.
Viols, attentats à la pudeur perpétrés sur des imbéciles et des jeunes filles de moins de 14 ans (1)..	789 (1)	5 310
Traite des blanches et prostitution (2).........	27	3 900 (2)
Publication de littérature pornographique.........		2760
Demandes de divorces....	965	20 340
Naissances illégitimes....	48 702	178 115

(1) Y compris 408 cas d'attentats à la pudeur. En outre, les statistiques britanniques comprennent les outrages contre les jeunes filles âgées de moins de seize ans ; les outrages contre les jeunes filles âgées de plus de quatorze ans ne paraissent pas inclus dans les chiffres allemands, mais ils comprennent plus de 2 000 crimes commis sur des jeunes filles de moins de quatorze ans.

Le rapport allemand classe ces crimes *Unzucht mit Gewalt* (immoralité avec violence, ce qui semble signifier que le total entier de 5310 se réfère à des viols. La moyenne anglaise pour ce dernier crime est de 146.

(2) 487 maris et parents furent accusés de ce chef, et 379 condamnés pour avoir livré leurs propres femmes et enfants à la prostitution (1912).

Les statistiques anglaises furent prises dans les publications du *Home office*, les statistiques judiciaires de l'Irlande (Dublin) et les statistiques judiciaires de l'Écosse (Édimbourg).

TABLE DES MATIÈRES

Dans les Flandres, par Bertrand DE LAFLOTTE. Préface de M. le Bâtonnier HENRI-ROBERT. Un volume in-16, broché. 3 50

L'Espagne et la Guerre, par X... *rédacteur au Correspondant.* Un volume in-16, broché. 3 50

Fastes militaires des Belges, par Maurice DES OMBIAUX. Préface de M. Henri CARTON DE WIART, *Ministre de la Justice.* Un volume in-16, broché . . . 3 50

La Cloche « Roland ». Les Allemands et la Belgique, par Johannes JOERGENSEN. 3 50

Les Barbares à la Trouée des Vosges. *Récits des témoins,* par Louis COLIN. Préface de Maurice BARRÈS. Un volume in-16, broché, illustré 3 50

Le Drame de Senlis, par le baron A. DE MARICOURT. Un volume in-16, broché, illustré. 3 50

La Résistance de la Belgique envahie, par Maurice DES OMBIAUX. Lettre-Préface de M. DE BROQUEVILLE, président du Conseil. Un volume in-16, broché. . . 3 50

Aux Armées d'Italie, par Jules DESTRÉE et Richard DUPIERREUX. Un volume in-16, broché. 1 50

Blessé, Captif, Délivré. *Mémoires de guerre,* par le vicomte Hubert DE LARMANDIE. Préface du général MALLETERRE. Un volume in-16, broché, illustré 3 50

Souvenirs d'un Otage, par Georges DESSON. Préface de SERGE-BASSET. Un volume in-16, broché, illustré. 2 50

Journal d'une Infirmière d'Arras, par Mme Emmanuel COLOMBEL. Préface de Mgr LOBBEDEY, évêque d'Arras. Un volume in-16, broché, illustré 2 50

Reliques sacrées. *Lettres ouvertes sur des tombes,* par Louis COLIN. Un volume in-8, broché, illustré. 3 »

Les Chants du Coq Gaulois. Paroles et musique par Henri COLAS. Un volume in-8, broché. . . . . . 4 »

Dans l'espoir de la revanche. Pages patriotiques de François COPPÉE. Préface de Jean MONVAL. Un vol. in-16, broché 3 50

Discours à l'Hôpital, par Frédéric MASSON, de l'Académie française. Un volume in-16, broché. 1 50

www.ingramcontent.com/pod-product-compliance
Ingram Content Group UK Ltd.
Pitfield, Milton Keynes, MK11 3LW, UK
UKHW021845070726
13613UKWH00001B/19